RAVENSBURGER NATURFÜHRER

WILDPFLANZEN SÜDEUROPAS

RAVENSBURGER NATURFÜHRER

WILDPFLANZEN SÜDEUROPAS

David Burnie

Aus dem Englischen von
Eva Dempewolf

Fotografien von
Derek Hall

Ravensburger Buchverlag

Die Deutsche Bibliothek –
CIP-Einheitsaufnahme

Wildpflanzen Südeuropas / David Burnie
Fotos Derek Hall
[Übers.: Eva Dempewolf]
Ravensburg : Ravensburger Buchverl., 1996
(Ravensburger Naturführer)
Einheitssacht.: Wildflowers <dt.>
ISBN 3-473-460712-0
NE: Burnie, David; Hall, Derek; EST

EIN DORLING KINDERSLEY BOOK

DK

Originaltitel: Eyewitness Handbooks:
Wildflowers of the Mediterranean

Übersetzung:
Dr. Eva Dempewolf, Starnberg
Fachberatung deutsche Ausgabe:
Ingrid Fischer, Starnberg
Produktion und Satz:
VerlagsService Dr. Helmut
Neuberger
& Karl Schaumann GmbH,
Heimstetten
Umschlaggestaltung:
Ekkehard Drechsel BDG unter
Verwendung des Umschlags der
Originalausgabe
Gesamtherstellung:
Kyodo Printing Co., Singapore

Printed in Singapore

1 2 3 4 99 98 97 96

ISBN 3-473-460712-0

INHALT

DER MITTELMEERRAUM

Die Flora des Mittelmeerraums ist mit über 10 000 Blütenpflanzen außerordentlich artenreich. Die meisten Pflanzen sind in dieser Region heimisch, manche aber stammen auch aus Nordamerika und Südafrika. Die folgenden 300 Seiten zeigen Ihnen Blumen, Sträucher und auch einige Bäume, die typische Vertreter der mediterranen Vegetation sind.

Der Mittelmeerraum weist deutliche Jahreszeitenwechsel auf: Während die Winter mild und feucht sind, bringt der Sommer hohe Temperaturen und manchmal dreimonatige Trockenheit. Dieses Klima prägt die Vegetation der Region: Die meisten Pflanzen wachsen während der kälteren Monate und entfalten im Frühling eine herrliche Blütenpracht. Im Hochsommer ruhen sie oder sterben sogar ab. Dann wirkt die staubige Landschaft karg, und man sieht nur wenige Wildpflanzen.

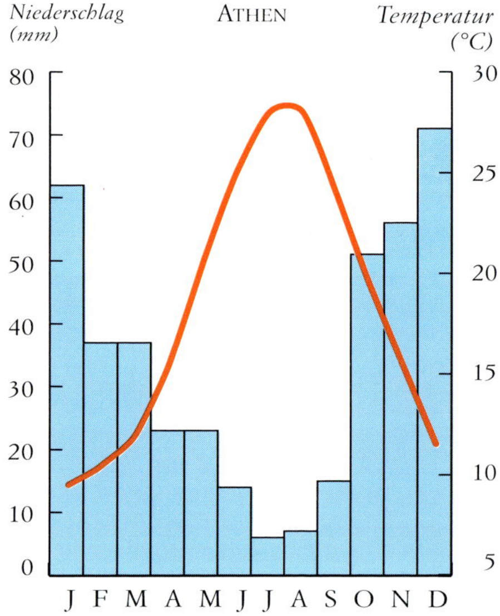

TYPISCHES MITTELMEERKLIMA IN ATHEN ▷
Die Sommer sind heiß und trocken, die Winter mild und feucht.

▽ MITTELMEERFLORA
Das Vorkommen von Ölbäumen verweist auf die ungefähre Verbreitung mediterraner Vegetation.

GESCHICHTE EINER LANDSCHAFT

Vor 5000 Jahren war ein Großteil der Mittelmeerregion von Laub- und Nadelwäldern bedeckt. Kiefern und Eichen wuchsen bis dicht ans Meer. Der Mensch veränderte die Landschaft: Bäume wurden als Bau- oder Feuerholz geschlagen; Ziegenherden fraßen junge Pflanzentriebe und verhinderten ein Nachwachsen. Heute ist die Flora zum größten Teil dem menschlichem Einfluß unterworfen. Einige Pflanzen gedeihen unter diesen veränderten Konditionen besonders gut, viele andere aber sind vom Aussterben bedroht.

Δ BEWALDETE KÜSTEN
So wie dieser türkische Küstenstrich sah einst der größte Teil des Mittelmeerraumes aus.

◁ VOM FEUER VERZEHRT
Oft verhindern Brände die Regeneration der Wälder, wie hier auf Korsika noch fünf Jahre nach einem Brand.

∇ FRÜHLINGSPRACHT
Ein Blütenmeer auf einem Feld auf Korfu. Manche Pflanzen profitieren vom menschlichen Eingriff in die Natur.

MITTELMEERFLORA HEUTE

Die Veränderungen der Flora im Mittelmeerraum lassen viele interessante Pflanzen im Maquis und der Garigue gedeihen (S. 22), zwei durch menschlichen Eingriff bedingte Lebensräume. Auch Olivenhaine und andere Kulturlandschaften (S. 23), die – im Gegensatz zu intensiv bewirtschafteten Feldern Nord- und Mitteleuropas – hier oft noch frei von Herbiziden und Kunstdünger sind, erfreuen den Hobbybotaniker. Überall grünt und blüht es. Randschnitte zur Eindämmung der Feuergefahr schaffen ideale Bedingungen für das Gedeihen vieler Orchideenarten.

Pflanzennamen

Alle Pflanzen tragen einen zweiteiligen wissenschaftlichen Namen. Der erste Teil bezeichnet die Gattung, zu der normalerweise mehrere, einander ähnliche Arten gehören; der zweite Teil identifiziert die einzelne Art innerhalb dieser Gattung. Diese lateinischen Namen sind wie Fingerabdrücke: Jeder bezieht sich auf nur eine einzige Art. Gleichwohl können völlig verschiedene Arten denselben Zweitnamen tragen, *Medicago arborea* etwa und *Lavatera arborea*. Die zweiteilige Benennung geht auf den schwedischen Botaniker Carl von Linné zurück, der im 18. Jh. auch den Mittelmeerraum bereiste und viele der dortigen Pflanzen beschrieben hat.

Das Pflanzenreich

Pflanzen gewinnen durch Photosynthese Energie aus dem Sonnenlicht. Mit mehr als 250 000 Arten bilden Blütenpflanzen die größte Pflanzengruppe. Sie teilen sich in Angiospermen (Bedecktsamer) und Gymnospermen (Nacktsamer), von denen hier allerdings nur einige Nadelhölzer angeführt sind. Zudem unterscheidet man einkeimblättrige (monokotyle) und zweikeimblättrige (dikotyle) Pflanzen.

Familienhierarchie

Familie
Sie besteht aus einer oder mehreren miteinander verwandten Gattungen. Der Familienname ist in Antiqua gedruckt (z. B. Orchidaceae).

Gattung (Genus)
Eine Gattung besteht entweder aus einer oder mehreren eng miteinander verwandten Arten. Der lateinische Gattungsname ist immer kursiv gedruckt (z. B. *Ophrys* oder *Orchis*).

Art (Species)
Sie bezeichnet eine natürliche genetische Einheit, deren Pflanzen einander sehr ähnlich sehen. Der Artname wird ebenfalls kursiv gedruckt (z. B. *Orphrys scolopax*).

Unterart (Subspecies)
Sie ist eine weitere Unterteilung einer Art. Ihr Name wird in Antiqua- und Kursivschrift gedruckt (z. B. subsp. *apiformis*).

Varietät
Varietät (var.) und Form (f.) sind abweichende Untereinheiten einer (Unter)Art (hier in Antiqua- und Kursiv).

Aufbau des Buches

Die Pflanzen sind in drei Gruppen gegliedert: Nadelhölzer und ihre Verwandten, Zweikeimblättrige und Einkeimblättrige (siehe S.10). Diese Gruppen sind weiter unterteilt in Familien, die jeweils extra vorgestellt werden. Die Reihenfolge hält sich an das botanische Standardwerk FLORA EUROPAEA. Jeder Eintrag beginnt mit dem gängigen deutschen oder, falls ein solcher nicht existiert, dem wissenschaftlichen Namen der Pflanze. Für die meisten Mittelmeerpflanzen gibt es in ihrem Ursprungsland ortsübliche Bezeichnungen, in anderen Sprachen aber keinen eigenen Namen.

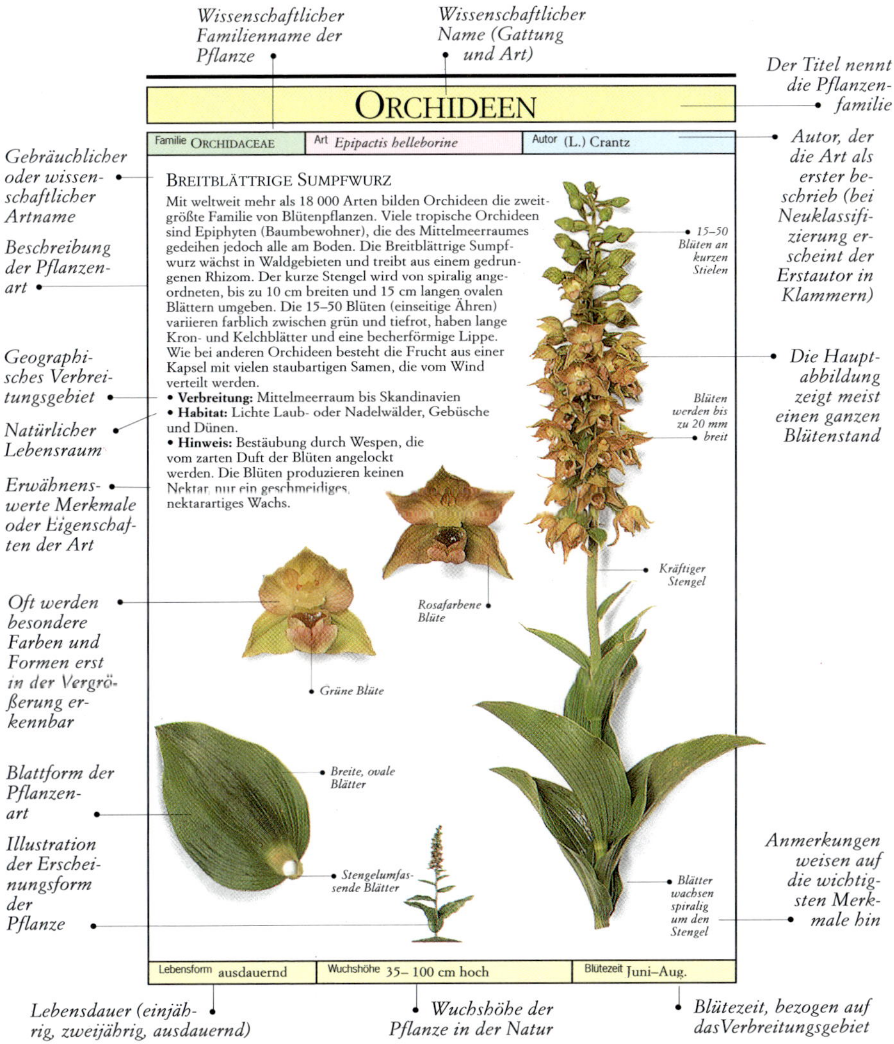

Lebenszyklus der Pflanze

Der Kreislauf beginnt mit einer meist geschlechtlichen Vermehrung, bei der männliche und weibliche Zellen durch Bestäubung zusammengebracht werden und Samen ausbilden. Jeder Samen birgt in der Anlage einen „Pflanzenembryo“, aus dem sich nach der Keimung eine Pflanze entwickelt, die später blüht und selber wieder Samen ansetzt. Viele Blütenpflanzen können sich auch ungeschlechtlich, also ohne Bestäubung vermehren. Das geschieht durch Bildung von Ablegern bzw. Ausläufern oder Nebenzwiebeln, die zu neuen Pflanzen heranwachsen.

Samenverbreitung

Normalerweise hat der Keimling größere Überlebenschancen, wenn er in einiger Entfernung von der Mutterpflanze wurzelt. Pflanzen haben viele Methoden entwickelt, ihre Samen möglichst weit zu verstreuen. Die häufigsten sind auf S. 19 beschrieben.

Ein- und Zweikeimblättrige

Einkeimblättrige Pflanzen treiben nur ein Keimblatt (Kotyledon), zweikeimblättrige dagegen zwei.

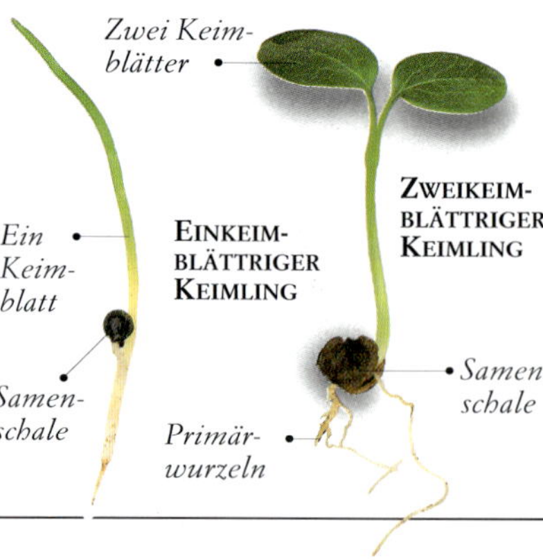

Keimung

Samen benötigen zur Keimung bestimmte äußere Bedingungen. Bei der hier abgebildeten Ringelblume drängen die Keimblätter kurz nach dem Keimen ans Licht. Bei anderen bleiben sie unter der Erdoberfläche und dienen der Pflanze als Nährstoffspeicher.

Samenbildung

Nach der Blüte verwendet die Pflanze alle Energie darauf, Samen zu bilden, die in den Früchten liegen (S. 18f). Je kleiner die Samen sind, desto mehr davon bildet die Pflanze in der Regel aus.

Wachstum und Entwicklung

Pflanzen nutzen das Sonnenlicht, um aus Wasser und Kohlendioxid Nahrung zu gewinnen. Dieser Prozess heißt Photosynthese und findet normalerweise in den Blättern der Pflanzen statt. Die ersten Stadien in einem Pflanzenleben werden von der Nahrungsbeschaffung bestimmt, weshalb Oberblätter und Wurzeln rasch wachsen, um möglichst viel Sonnenlicht bzw. Wasser aus dem Boden aufnehmen zu können. Mit dem Wasser absorbieren die Wurzeln auch gelöste Mineralstoffe, die die Pflanze für ihre Entwicklung benötigt.

Lebensdauer

Einige Pflanzen leben nur wenige Monate, andere viele Jahre. Einjährige Pflanzen wie der Klatschmohn (*Papaver rhoeas*, S. 65) vollenden ihren Lebenszyklus innerhalb einer Wachstumsphase. Bei einigen Einjährigen dauert diese Wachstumsphase von Frühjahr bis in den Sommer, bei anderen vom Herbst bis zum Frühjahr. Zweijährige Pflanzen wie die Gewelltblättrige Königskerze (*Verbascum sinuatum*, S. 206) durchleben normalerweise zwei Wachstumsphasen. Im ersten Jahr legt diese Pflanze Nährstoffreserven an, im zweiten blüht sie und stirbt ab. Ausdauernde Pflanzen werden älter als zwei Jahre. Bei krautigen Stauden wie dem Gemeinen Rutenkraut (*Ferula communis*, S. 162) sterben die Stengel nach jeder Wachstumsphase ab. Verholzende ausdauernde Pflanzen (Sträucher und Bäume) dagegen behalten ihren Stengel/Stamm.

Blütezeit

Einige Pflanzen blühen in ihrem Leben nur ein einziges Mal und sterben kurz danach. Andere können viele Male neue Blüten treiben, bevor ihr Leben erlischt. Das hat nicht allein mit der Lebensdauer der Pflanze zu tun. Zwar blüht die Mehrzahl der ausdauernden Arten jedes Jahr, doch es gibt auch andere, die nur einmal blühen – bekanntestes Beispiel ist die Amerikanische Agave (*Agave americana*, S. 273). Der Beginn der Blüte wird durch Tageslänge und Temperatur beeinflußt.

PFLANZENPROFIL

Blütenpflanzen bestehen aus Sproß (größtenteils über der Erde) und Wurzel (meist unter der Erde). Der Sproß umfaßt Stengel mit Knoten und Knospen, Blätter und Blüten. Bei Gehölzen enthalten die Stengel einen festigenden Stoff (Lignin) und bilden daher Stämme aus. Die Wurzeln verankern die Pflanze im Boden und nehmen durch winzige Härchen Wasser und gelöste Nährstoffe aus dem Erdreich auf. Viele mediterrane Pflanzen haben Stengel oder Stämme, die Feuchtigkeit speichern können.

AUFBAU EINER PFLANZE

*Die Südfranzösische Strauchpappel (*Lavatera olbia*) aus der Familie der Malvengewächse (S. 137ff), hat netznervige Blätter und ein verzweigtes Wurzelsystem – typisch für zweikeimblättrige Pflanzen (S. 10).*

KNOLLEN UND ZWIEBELN

Knollen und Zwiebeln sind die nährstoffspeichernden Organe vieler mediterraner Pflanzen und nichts anderes als kurze, stark verdickte unterirdische Sprosse. Zwiebeln bestehen aus dichtgedrängten, fleischigen Blattbasen, Knollen sind kompakte Stärkespeicher.

NARZISSENZWIEBEL

BLÜTEN

Blütenpflanzen vermehren sich geschlechtlich. Die äußere Blütenhülle (Kelch), besteht aus Kelchblättern, die häufig die Knospe schützen. Die innere Blütenhülle (Krone) wird von den Kronblättern gebildet, die bei vielen Blumen Bestäuber anlocken. Im Herzen der Blüte liegen die Geschlechtsorgane: die männlichen Staubblätter mit den Staubbeuteln, die den Pollen enthalten, und die weiblichen Fruchtblätter mit dem Fruchtknoten, in dem die Befruchtung stattfindet.

BLÄTTER

Blätter bestehen aus der Blattspreite und meist einem Blattstiel (Petiolus). Die Blattspreite wird durch verdickte Rippen gehalten, die sich netzartig über die Fläche ausbreiten oder parallel zur Blattlängsachse verlaufen. Die grüne Farbe ist bedingt durch das Chlorophyll, dem Blattpigment, das die Sonnenenergie einfängt. Die Blattanordnung kann die Planzenbestimmung sehr erleichtern.

FRÜCHTE UND SAMEN

Früchte, die einen oder mehrere Samen enthalten können, entwickeln sich aus dem reifen Fruchtknoten einer Blume, können aber auch andere Pflanzenteile enthalten. Die Frucht schützt den Samen und spielt häufig auch bei der Samenverbreitung eine Rolle. Aufgrund ihrer verschiedenen Formen helfen Früchte auch bei der Artenbestimmung. Nadelhölzer und ihre Verwandten bilden keine von Fruchtknoten umschlossenen Samen aus, weshalb sie auch Nacktsamer heißen. Einige dieser Pflanzen – z. B. Wacholder (*Juniperus* S. 34) – treiben zwar weiche, beerenartige Zapfen, deren Fleisch aber aus dem Samen wächst und nicht direkt der Mutterpflanze entstammt.

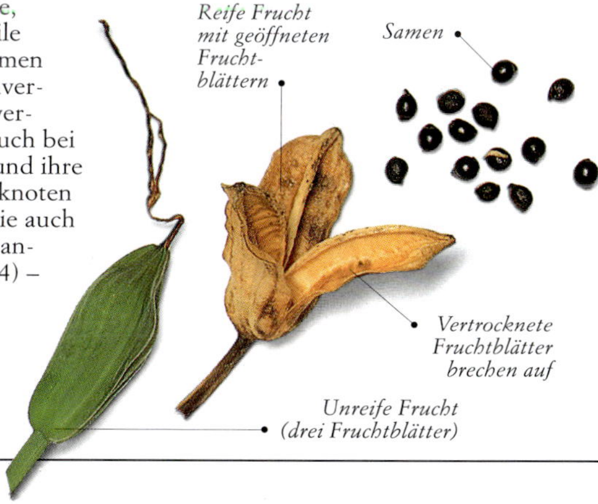

WUCHSFORMEN

Das Erscheinungsbild, also Wuchsform und Wachstumsart einer Pflanze, heißt in der Botanik Habitus. Diese Seite zeigt die bei Mittelmeerpflanzen häufigsten Wachstumsarten. Denken Sie bei der Bestimmung von Wildpflanzen daran, daß die Wuchsform kein eindeutiges Merkmal ist, sondern wesentlich von den Standortbedingungen (sonnig oder schattig etc.) abhängt. Einjährige Pflanzen haben meist weiche Stengel und gedeihen auch auf Schuttplätzen; ausdauernde Arten bilden dagegen oft verholzte Stämme und werden größer.

STENGELLOS
Blatt- und Blütenstiele entspringen getrennt voneinander in Bodenhöhe.Der Stengel liegt oft unter der Erde.

BÜSCHELIG
Die Stengel bilden Büschel aus. Ein Stamm ist nicht sichtbar.

AUFSTEIGEND
Die Stengel breiten sich horizontal aus und steigen in einiger Entfernung vom Wurzelstock auf.

NIEDERLIEGEND
Stengel liegen flach auf der Erde und steigen höchstens an der Spitze etwas auf.

KRIECHEND
Weiche Stengel liegen am Boden an oder hängen über Felsvorsprünge.

KLETTERND
Stengel ranken an Pflanzen oder Gegenständen empor.

AUFRECHT
Senkrecht aufragende, ausgeprägte Stengel, die keine Stütze benötigen.

STRAUCH (BUSCH)
Mittelgroßes Gehölz mit mehreren verzweigten Ästen.

BAUM
Großes Gehölz mit Stamm. Die Verästelung beginnt ein gutes Stück über dem Boden.

BLÄTTER

Anordnung, Größe und Form der Blätter sind wichtige Bestimmungsmerkmale. Meist ist die Blattstellung bei einer Pflanzenart identisch, Blattgröße und -form können je nach Position am Stengel jedoch beträchtlich variieren. Auch die Oberflächenbeschaffenheit des Blattes, also feine Härchen, Nervatur etc., mag bei der Pflanzenbestimmung helfen.

BLATTSTELLUNG

Blätter sind nach festen Regeln am Stengel angeordnet. Pflanzen mit gegenständigen Blättern haben zwei Blätter pro Knoten, solche mit wechselständigen nur eines. Bei quirliger Stellung bilden drei oder mehr Blätter einen Ring (Wirtel) rund um den Stengel.

GEGENSTÄNDIG

WECHSELSTÄNDIG

QUIRLIG

EINFACHE BLATTFORMEN

Einfache Blätter mit einer Blattspreite aus einer einfachen, ganzen Fläche, kommen in vielen Formen vor. Der Rand kann glatt (ganzrandig) sein, aber auch Buchten, Kerben oder Zähne aufweisen. Manche Blattränder sind gewellt.

Linealisch

Lanzettlich, ganzrandig

Spatelig, ganzrandig

Rundlich, ganzrandig

Pfeilförmig

Elliptisch, gesägter Rand

Herzförmig, gezähnter Rand

Rautenförmig, gekerbter Rand

EINGESCHNITTENES UND ZUSAMMENGESETZTES BLATT

Eingeschnitten heißen Blätter mit auffallenden Zähnen. Von zusammengesetzter Blattform spricht man, wenn das Blatt aus mehreren Blättchen oder Fiedern besteht.

Schrotsägeförmiges Blatt

Fiederteilig gelappt

Handförmig

Dreizählig

Gefingert

Gefiedert mit Ranken

Doppelt gefiedert

BLÄTTER VON MONOKOTYLEDONEN

Einkeimblättrige Pflanzen haben meist linealische, parallelnervige Blätter. Diese sind entweder flach oder gefurcht und weisen keine Zahnung oder Lappung auf. Doch auch hier bestätigten Ausnahmen die Regel – zwei davon sehen Sie rechts.

Typisch schmale Blattform (einkeimblättrig)

Herzförmiges Blatt (einkeimblättrig)

Pfeilförmiges Blatt (einkeimblättrig)

BLÜTENARTEN

Blüten von Gewächsen, die auf die Bestäubung durch Insekten angewiesen sind, leuchten fast immer in kräftigen Farben, außerdem duften sie und sind häufig auf eine bestimmte Insektenart „zugeschnitten". Windbestäubte Blüten wirken dagegen wenig attraktiv. Manche Pflanzen tragen Einzelblüten, bei anderen sind die Blütenstände verzweigt und mehrblütig.

BLÜTENSTÄNDE

EINZELBLÜTE
Einige wenige Pflanzen treiben an jedem Sproß nur eine einzelne Blüte.

ÄHRE
Bei der Ähre sitzen die Blüten ungestielt an einer verlängerten Blütenstandachse.

TRAUBE
Die Traube setzt sich aus gestielten Blüten zusammen, die einen gemeinsamen Stengel teilen.

GABEL-BLÜTENSTAND
Ein verzweigter Blütenstand, bei dem jede der oft symmetrischen Verzweigungen in einer Blüte endet.

DOLDE
Beim schirmförmigen Blütenstand entspringen alle Blütenstiele einem einzigen Punkt.

EBENSTRAUSS (DOLDENRING)
Hier sitzen die Blüten auf unterschiedlich langen Stielen, kommen aber in annähernd einer Ebene zu liegen.

RISPE
Ein Blütenstand mit gestielten Blüten auf mehrfach verzweigten Seitenästen.

KÖPFCHEN
Kurzsstengelige sitzende Blüten b köpfchen- oder k chenform.

Blütenformen

Strahlig symmetrische Blüten

Sind die Blütenblätter radial um ein Zentrum herum angeordnet, spricht man von strahlenförmigen (aktinomorphen) Blüten, die mehrere Symmetrieebenen haben. Diese Blütenform ist charakteristisch für eine Reihe zweikeimblättriger Mittelmeerpflanzen, darunter Nelkengewächse (S. 48), Zistrosengewächse (S. 146), Malvengewächse (S. 137) und Windengewächse (S. 178). Auch Kreuzblütler (S. 70) und Rauhblattgewächse (S. 181) treiben meist Blüten dieses Typs. Mehrere Korbblütler (S. 228) scheinen strahlig symmetrische Blüten zu haben, die in Wahrheit jedoch köpfchenförmige Blütenstände sind.

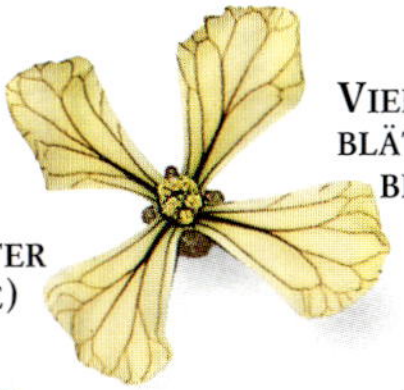

Vier Blütenblätter (Kreuzblütler)

Fünf Blütenblätter (Nelkengewächse)

Mehr als fünf Blütenblätter (Eisenkrautgewächse)

Zweiseitig symmetrische Blüten

Bei zweiseitig symmetrischen (zygomorphen) Blüten sind Ober- und Unterteil verschieden, die Blüte weist folglich nur eine Symmetrieebene auf. Wie bei strahlenförmigen Blüten sind die Kronblätter mitunter verwachsen. Blüten dieses Typus findet man bei vielen zweikeimblättrigen Pflanzenfamilien – u. a. bei Hülsenfrüchtlern (S. 83), Lippenblütlern (S. 190) und Rachenblütlern (S. 206) –, die fast alle von Insekten bestäubt werden. Zu den faszinierendsten zweiseitig symmetrischen Pflanzen gehören die Osterluzeigewächse (S. 39).

Zweiseitig symmetrisch (Hülsenfrüchtler)

Zweiseitig symmetrisch (Osterluzeigewächse)

Zweiseitig symmetrisch (Lippenblütler)

Blüten von Monokotyledonen

Blüten einkeimblättriger Pflanzen unterscheiden sich von denen zweikeimblättriger vor allem in der Anzahl der Kronblätter (S. 25). Kelch- und Kronblätter lassen sich bei ihnen oft nur schwer auseinanderhalten. Strahlenförmige Blüten dieses Typs findet man vor allem bei Liliengewächsen (S. 256), die außergewöhnlichsten zweiseitig symmetrischen bei den Orchideen (S. 290). Einige Orchideenblüten ahmen die Form weiblicher Insekten nach, was männliche Insekten anlockt, die dann die Pollen von einer Blüte zur anderen transportieren.

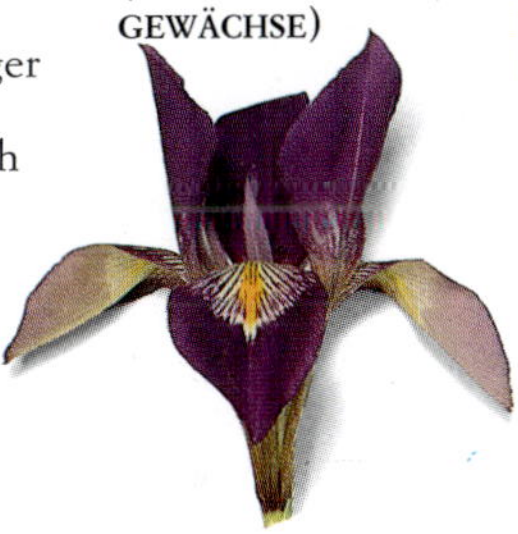

Strahlig symmetrisch (Schwertliliengewächse)

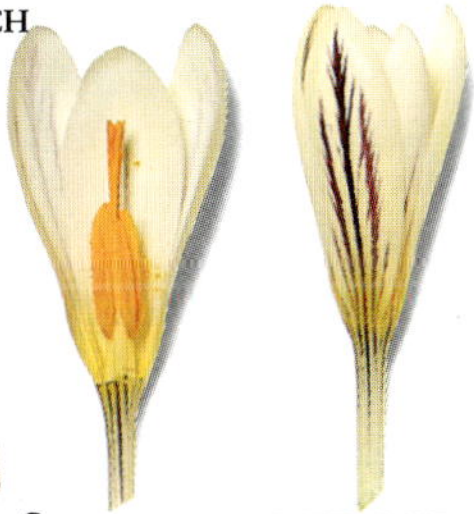

Strahlig symmetrisch (Schwertliliengewächse)

Zweiseitig symmetrisch (Orchideen)

Strahlig symmetrisch (Liliengewächse)

FRÜCHTE UND SAMEN

In der Botanik ist der Begriff „Frucht“ wissenschaftlich exakt definiert; er bezeichnet den ausgereiften Fruchtknoten und die darin enthaltenen Samen. In reifem Zustand sind die meisten Früchte saftig, manche aber auch pergamentartig oder verholzt und entsprechend trocken. Streufrüchte platzen auf, um ihre Samen zu verteilen, während Schließfrüchte im ganzen abgeworfen werden.

ACHÄNE

Bei dieser einfachsten Schließfrucht-Form wird ein einzelner Samen von einer trockenen Fruchtwand umschlossen. Viele Achänen sind mit Verbreitungsorganen (Haarkelchen oder Häkchen) ausgestattet.

Achäne mit Häkchen

GLIEDERFRUCHT

Traube von Gliederfrüchten

Die Gliederfrucht ähnelt der Hülse, ist aber in Kammern unterteilt, die jeweils einen Samen enthalten. Bei der Reife zerfallen Gliederhülse bzw. Gliederschote, und die einzelnen Glieder werden als Schließfrüchte verbreitet. Häufig bei Hülsenfrüchtlern und Kreuzblütlern (Schotenfrüchten).

SCHOTE

Eine aus zwei verwachsenen Fruchtblättern bestehende Öffnungsfrucht, die im reifen Zustand aufplatzt. Die Samen bleiben dabei stehen. Kurze Schoten heißen Schötchen. Viele Kreuzblütler bilden diese Fruchtform aus.

Schötchen

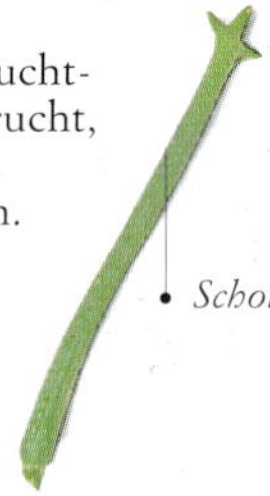

Schote

KAPSEL

Sie besteht aus verwachsenen Fruchtblättern oder samenbildenden Kammern. Man unterscheidet Spaltkapseln, Deckel- und Porenkapseln, die die Samen auf unterschiedliche Art ausstreuen. Viele Pflanzenfamilien bilden Kapseln, z. B. die Mohngewächse.

Porenkapsel

Spaltkapsel

HÜLSE

Diese Fruchtform ist typisch für die nach ihr benannten Leguminosen. Sie entwickelt sich aus einem Fruchtblatt oder einem samenbildenden Fach, das im reifen Zustand an zwei Nähten aufspringt. Hülsen können spiralig, bauchig oder knotig sein.

Gerade Hülse

Hülse platzt entlang der Naht auf

Spiralige Hülse

Bauchige Hülse

BALGFRUCHT

Diese Trockenfrucht bildet sich aus einem einzelnen Fruchtblatt, das sich bei der Reife entlang der Verwachsungsnaht öffnet. Balgfrüchte sind typisch für Hundsgiftgewächse, kommen aber auch bei Hahnenfußgewächsen vor.

Trockene Fruchtblätter geben Samen frei

Nuss

Sie ist eine einsamige Schließfrucht mit hartem, trockenem, oft verholztem Gehäuse (Fruchtwand). Viele Pflanzen bilden Nüsse, z. B. die meisten Bäume.

Nuß, Fruchtbecher

Spaltfrucht

Diese mehrsamige Schließfrucht bricht bei der Reife in einsamige Teilschließfrüchte auf. Doldenblütler bilden Schizokarpe (Spaltfrüchte), deren Teilfrüchte Rücken an Rücken liegen.

Teilschließfrucht

Spaltfrucht

Beere

Beeren sind weiche, saftige Schließfrüchte mit oft mehreren Samen. Tiere fressen das Fruchtfleisch, scheiden die Samen an anderer Stelle aus und sorgen so für die Vermehrung und Verbreitung. Beeren werden von vielen Pflanzen gebildet, u. a. von Kürbis- und Heidekrautgewächsen. Steinfrüchte sind ähnlich, enthalten aber einen oder mehrere Samen, die von einem harten Steinkern umschlossen sind, z. B. die Olive.

Beeren

Reife Beere

Samenverbreitung

Mechanische Verbreitung

Manche Früchte bauen während des Reifeprozesses in ihrem Inneren Spannung auf. Sobald die Samen reif sind, wird diese abrupt gelöst – die Frucht platzt auf und verteilt die Samen rund um die Mutterpflanze. Die Früchte der Spritzgurke (S. 153) schleudern beim Abfallen ihre Samen in die Gegend.

Frucht der Spritzgurke (Querschnitt)

Explodierende Kapsel

Explodierende Hülse mit Samen

Frucht mit Widerhaken

Nüsse mit Häkchen

Verbreitung durch Tiere

Tiere verbreiten Samen auf unterschiedliche Art: Einige Pflanzen bilden Früchte mit kleinen Widerhaken, die im Fell hängenbleiben. Andere produzieren Samen mit süßlichem Überzug, die Insekten anlocken. Fleischige Früchte werden von Tieren gefressen, die die Samen später mit ihrem Kot an anderer Stelle wieder ausscheiden.

Wind und Wasser

Vom Wind ausgesät werden meist Pflanzen, die wie die Korbblütler auf offenen Flächen gedeihen. Solche Pflanzen bilden oft Samen mit haar- oder federartigen Anhängseln (Pappus) aus. Ist die Frucht reif, trägt der Wind sie davon. Früchte von Küstenpflanzen schwimmen (auch im Salzwasser). Sie werden vom Wasser fort- und anderswo angespült.

Frucht mit federartigen Härchen

Vom Wind getragene Samen

LEBENSRÄUME

Pflanzen haben sich an die Umweltbedingungen angepaßt. Einige benötigen alkalische Böden, andere gedeihen nur in „saurem“ Erdreich. Manche vertragen Salz und trockene Winde, andere brauchen Schatten und viel Feuchtigkeit. So haben sich in verschiedenen Lebensräumen unterschiedliche Pflanzengesellschaften entwickelt. Sie erhalten nun einen groben Überblick über die Lebensräume der Mittelmeerregion und einige der dazugehörigen Pflanzenarten.

AM STRAND
Dünen-Trichternarzissen in der Nähe eines belebten Strandes, wo sie leider allzu häufig gepflückt werden.

SAND- UND FELSKÜSTEN

Sandstrände und Felsküsten bilden unterschiedliche Lebensräume: Während erstere ständigem Wandel unterliegen, bieten die anderen extrem stabile Bedingungen. Da die Gezeiten am Mittelmeer wenig ausgeprägt sind, können sich viele Pflanzen dicht am Wasser ansiedeln, z. B. Europäischer Meersenf (S. 77) und Strand-Schneckenklee (S. 103). Die prächtig bewehrte Stranddistel (S. 157) ist ebenso weit verbreitet wie die Strandwinde (S. 179), eine Kriechpflanze mit ledrigen Blättern und attraktiven trichterförmigen Blüten. Was Schönheit angeht, ist jedoch die Dünen-Trichternarzisse (S. 277) unübertroffen. An Felsküsten findet man oft verholzende Gewächse. Die Glatte Frankenie (S. 152) gedeiht sogar auf Salzkrusten. Weiter vom Meer entfernt können auch weniger salztolerante Pflanzen existieren. An relativ geschützten Küsten sind dies z. B. die Baumartige Wolfsmilch (S. 129) und die Baumförmige Strauchpappel (S. 138).

SALZMARSCHEN

Im Vergleich mit Fels- oder Sandküsten leben in den Salzmarschen nur wenige Pflanzenarten, diese jedoch im Überfluß. Am nächsten zum Wasser findet man meist die fleischigen Queller (*Salicornia*, S. 43); etwas höher fühlen sich Pflanzen wie die Strandaster (*Aster tripolium*, S. 228) wohl. Noch weiter landeinwärts gedeiht häufig auch das Spanische Rohr (*Arundo donax*, S. 287) – ein Riesenschilf, das gerne als Windbrecher gepflanzt wird.

STRAND-ASTER

SALZSUMPF IM FRÜHLING
Queller, die im Spätsommer blutrote Farbe annehmen können, wachsen bis ins Brackwasser.

PURPUR-KNABENKRAUT

PINIENWÄLDER ▷
*Die Pinie (*Pinus pinea*, Samen eßbar, schirmförmige Krone) bildet im westlichen Mittelmeerraum lichte Wälder, in denen sich Orchideenarten wie das Purpur-Knabenkraut (links) wohlfühlen.*

∇ FRÜHLINGSBOTEN
Blühende Alpenveilchen im März in den Laubwäldern

NADELWÄLDER

Die Nadelhölzer des Mittelmeerraums bilden normalerweise lichte Wälder; zu ihren Füßen gedeihen daher viele andere, niedrigere Pflanzen. Häufig findet man Zistrosen (*Cistus*, S. 146) und Mitglieder der Familie der Hülsenfrüchtler (*Leguminosae*, S. 83). Besonders groß ist hier auch die Chance, Orchideen zu entdecken, da sie sich gut von dem nadelbedeckten Boden abheben. In lichten Pinienwäldern trifft man vor allem das Purpur-Knabenkraut (*Orchis purpurea*, S. 295) sowie einige Ragwurz-Arten (*Ophrys*, S. 302). Besonders Ausschau halten sollten Sie nach dem bis zu 80 cm hohen Violetten Dingel (*Limodorum abortivum*, S. 291), dessen blauvioletter Stengel keine grünen Blätter trägt.

LAUBWÄLDER

Laubwälder im Tiefland der Mittelmeerregion setzen sich oft aus immergrünen Laubbäumen wie der Stein-Eiche (*Quercus ilex*) zusammen, unter deren Blätterdach sich dichtes Gebüsch entwickelt. Welche Pflanzen vorherrschen, hängt vom Boden ab, typische Vertreter sind Buchsbaum (*Buxus sempervirens*, S. 136) und Myrte (*Myrtus communis*, S. 155). In schattigeren Wäldern trifft man auf den Stechenden Mäusedorn (*Ruscus aculeatus*, S. 272), am Waldrand gedeiht Rauhe Stechwinde (*Smilax aspera*, S. 272). Über 500 m löst sommergrüner Laubmischwald die immergrünen Arten ab. Hier blühen die Nieswurz (*Helleborus*, S. 54) und im Frühling auch das Alpenveilchen (*Cyclamen*, S. 168).

KORSISCHE NIESWURZ
(HELLEBORUS LIVIDUS)

KÜSTENMAQUIS

Zwischen den dunklen Blättern leuchten die gelben Blüten des Stacheligen Dornginsters.

MAQUIS

Maquis und Garigue (unten) sind typische Vegetationsformen dieser Region. Beide entstanden durch Abholzung, Abweidung oder Abbrennen der ursprünglichen Wälder, die sich nicht regenerieren konnten. Im Maquis herrschen immergrüne Sträucher und bis zu 5 m hohe Bäume vor. Häufig sind Arten wie Erdbeerbaum (*Arbutus unedo*, S. 167) und Myrte (*Myrtus communis*, S. 155). Aus der Entfernung mag der Maquis zur Erkundung einladen, doch bilden Pflanzen wie z. B. der Stachelige Dornginster (*Calicotome spinosa*, S. 86) oft ein derart undurchdringliches Dickicht, daß es selbst den engagiertesten Pflanzenfreund eher abschreckt.

MYRTE

FELSIGE BÖDEN UND GARIGUE

Garigue ist eine offene mediterrane Gebüschformation, deren Pflanzen selten über 50 cm hoch werden. In der Sommerhitze braun und dürr, erwacht sie unter den Regenfällen im Herbst und Winter zum Leben und wird im Frühling, wenn unzählige Zwiebelpflanzen, Schwertlilien und Orchideen in Blüte stehen, zu einem Botaniker-Paradies. Auf der Garigue weiden oft Ziegen, die jedoch viele der ausdauernden Pflanzen meiden: Thymian- und Zistrosenarten (*Thymus*, S. 198; *Cistus*, S.146) enthalten nämlich oft ungenießbare Öle, und einige Büsche tragen spitze Dornen. Für Menschen ist die Garigue leichter zu erkunden als der Maquis. Besonders schön ist sie im Frühling und Herbst.

ZAPFENKOPF ODER: *LEUZEA CONIFERA*

GARIGUE IN VOLLER BLÜTE

Auf diesem Kalksteinhügel gedeihen zwei verschiedenfarbige Formen von Iris lutescens.

WIESEN UND WEGRÄNDER

Im gesamten Mittelmeerraum faszinieren buntblühende Wiesen den Wildpflanzenfreund. Farbintensive Frühlingsblumen wie Traubenhyazinthen (*Muscari*, S. 266) und Laucharten (*Allium*, S. 268) mischen sich mit einer Vielzahl auffällig blühender Hülsenfrüchtler (*Leguminosae*, S. 83) und zuweilen auch Orchideen. Besondere Beachtung verdienen u. a. das Riesenknabenkraut (*Barlia robertiana*, S. 299) und die Zungenstendel (*Serapias*, S. 300). Am Straßenrand und auf Geröllhalden gedeiht eine eigene Flora. Hier findet man u. a. Königskerzen (*Verbascum*, S. 206) und Spitzkletten (*Xanthium strumarium*, S. 233).

KULTURLANDSCHAFTEN

Schon in der Antike wurde im Mittelmeerraum Landwirtschaft betrieben, doch da sich der steinige Boden wenig zur intensiven Bewirtschaftung eignet, hatten Wildpflanzen hier weit bessere Überlebenschancen als in Mittel- und Nordeuropa. Im Frühjahr leuchten Olivenhaine in den prächtigsten Farben, wenn Mohn (*Papaver*, S. 64) und Anemonen (S. 56) in voller Blüte stehen. Auf brachliegenden Feldern gedeihen Siegwurz (*Gladiolus*, S. 282) und der Nickende Sauerklee (*Oxalis pes-caprae*, S. 120), während sich auf Äckern verschiedene lästige, aber reizvolle „Unkraut"-Arten breitmachen.

FRÜHLINGSWIESE
Wildpflanzen an einem Straßenrand auf Kreta. Hier im Süden hat die Sonne schon im März viel Kraft und lockt leuchtendfarbige Blumen ans Licht. In gebirgigen Regionen dauert es etwas länger bis zur Blüte.

ILLYRISCHE SIEGWURZ (*GLADIOLUS ILLYRICUS*)

OLIVENHAIN
Mohnblumen in einem griechischen Olivenhain. Noch sind Bilder wie dieses im Mittelmeerraum keine Seltenheit – sorgen wir dafür, daß es so bleibt! Unbedachter Einsatz von Herbiziden hat schon genug zerstört.

Entdecken und Bestimmen

Für den Wildblumenfreund gibt es nichts Aufregenderes, als neue Pflanzen ausfindig zu machen und diese Entdeckung festzuhalten. Legen Sie ein Heft an, in dem Sie Einzelheiten wie Fundort, Pflanzenaufbau und Größe notieren, und knipsen Sie die Blume in ihrer natürlichen Umgebung. Gepreßte Blätter und Blüten können die Bestimmung „schwieriger" Arten erleichtern. Entfernen Sie aber – falls überhaupt – immer nur kleine Teile der Pflanze.

Makroobjektiv für Details

Spiegelreflex-Kamera

FELS-REIHERSCHNABEL

Empfindlicher Film, kurze Belichtungszeit für gute Aufnahmen

Lupe (10fache Vergrößerung)

Notizbuch – vorübergehende Pflanzenpresse

Notizbuch und Stift

Kleine Papierkuverts zum Aufbewahren von Samen

Grundausrüstung

Eine leichte, zusammenklappbare Handlupe hilft Ihnen, die zarte Struktur von Blüten und Blättern zu erkennen, und ist einfach zu transportieren. Samen und Früchte bewahrt man am besten in kleinen Papiertüten auf, in denen die Pflanzen nicht so rasch verrotten wie in Plastikbeuteln. Ideal zum Photographieren der meisten Pflanzen ist eine Spiegelreflex-Kamera, möglichst auch ein Stativ.

Naturschutz

Gerade im Mittelmeerraum haben kurzsichtiges Profitdenken, Rücksichts- und Gedankenlosigkeit dazu geführt, daß viele Wildpflanzen gefährdet oder bereits akut vom Aussterben bedroht sind. Einige Pflanzen dieser Region, z. B. die Weiße Lilie (rechts), sind daher durch nationale und /oder internationale Gesetzgebung geschützt und dürfen ohne Sondergenehmigung auch nicht ausgeführt werden. Jeder wahre Naturfreund wird freilich alle Arten schützen und selbst weit verbreitete Pflanzen nicht mutwillig verletzten oder wahllos pflücken.

BESTIMMUNGSSCHLÜSSEL

Folgende Angaben (S. 25–33) helfen bei der Bestimmung der in diesem Buch aufgeführten Mittelmeerpflanzen. Sie sollten mit den wichtigsten Pflanzenteilen vertraut sein (vgl. S. 13, 308).

Bestimmen Sie zuerst, ob es sich um eine ein- oder zweikeimblättrige Pflanze handelt, und arbeiten Sie sich dann zu den Kästchen vor, die Sie zu den entsprechenden Seiten des Buches verweisen.

EINKEIMBLÄTTRIG ODER ZWEIKEIMBLÄTTRIG?

ZWEIKEIMBLÄTTRIG

Zweikeimblättrige Pflanzen (Dikotyledonen) lassen sich meist anhand zweier Merkmale erkennen: Ihre Blattadern formen häufig ein Netzmuster, und sie haben normalerweise 4–5 (manchmal mehr) Blütenblätter. Die Blätter sind fast immer breit oder tief eingeschnitten. Im Gegensatz zu den meisten Einkeimblättrigen haben sie oft verholzte Stämme. Mediterrane Sträucher sind übrigens in der Regel zweikeimblättrig (s. u.).

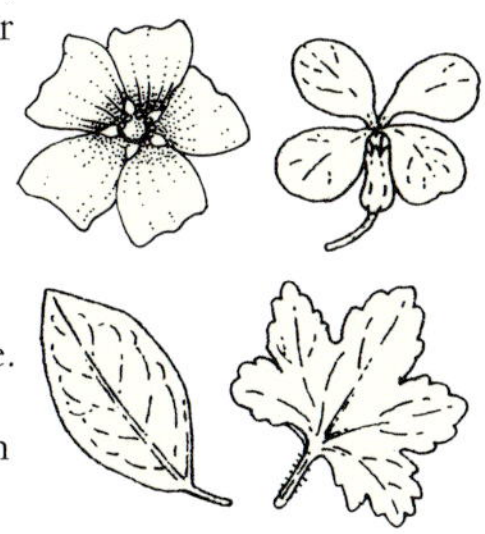

EINKEIMBLÄTTRIG

Einkeimblättrige Pflanzen (Monokotyledonen) haben meist schmale oder linealische parallelnervige Blätter und dreizählige Blüten (oder ein Vielfaches davon). Kelch- und Kronblätter sind oft identisch. Viele Einkeimblättrige treiben aus Knollen und Zwiebeln und verzweigen sich wenig. Im Mittelmeerraum gibt es kaum holzige Einkeimblättrige, doch einige haben breite, netznervige Blätter, wie sie für zweikeimblättrige typisch sind (vgl. S. 32f).

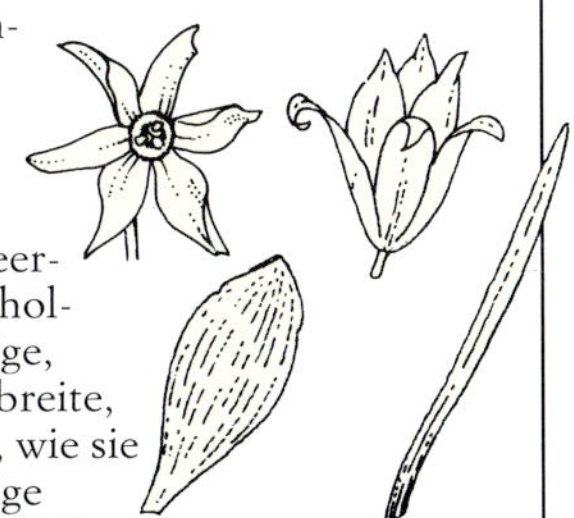

ZWEIKEIMBLÄTTRIGE PFLANZEN

BLÜTEN MIT SPORN

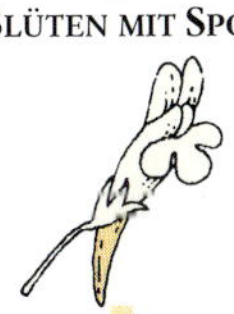

Consolida 55
Fumaria 68
Impatiens 135
Misopates 211
Linaria 212
Cymbalaria 213
Kickxia 213
Centranthus 223

BLÜTEN OHNE SPORN

ZUSAMMENGESETZTE BLÜTEN

vgl. S. 26f

KRONBLÄTTER FREI

vgl. S. 28f

KRONBLÄTTER GANZ ODER Z. T. VERWACHSEN

vgl. S. 30f

Zusammengesetzte Blüten

Blüten winzig

in Ähren

Rispen

oder Kätzchen

Holzig

Quercus **36**
Halimione **43**
Ceratonia **83**
Cotinus **134**
Pistacia **134–135**
Rhamnus **136**
Thymelea **144**
Tamarix **152**
Olea **173**
Phyllirea **173**

Krautig

Urtica **37**
Parietaria **38**
Polygonum **42**
Rumex **42**
Salicornia **43**
Amaranthus **44**
Salsola **44**
Phytolacca **46**
Plantago **219f**

Blüten winzig, in runden Büscheln

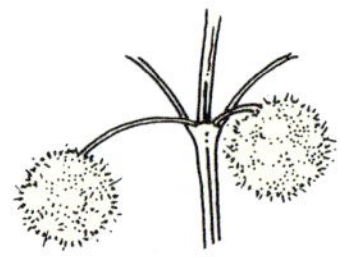

Holzig

Ficus **36**
Eucalyptus **155**
Acacia **84**
Buxus **136**

Krautig

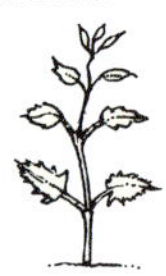

Urtica pilulifera **37**
Paronychia **48**
Sarcopterium **82**
Eryngium **157**
Lagoecia **158**
Plantago afra **220**
Xanthium **233**

Blüten in Dolden

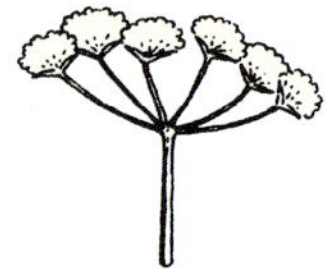

Pflanzen ohne Latex

Echinophora **158**
Scandix **159**
Smyrnium **159**
Crithmum **160**
Foeniculum **160**
Bupleurum **161**
Ferula **162**
Ferulago **163**
Tordylium **163**
Thapsia **164**
Torilis **164**
Daucus **165**

Pflanzen mit Latex

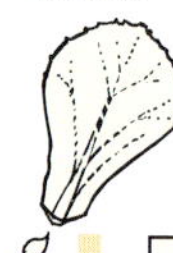

Euphorbia **127ff**

Staubblätter frei

Deta

Eryngium **157**
Globularia **216**
Scabiosa **224f**

Zusammengesetzte Blüten

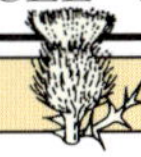

Blüten in Köpfchen

Blüten in flachen Büscheln

Sedum **80**
Sambucus **221**
Viburnum **221**
Iberis **75**
Achillea **235**
Cardaria **76**
Senecio cineraria **238**

Staubblätter verwachsen

Detail

Distelartig

tractylis **240**
arlina **240**
chinops **241**
arduus **242**
otobasis **242**
tilostemon **243**
nopordon **244**
ynara **245**
Silybum **246**
Carduncellus **249**
Carthamus **249**
Scolymus **250**

Kornblumenartig

Staehelina **241**
Galactites **244**
Leuzea **246**
Centaurea **247f**
Crupina **248**

Gänseblümchenartig

Aster **228**
Bellis **228**
Dittrichia **231**
Inula **231**
Asteriscus **232**
Pallensis **232**
Anthemis **234**
Chamaemelum **235**
Anacyclus **236**
Chrysanthemum **237**
Senecio **238**
Calendula **239**

Löwenzahnartig

Catananche **251**
Cichorium **251**
Hyoseris **252**
Urospermum **252**
Tragopogon **253**
Andryala **254**
Crepis **254**
Lactuca **254**

Ohne Strahlen

Helichrysum **229**
Phagnalon **230**
Santolina **233**
Anthemis rigida **234**
Otanthus **236**
Cotula **238**

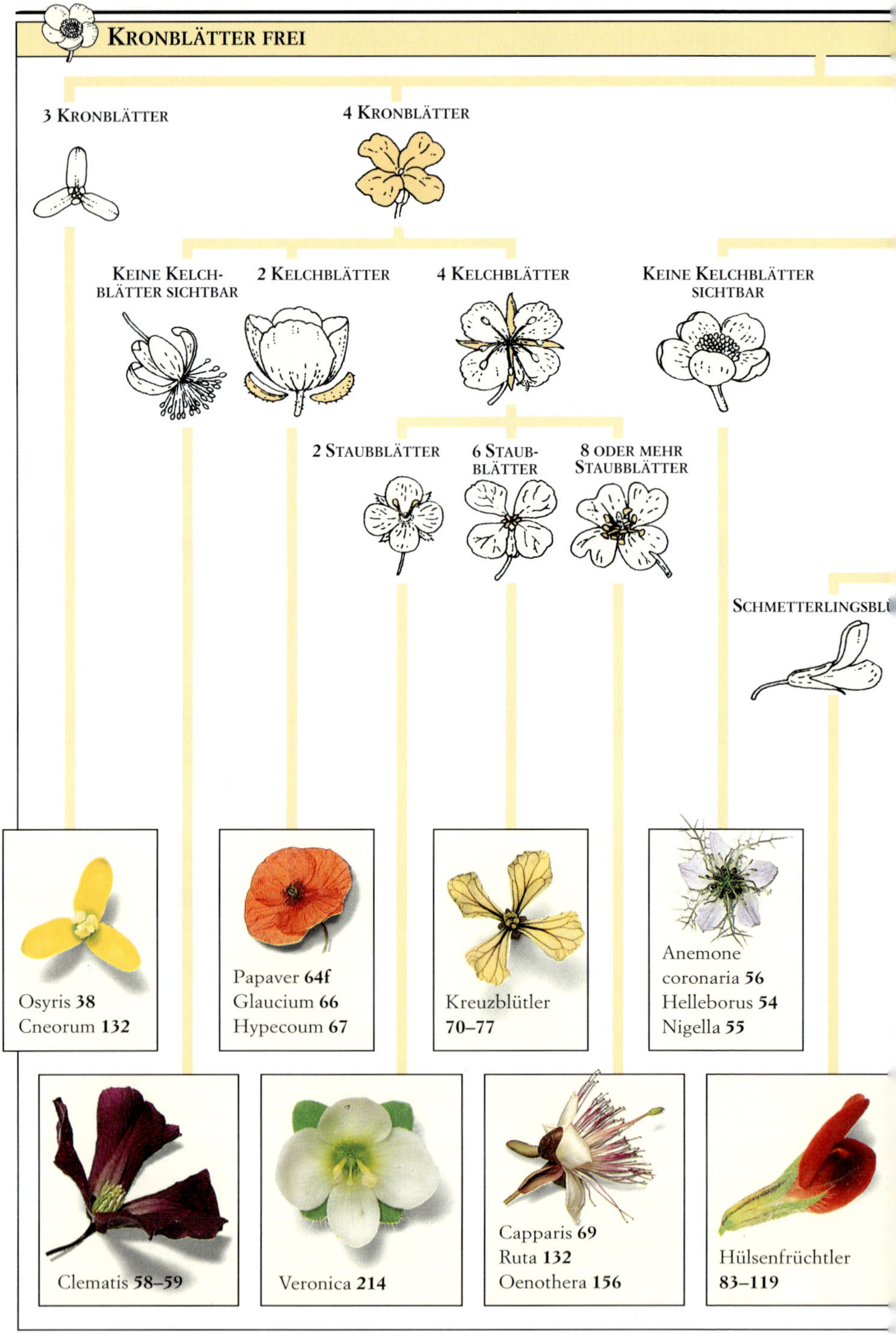
KRONBLÄTTER FREI
3 KRONBLÄTTER
4 KRONBLÄTTER
KEINE KELCHBLÄTTER SICHTBAR
2 KELCHBLÄTTER
4 KELCHBLÄTTER
KEINE KELCHBLÄTTER SICHTBAR
2 STAUBBLÄTTER
6 STAUBBLÄTTER
8 ODER MEHR STAUBBLÄTTER
SCHMETTERLINGSBLÜ
Osyris 38
Cneorum 132
Papaver 64f
Glaucium 66
Hypecoum 67
Kreuzblütler 70–77
Anemone coronaria 56
Helleborus 54
Nigella 55
Clematis 58–59
Veronica 214
Capparis 69
Ruta 132
Oenothera 156
Hülsenfrüchtler 83–119

KRONBLÄTTER FREI

5 KRONBLÄTTER

6 ODER MEHR KRONBLÄTTER

Carprobrotus **47**
Anemone **56f**
Adonis **59**
Ranunculus ficaria **61**
Paeonia **62f**
Leontice **63**
Reseda **78f**
Sedum **80**
Lythrum **154**
Opuntia **154**
Punica **156**

KELCHBLÄTTER VORHANDEN

‹HBLÄTTER MINDEST. ‹ÄLFTE VERWACHSEN

‹E SCHMETTERLINGSBLÜTEN

Agrostemma **49**
Silene **49f**
Saponaria **51**
Vaccaria **51**
Petrorhagia **52**
Dianthus **53**
Punica **156**

KELCHBLÄTTER GANZ ODER FAST FREI

KEIN AUSSENKELCH, KELCHBLÄTTER UNGLEICH

Zistrosengewächse **146–151**

KEIN AUSSENKELCH, KELCHBLÄTTER GLEICH

Spergularia **48**
Pittosporum **60**
Ranunculus asiaticus **60**
Ranunculus gramineus **61**
Reseda alba **78**
Paeonia **80**
Sedum **80**
Rosa **81–82**
Oxalis **120**
Geranium **121**
Erodium **121ff**
Tribulus **123**
Linum **124f**
Ruta **132**
Melia **133**
Hypericum **145**
Frankenia **152**
Myrtus **155**
Sambucus **221**

AUSSENKELCH VORHANDEN

Malvengewächse **137–142**

KRONBLÄTTER GANZ ODER TEILWEISE VERWACHSEN

BLÜTEN 1- ODER 2-LIPPIG

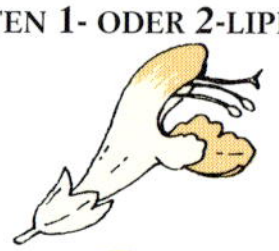

BLÜTENKRONE 1-LIPPIG

Polygala **133**
Ajuga **190**
Teucrium **190f**
Acanthus **217**

BLÜTENKRONE 2-LIPPIG

FRUCHT ALS BEERE

Lonicera **222**

FRUCHT ALS KLEINE STEINFRUCHT

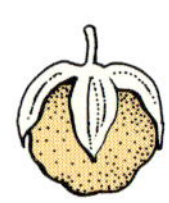

Vitex **189**

FRUCHT ALS 4 NÜSSCHEN

Prasium **192**
Scutellaria **192**
Phlomis **193f**
Lamium **195**
Ballota **195**
Prunella **196**
Stachys **196**
Clinopodium **197**
Origanum **197**
Satureja **197**
Thymus **198**
Rosmarinus **199**
Lavandula **199f**
Salvia **201f**

FRUCHT ALS KAPSEL

Fumaria **68**
Scrophularia **208f**
Antirrhinum **210**
Misopates **211**
Linaria **212**
Cymbalaria **213**
Kickxia **213**
Parentucellia **214**
Bellardia **215**
Lathraea **216**
Orobanche **218**

KRONBLÄTTER AUSGERANDET, NUR AN DER BASIS VERWACHSEN

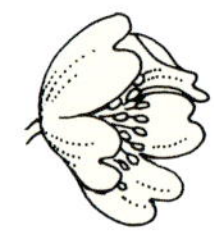

Portulaca **47**
Styrax **172**

KRONBLÄTTER GANZ ODER TEILWEISE VERWACHSEN

BLÜTEN OHNE LIPPEN

BLÜTEN TROMPETEN- ODER TRICHTERFÖRMIG

Bougainvillea **45**
Mirabilis **45**
Calystegia **179**
Convolvulus **179f**
Datura **205**

BLÜTEN MIT RADFÖRMIG AUSGEBREITETER KRONE

BLÜTENGRUND NICHT RÖHRENFÖRMIG

Coris **170**
Anagalis **170**
Borago **187**
Solanum **204**
Verbascum **206 207**
Cyclamen **168–169**
Gomphocarpus **176**
Petromarula **227**

BLÜTENGRUND RÖHRENFÖRMIG

Daphne **143f**
Limonium **171f**
Blackstonia **174**
Centaurium **174**
Nerium **175**
Vinca **175f**
Cruciata **177**
Vincetoxicum **177**
Rubia **178**
Heliotropium **181**
Lithodora **182f**
Alkanna **183**
Anchusa **186f**
Cynoglossum **188**
Verbena **189**
Mandragora **204**
Centranthus **223**
Valeriana **224**

BLÜTEN RÖHREN- ODER GLOCKENFÖRMIG

Cytinus **41**
Aristolochia **39ff**
Umbilicus **79**
Bryonia **153**
Ecballium **153**
Calluna **166**
Erica **166**
Arbutus **167**
Cuscuta **178**
Onosma **182**
Cerinthe **183**
Echium **184f**
Symphytum **185**
Hyoscyamus **203**
Nicotiana **205**
Campanula **225ff**
Legousia **226f**

EINKEIMBLÄTTRIGE PFLANZEN (MONOKOTYLEDONEN)

BLÄTTER HERZ- ODER PFEILFÖRMIG ODER TIEF EINGESCHNITTEN

Smilax **272**
Tamus **277**
Aronstab **288f**

BLÜTEN AUFFÄLLIG

BLÜTEN IN RISPEN AUF BIS ZU 7 M HOHEM BLÜTENSCHAFT

Agave 273

BLÜTEN OHNE LIPPE ODER SPORN

3 STAUBBLÄTTER

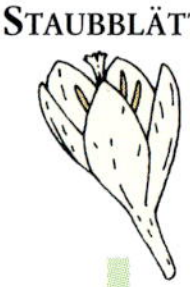

Schwertlilien **278f**

FRUCHTKNOTEN UNTER KRONBLÄTTERN, KRON- UND KELCHBLÄTTER FREI

Narzissen **273ff**

FRUCHTKNOTEN UNTERIRDISC KRON- UND KELCHBLÄTTEF DARUNTER VERBUNDEN

Colchicum **259**

Einkeimblättrige Pflanzen (Monokotyledonen)

Blätter oval oder linealisch

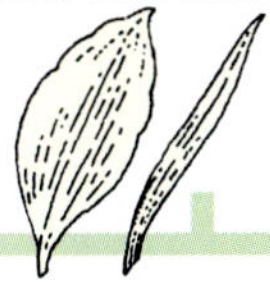

Blüten klein und unauffällig

Blüten mit Lippe und/oder Sporn

Blüten einzeln oder in kleinen Büscheln

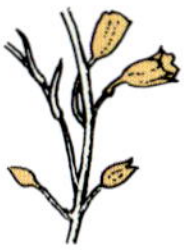

Blüten in dichten Köpfchen

6 Staubblätter

…chtknoten über Kron- …Kelchblättern, Kron- und Kelchblätter verwachsen

Fruchtknoten über Kron- und Kelchblättern, Kron- und Kelchblätter frei

Orchideen **290ff**

Posidonia **255**
Süßgräser **283–287**

Muscari **266–267**

Asphodelus **256f**
Asphodeline **258**
Aphyllanthes **258**
Gagea **259f**
Tulipa **260f**
Fritillaria **263**
Lilium **263**
Ornithogalum **264f**
Urginea **265**
Scilla **266**
Allium **268ff**

Asparagus **271**
Ruscus **272**

NADELHÖLZER

UND VERWANDTE

ZYPRESSENGEWÄCHSE

Familie CUPRESSACEAE	Art *Juniperus oxycedrus*	Autor L.

ECHTER STECH-WACHOLDER

Wacholder sind immergrüne, duftende Sträucher oder Bäume mit dichten nadelförmigen Blättern, die beim Echten Stech-Wacholder auf der Oberseite je zwei weißliche Streifen tragen. Seine Blüten sind unauffällig; männliche und weibliche Zapfen (letztere ähneln Beeren) wachsen auf verschiedenen Bäumen.

- **Verbreitung:** Gesamte Mittelmeerregion.
- **Habitat:** Garigue, Maquis, trockene Nadelwälder; gedeiht häufig an steilen Hängen.
- **Verwandte Art:** *Juniperus communis*, der bei uns heimische Wacholder, ist ähnlich, hat aber Nadeln mit nur einem weißen Streifen und blauschwarze Zapfen.

Lebensform ausdauernd	Wuchshöhe bis 10 m	Blütezeit Feb.–Mai

Familie CUPRESSACEAE	Art *Juniperus phoenicias*	Autor L.

PHÖNIZISCHER WACHOLDER

Dieser Wacholder ist ein dichter, verzweigter Strauch/Baum mit blaßbrauner, schuppiger Rinde. Bei Jungpflanzen stehen die bis zu 15 mm langen, nadelförmigen Blätter wirtelartig ab, bei ausgewachsenen Exemplaren (rechts) ähneln sie winzigen Schuppen. Man findet Zapfen beider Geschlechter (die weiblichen sind beerenartig) am selben Baum. Ursprünglich grün, werden sie während der Reife im zweiten Jahr mittelbraun.

- **Verbreitung:** Gesamte Mittelmeerregion.
- **Habitat:** Felsige, windexponierte Hänge, oft in Küstennähe.

Lebensform ausdauernd	Wuchshöhe bis 8 m	Blütezeit Feb.–April

MEERTRÄUBELGEWÄCHSE

Familie	Art	Autor
EPHEDRACEAE	*Ephedra fragilis*	Desf.

MEERTRÄUBEL

Die Familie der M.gewächse besteht aus Rutensträuchern, die trockene Standorte mögen. Wie Kiefern- und Zypressengewächse haben sie eingeschlechtige Blüten; sie zählen zu den Nacktsamern. Diese Art ist ein wuchernder Strauch, dessen biegsame, gerillte Zweige Schuppenblätter tragen. Bei der Unterart *fragilis* (westl. Mittelmeerraum) brechen diese Äste sehr leicht. Die weiblichen Blüten (ebenso winzig wie die männlichen, die jedoch an anderen Pflanzen treiben) bilden rote Zapfenbeeren.

- **Verbreitung:** Gesamte Mittelmeerregion.
- **Habitat:** Felsige, gestrüppreiche Standorte.

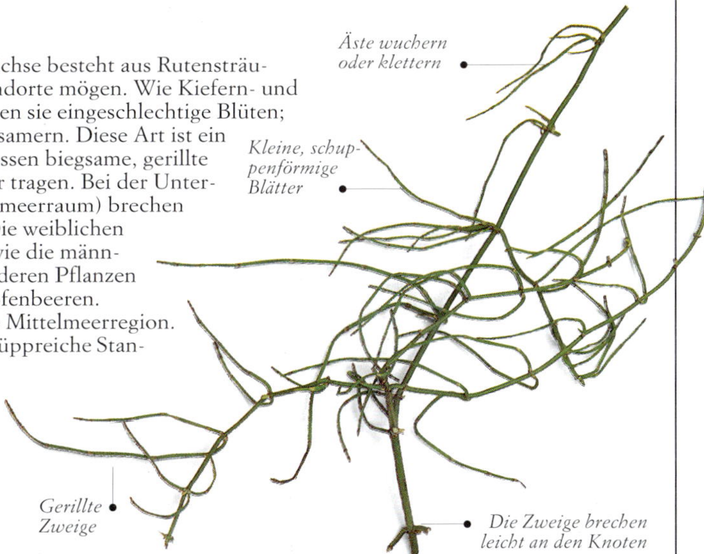

Lebensform	Wuchshöhe	Blütezeit
ausdauernd	bis 5 m	Jan.–Juli

Familie	Art	Autor
EPHEDRACEAE	*Ephedra major*	Host

EPHEDRA MAJOR

Dieser Rutenstrauch hat steife, schachtelhalmartige Äste. Bis zu 3 mm lange Zweige tragen pergamentartige Blätter, die paarweise gegenständig wachsen und mit der Zeit dunkelbraune Färbung annehmen. Männl. und weibl. Blüten treiben an verschiedenen Pflanzen. Die männl. bilden runde Büschel aus 2–4 Paaren, die weibl. sitzen meist einzeln und auf Stielen. Aus ihnen entwickeln sich rundliche, rote oder gelbe Früchte.

- **Verbreitung:** Gesamte Mittelmeerregion.
- **Habitat:** Felsige, gestrüppreiche Standorte, oft in Küstennähe.
- **Verwandte Art:** Gewöhnliches Meerträubel (*Ephedra distachya*) hat ähnlich aufsteigende Äste, aber kleinere Blätter.

Lebensform	Wuchshöhe	Blütezeit
ausdauernd	bis 2 m	April–Juli

DIKOTYLEDONEN

(ZWEIKEIMBLÄTTRIGE PFLANZEN)

BUCHENGEWÄCHSE

Familie FAGACEAE	Art *Quercus coccifera*	Autor L.

KERMES-EICHE

Aus der grauen Rinde dieses dickichtbildenden Strauchs/Baums wurde früher Tannin gewonnen. Die ovalen, dornig-gezähnten Blätter werden 15–40 mm lang und sind glatt und ledrig. Männliche Blüten wachsen als schlanke Kätzchen, weibliche entwickeln sich zu Eicheln, die zwei Jahre zur Reife benötigen.
• **Verbreitung:** Gesamte Mittelmeerregion außer Korsika und fast ganz Italien.
• **Habitat:** Garigue, Maquis, lichte Wälder.

Lebensform ausdauernd	Wuchshöhe 1–3m	Blütezeit März–Mai

MAULBEERBAUMGEWÄCHSE

Familie MORACEAE	Art *Ficus carica*	Autor L.

FEIGENBAUM

Der Feigenbaum ist ein sommergrüner Baum/Strauch mit glatter, grauer Rinde, dicken, kräftigen Zweigen und milchigem Saft. Die bis zu 20 cm langen, wechselständigen Blätter variieren in der Form zwischen breit-elliptisch und gefingert mit leicht gesägtem Rand. Die Blüten liegen unscheinbar in grünen, fruchtartigen Gebilden; weibl. Blüten werden zu eßbaren, 50–80 mm großen Feigen.
• **Verbreitung:** Gesamte Mittelmeerregion.
• **Habitat:** Felsige Standorte, Felder, Gärten.
• **Hinweis:** In der Natur besorgen Gallwespen die Bestäubung.

Lebensform ausdauernd	Wuchshöhe 6–10 m	Blütezeit April–Nov.

BRENNESSELGEWÄCHSE

Familie URTICACEAE	Art *Urtica pilulifera*	Autor L.

RÖMISCHE NESSEL

Diese hohe Nessel ist mit Brennhaaren bedeckt. Ihre 20–60 mm langen, gegenständigen Blätter sitzen auf langen Stielen mit 4 Nebenblättern pro Knoten. Sie sind oval oder herzförmig und haben tief gezähnte oder gesägte Ränder. Männliche und weibliche Blüten unterscheiden sich, entspringen aber beide an der Blattachsel. Die weiblichen bilden langgestielte, kugelige Köpfchen (daher auch der landläufige Name „Pillen-Brennessel"), die männlichen sind winzig klein und ährenförmig. Die Frucht ist eine kleine Achäne.

- **Verbreitung:** Gesamte Region.
- **Habitat:** Feuchte, nährstoffreiche Böden, auch Müllhalden.
- **Hinweis:** Wurde früher wegen ihrer ölhaltigen Samen gezüchtet.

Lebensform einjährig	Wuchshöhe 30–100 cm	Blütezeit Feb.–Okt.

Familie URTICACEAE	Art *Urtica dubia*	Autor Forskål

GESCHWÄNZTE BRENNESSEL

Nur spärlich mit Brennhaaren besetzt, trägt diese hochwachsende Nessel gegenständige, ovale Blätter mit grob gesägten Rändern, die bis zu 10 cm lang werden und auf ebenso langen Stielen sitzen. Männliche und weibliche Blüten sind getrennt. Unter den männlichen, unregelmäßigen Trauben, die länger als die Blattstiele sind, hängen die weiblichen, kürzeren Trauben.

- **Verbreitung:** Gesamte Mittelmeerregion.
- **Habitat:** Feuchte Unkrautfluren.
- **Verwandte Art:** Die ebenfalls einjährige *Urtica urens* ist ähnlich, doch sind weibl. wie männl. Blütenstände etwas kürzer.

Lebensform einjährig	Wuchshöhe 15–80 cm	Blütezeit Ganzjährig

Familie URTICACEAE	Art *Parietaria diffusa*	Autor Mert. & Koch

ÄSTIGES GLASKRAUT

Die dicht behaarten, häufig rötlich gefärbten Stengel dieser reich verzweigten Pflanze breiten sich über den Boden, bevor sie zu einem Büschel aufsteigen. Die bis zu 50 mm langen, wechselständigen Blätter sind elliptisch, gestielt, von feinen Härchen umrahmt und glänzen, sofern sie nicht von Straßenstaub bedeckt sind. Die unscheinbaren Blüten entspringen der Blattachsel und bilden stiellose Büschel. Aus ihnen entstehen die schwarzen, von Blütensegmenten umschlossenen Achänen.

- **Verbreitung:** Gesamte Mittelmeerregion.
- **Habitat:** Am Fuße von Mauern, schattig-feuchte Standorte.
- **Verwandte Art:** *Parietaria officinalis* ist ähnlich, aber normalerweise nicht verzweigt, sondern aufrecht und wächst bis zu einem Meter hoch. Sie hat größere Blätter (bis zu 12 cm) und ist dicht behaart. Ihr Verbreitungsgebiet ist die gesamte Mittelmeerregion außer ganz im Westen.

Lebensform ausdauernd	Wuchshöhe bis 40 cm	Blütezeit April–Okt.

SANDELHOLZGEWÄCHSE

Familie SANTALACEAE	Art *Osyris alba*	Autor L.

HONIGDUFTENDER RUTENSTRAUCH

Die Äste dieses niedrigen Strauches sind steif und tragen wechselständige, lineallanzettliche und durchschnittlich 20 mm lange Blätter mit spitzen Enden. Männliche und weibliche Blüten (beide klein, grün und unauffällig) wachsen auf verschiedenen Pflanzen. Die männl. treiben in seitlichen Büscheln, die weibl. sitzen einzeln auf kurzen Stielen und entwickeln sich zu roten, 5–7 mm großen Beeren.

- **Verbreitung:** Gesamte Mittelmeerregion.
- **Habitat:** Trockene, felsige Standorte, Maquis, Wälder.
- **Hinweis:** *Osyris alba* ist ein Halbparasit und entzieht einen Teil seiner Nährstoffe anderen Pflanzen.

DETAIL

Lebensform ausdauernd	Wuchshöhe 40–120 cm	Blütezeit Feb.–Aug.

OSTERLUZEIGEWÄCHSE

Familie ARISTOLOCHIACEAE	Art *Aristolochia pistolochia*	Autor L.

PISTOLOCHIA-OSTERLUZEI

Wie alle ihre Verwandten erkennt man auch diese flaumig behaarte, lianenartige Pflanze sofort an ihren merkwürdigen röhrenförmigen Blüten. Die wechselständigen, kurzstieligen Blätter dieser Pflanze sind pfeilförmig und fein gezähnt. Die geraden, bis zu 50 mm langen Blüten haben einen purpurfarbenen Hals, eine dunkelbraune Zunge und an der Basis bauchige Kammern. Ihre Früchte sind 20–30 mm groß und rund oder birnenförmig.

- **Verbreitung:** Westliche Mittelmeerregion, im Osten bis Korsika und Sardinien.
- **Habitat:** Trockene, steinige Standorte.

Lebensform ausdauernd	Wuchshöhe 20–80 cm	Blütezeit März–Juli

Familie ARISTOLOCHIACEAE	Art *Aristolochia cretica*	Autor Lam.

KRETISCHE OSTERLUZEI

Diese aufrechte, ledrige Pflanze verzweigt sich an ihrer Basis und hat rotbraune, haarige Stengel und nierenförmige, wechselständige Blätter, die mindestens so breit wie lang (bis zu 60 mm) sind. Die 5–12 cm langen Blüten haben die Form von Miniatur-Saxophonen und locken in ihre haarbesetzte Röhre Insekten zur Bestäubung. Die Früchte sind längliche, 30–60 mm lange Kapseln.

- **Verbreitung:** Kreta und Kapathos.
- **Habitat:** Steinige Böden, am Fuße von Mauern.

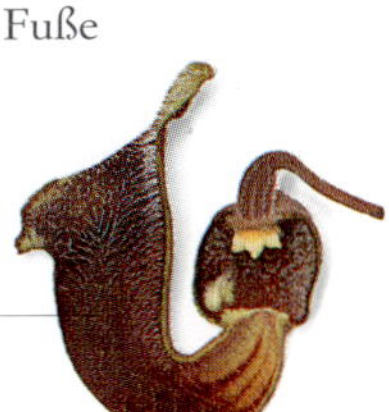

Lebensform ausdauernd	Wuchshöhe 40 –60 cm	Blütezeit April–Mai

Familie ARISTOLOCHIACEAE	Art *Aristolochia sempervirens*	Autor L.

IMMERGRÜNE OSTERLUZEI

Immergrün und unbehaart, weist diese kletternde Aristolochia wechselständige, gestielte, ledrige, herzförmige, bis zu 10 cm lange Blätter auf. 20–50 mm lange, U-förmige Blüten hängen einzeln von Stielen, die der Blattachsel entspringen, tragen an der Basis eine bauchige Kammer und öffnen sich zu einem Trichter. Jede Blütenöffnung ist von einem Haarkranz umgeben. Die birnenförmige Frucht wird 40 mm lang.

- **Verbreitung:** Östliche Mittelmeerregion (Nordafrika, Griechenland, Süditalien, Sizilien).
- **Habitat:** Schattige Hecken und Wälder.

Lebensform ausdauernd	Wuchshöhe bis 5 m	Blütezeit Jan.–Juni

Familie ARISTOLOCHIACEAE	Art *Aristolochia clematitis*	Autor L.

AUFRECHTE OSTERLUZEI

Diese unbehaarte Osterluzei hat einen aufrechten Stengel und wechselständige, 3–15 cm lange herzförmige Blätter, die auf 15–50 mm langen Stielen sitzen. Blattspitzen sind gerundet, Blattadern auf der Oberseite versenkt, auf der Unterseite vortretend. Die 20–30 mm großen Blüten wachsen in kurzstieligen Büscheln von 2–8 aus den Blattachseln.

- **Verbreitung:** Gesamte Mittelmeerregion, aber ursprünglich im Osten heimisch.
- **Habitat:** Wiesen und Gräben.
- **Hinweis:** Weit verbreitet, wurde die Pflanze in der Antike als Heilpflanze geschätzt.

Lebensform ausdauernd	Wuchshöhe bis 1 m	Blütezeit Mai–Juli

Familie ARISTOLOCHIACEAE	Art *Aristolochia rotunda*	Autor L.

RUNDKNOLLIGE OSTERLUZEI

Bei dieser aufrechten oder aufsteigenden Art treiben die manchmal verzweigten, fast kahlen Stengel aus einer unterirdischen Knolle. Die 20–90 mm langen, ungestielten Blätter umfassen mit ausgeprägten Basislappen den Stengel. Die Blattadern treten an der Unterseite hervor. 20–50 mm große Blüten mit breiter, dunkelbrauner Zunge und gerader, gelbgrüner Röhre entwickeln sich zu runden Früchten (Durchmesser 10–20 mm).

• **Verbreitung:** Gesamte Mittelmeerregion außer Nordwestafrika.

• **Habitat:** Schattige Standorte, Hecken, Gräben, Feldränder, Auwälder.

Lebensform ausdauernd	Wuchshöhe 15–60 cm	Blütezeit April–Juni

SCHMAROTZERBLUMENGEWÄCHSE

Familie RAFFLESIACEAE	Art *Cytinus hypocistis*	Autor L.

GELBER ZISTROSENWÜRGER

Niedrige Pflanze ohne grüne Blätter, die als Schmarotzer auf Zistrosengewächsen lebt (siehe S. 146ff). Ihr leuchtendes Gelb macht diese Art leicht sichtbar. 5–10 der fleischigen Blüten, in geschlossenem Zustand von rotrandigen Schuppenblättern bedeckt, bilden Büschel mit einem Durchmesser von rund 12 mm. Die Blüten in der Mitte sind männlich, die äußeren weiblich, aber alle haben 4 Kronblätter mit gesägtem Rand. Die Frucht ist eine Beere.

• **Verbreitung:** Mittelmeerregion.

• **Habitat:** Maquis und Garigue, unter Zistrosengewächsen.

Lebensform ausdauernd	Wuchshöhe 30–70 mm	Blütezeit April–Juni

KNÖTERICHGEWÄCHSE

Familie POLYGONACEAE	Art *Polygonum maritimum*	Autor L.

STRAND-KNÖTERICH

Die ästigen Stengel dieser aufsteigenden, am Boden holzigen Küstenpflanze sind von Laub umkleidet. Die elliptischen, 5–25 mm langen, ungestielten Blätter wachsen wechselständig zum Stengel geneigt nach oben. An ihrer Basis entspringen Nebenblätter, die eine Blattscheide um den Stengel bilden. Weiße oder rosa, 3–4 mm große Blüten entfalten sich aus den Blattachseln. Die Frucht, eine glänzende braune Nuß, hat einen Durchmesser von 3–5 mm.

- **Verbreitung:** Mittelmeerregion.
- **Habitat:** Sand- und Kiesstrände.
- **Verwandte Art:** *Polygonum equisetiforme*, eine hohe, strauchartige Pflanze, treibt ähnliche Blüten. Sie wächst auf brachliegendem Land.

DETAIL

Lebensform ausdauernd	Wuchshöhe 10–50 cm	Blütezeit April–Okt.

Familie POLYGONACEAE	Art *Rumex bucephalophorus*	Autor L.

STIERKOPF-AMPFER

Stierkopf-Ampfer treibt mehrere aufrechte Stengel, die von der Basis aufsteigen. Die 10–20 mm langen, wechselständigen Blätter sind verschieden: Unten am Stengel spateling, zeigen sie weiter oben dann lanzettliche Form. Je 2 oder 3 Blüten treiben zu aus den Blattachseln, entweder mit langen, flache oder schmalen, runden Stielen. Der Name hängt mit der Frucht zusammen, einer winzigen Nuß, die an einen Stierkopf erinnert.

- **Verbreitung:** Gesamte Mittelmeerregion.
- **Habitat:** Kulturböden, felsige und sandige Standorte, häufig in Küstennähe.
- **Hinweis:** Sehr formenreiche Art. Manche Pflanzen treiben nur einen einzigen Stengel.

DETAIL

Lebensform meist einjährig	Wuchshöhe 10–40 cm	Blütezeit März–Sept.

GÄNSEFUSSGEWÄCHSE

Familie CHENOPODIACEAE | Art *Halimione portulacoides* | Autor (L.) Aellen

STRANDSALZMELDE

Dieser aufsteigende oder niederliegende Halbstrauch mit verholzender Basis trägt fleischige, bis zu 40 mm lange, ganzrandige Blätter, die meist paarig gegenständig wachsen und in der Form zwischen elliptisch und lanzettlich variieren. Sie haben eine mehlige Oberfläche, was der Pflanze ein silbriggraues Aussehen verleiht. Die winzigen gelblichen Blüten wachsen als langstielige Rispen aus den Blattachseln. Die männlichen bestehen aus 4 oder 5 Segmenten, die weiblichen haben nur 2 Tragblätter.

- **Verbreitung:** Mittelmeerregion.
- **Habitat:** Salzmarschen, Strände, Küstenhinterland.

Lebensform ausdauernd | Wuchshöhe 20–80 cm | Blütezeit Juli–Okt.

Familie CHENOPODIACEAE | Art *Salicornia europaea* | Autor L.

QUELLER

Bei dieser fleischigen, unbehaarten Salzpflanze liegen die gegenständigen, schuppenförmigen Blätter dicht an den gegliederten, sukkulenten Stengeln an. Im Frühjahr leuchtend grün, verfärbt sich der Queller zur Blütezeit (Spätsommer rötlich). Extrem kleine, grüne Blüten, die tief in den Blattachseln versteckt sind, haben gelbe Staubbeutel. Die Samen sind 1,5 mm lang mit membranartiger Hülle.

- **Verbreitung:** Mittelmeerregion.
- **Habitat:** Salzschlickböden, Watt.
- **Hinweis:** Queller kommt häufig in großen Beständen vor, wobei die gedrängt stehenden Einzelpflanzen über feuchtem, salzigen Grund einen dichten, leuchtend gefärbten Teppich bilden. Es gibt viele ähnliche Arten, die sich nur schwer unterscheiden lassen. Alle zeichnen sich durch hohen Salzgehalt aus und wurden früher zur Sodagewinnung (für die Glasmanufaktur) verbrannt.

Lebensform einjährig | Wuchshöhe 10–40 cm | Blütezeit Aug.–Sept.

Familie CHENOPODIACEAE	Art *Salsola kali*	Autor L.

KALI-SALZKRAUT

Die grünen oder gelblichen, niederliegenden bis aufrechten Stengel dieser formenreichen wuchernden Salzpflanze sind manchmal behaart. Die grob zylindrischen, 10–40 mm großen, fleischigen Blätter haben dornige Spitzen und sind im unteren Bereich wechselständig angeordnet; die winzigen, unscheinbaren Blüten sitzen in Gruppen von 1 bis 3 in den Blattachseln. Sie sind von dornigen Schuppenblättern umgeben, die größer und auffälliger sind als die Blüten selbst. Die Frucht ist geflügelt.

- **Verbreitung:** Gesamte Mittelmeerregion.
- **Habitat:** Sandküsten und Spülsäume, Schutthalden; auch im Binnenland.
- **Verwandte Arten:** Es gibt viele ähnliche Species in der Region, weitverbreitet ist *Salsola soda* mit weicher Blätterspitze. *Salsola aegea* (Griechenland und Kreta) wird nur 30 cm hoch.

Lebensform einjährig	Wuchshöhe 10–100 cm	Blütezeit Juli–Okt.

FUCHSSCHWANZGEWÄCHSE

Familie AMARANTHACEAE	Art *Amaranthus cruentus*	Autor L.

AMARANTHUS CRUENTUS

Dieser verzweigte Fuchsschwanz ist in der Regel spärlich, zur Stengelspitze hin dann dichter behaart. Die wechselständigen, 5–12 cm langen, gestielten Blätter sind breit elliptisch. Die winzigen Blüten wachsen in dichten Ähren in Blattachseln und an Zweigenden. Sie sind von weichen Vorblättern (Bracteolen) umgeben, die den Ähren ein buschiges Aussehen verleihen. Die Frucht ist winzig, trocken und dünnhäutig.

- **Verbreitung:** Mittelmeerregion.
- **Habitat:** Schuttplätze.
- **Hinweis:** Wie viele andere Fuchsschwanzgewächse war *Amaranthus cruentus* ursprünglich in Amerika heimisch. Fast alle tragen unscheinbare gelbe oder grüne Blüten.

Lebensform einjährig	Wuchshöhe 15–100 cm	Blütezeit Juni–Sept.

WUNDERBLUMENGEWÄCHSE

Familie	Art	Autor
NYCTAGINACEAE	*Bougainvillea glabra*	Choisy

BOUGAINVILLEA

Auffälligstes Merkmal der Bougainvillea sind ihre leuchtend gefärbten Hochblätter, die vielfach für Blüten gehalten werden. Die hohe, holzige Kletterpflanze hat dornige, normalerweise unbehaarte Stengel. Die bis zu 60 mm großen, kurzstieligen Blätter sind wechselständig angeordnet. Um jeweils drei 14–24 mm lange Röhrenblütchen herum liegen drei Hochblätter, farblich zwischen rosa und Violett variierend.

- **Verbreitung:** Gesamte Mittelmeerregion.
- **Habitat:** Gärten, Wände, Mauern.
- **Hinweis:** Bougainvilleen stammen aus Brasilien.

Lebensform	Wuchshöhe	Blütezeit
ausdauernd	bis 10 m	Ganzjährig

Familie	Art	Autor
NYCTAGINACEAE	*Mirabilis jalapa*	L.

WUNDERBLUME

Die Blüten dieser normalerweise unbehaarten, verzweigten Zierpflanze öffnen sich erst am späten Nachmittag. Ihre gegenständigen, kurzstieligen, breit elliptischen Blätter werden bis zu 15 cm groß. Die Blüten (rot, gelb oder weiß) haben einen fünfzipfeligen, langen verwachsenen Kelch mit vorstehenden Staubblättern. Aus ihnen entwickeln sich 10 mm große, zitronenförmige schwarze Früchte.

- **Verbreitung:** Gesamte Mittelmeerregion, bevorzugt im Westen dieser Region.
- **Habitat:** Kulturland, Gärten.
- **Hinweis:** Diese Art ist ursprünglich in Südamerika beheimatet.

Lebensform	Wuchshöhe	Blütezeit
ausdauernd	50–100 cm	Juni–Okt.

KERMESBEERENGEWÄCHSE

Familie PHYTOLACCACEAE	Art *Phytolacca americana*	Autor L.

KERMESBEERE

Häufig am Straßenrand zu finden, hat diese kräftige Pflanze aufrechte, leicht fleischige unbehaarte Stengel, die sich häufig gabelig verzweigen. Die wechselständigen Blätter sind ebenfalls kahl, 10–25 mm lang, gestielt und elliptisch mit ungezähntem Rand. Die fünfteiligen, rosaweißen Blüten bilden dichte, bis zu 15 cm lange Trauben und entwickeln sich zu schwarzpurpurnen, gerippten, kürbisförmigen Früchten, die bis zu 10 mm groß werden. Zur Fruchtzeit biegen sich die ursprünglich aufrechten Trauben unter dem Gewicht der Früchte nach unten.

- **Verbreitung:** Gesamte Mittelmeerregion.
- **Habitat:** Ödland, Wegränder, Gärten.
- **Hinweis:** Aus den Früchten der aus Südamerika eingebürgerten Pflanze gewann man früher einen Stoff zum Färben von Wein. Doch sind alle Teile, inklusive der Früchte, **giftig!**

Lebensform ausdauernd	Wuchshöhe 1–2,5 m	Blütezeit Juni–Okt.

EISKRAUTGEWÄCHSE

Familie	Art	Autor
AIZOACEAE	*Carpobrotus edulis*	L.

MITTAGSBLUME

Diese fleischige, niederliegende Pflanze, deren Stiele am Grund verholzen, bildet dichte Matten. Die spitz zulaufenden, wachsigen, 8–12 cm langen Blätter haben einen dreieckigen Querschnitt. Sie sind paarweise gegenständig angeordnet und am Rand andeutungsweise gesägt. Blickfang sind die leuchtend violett, gelb oder orange gefärbten Kronblätter, die einen dichten Ring um die gelben Staubblätter bilden. Die feigenähnlichen Früchte der auch Hottentottenfeige genannten Mittagsblume sind eßbar.

- **Verbreitung:** Mittelmeerregion.
- **Habitat:** Küstengegenden.

Lebensform	Wuchshöhe	Blütezeit
ausdauernd	bis 2 m	März–Juli

PORTULAKGEWÄCHSE

Familie	Art	Autor
PORTULACACEAE	*Portulaca oleracea*	L.

WILDER PORTULAK

Auf brachliegendem Land ist diese niederliegende Pflanze mit ihren fleischigen Stengeln und den glänzenden Blättern normalerweise ein recht häufiger Anblick. Ihre unbehaarten und verzweigten Stengel breiten sich gewöhnlich auf dem Boden aus, die löffelförmigen Blätter häufen sich an den Zweigenden. Die 5 mm großen Blüten wachsen entweder einzeln oder in Gruppen von 2–3 aus den Astgabeln.

- **Verbreitung:** Gesamte Mittelmeerregion.
- **Habitat:** Ödland und Gärten.
- **Hinweis:** Die aufrechte, wesentlich widerstandsfähigere Subspecies *sativa* wird als Salat bzw. Gemüse angebaut.

Lebensform	Wuchshöhe	Blütezeit
einjährig	bis 50 cm	Juni–Aug.

NELKENGEWÄCHSE

Familie CARYOPHYLLACEAE | Art *Paronychia argentea* | Autor Lam.

SILBER-MAUERMIERE

Diese vielverzweigte, mattenbildende Pflanze trägt gegenständige, lanzettliche 4–10 mm lange Blätter. Die kronblattlosen Blüten bilden in den Blattachseln rund 10 mm große Büschel und sind von auffälligen, silbrigen, durchscheinenden Hochblättern umgeben. Jede Blüte hat 5 Kelchblätter mit borstiger rotbrauner Spitze. Die Frucht ist eine einsamige Nuß.

- **Verbreitung:** Gesamtes Mittelmeergebiet.
- **Habitat:** Die Pflanze bevorzugt trockene, sandige Böden.
- **Verwandte Arten:** Im Bergland findet man mehrere ähnliche Arten. Häufig ist *Paronychia capitata*, mit längeren Hochblättern und schmalen, graugrünen Blättern.

Lebensform ausdauernd | Wuchshöhe bis 20 cm | Blütezeit April– Juni

Familie CARYOPHYLLACEAE | Art *Spergularia marina* | Autor (L.) Griseb.

SALZSCHUPPENMIERE

Neben den gegenständigen linealischen, fleischigen Blättern dieser niederen, schlankstengeligen Salzpflanze treiben kurze Nebenblätter. Die 5–8 mm großen Blüten stehen einzeln oder auf ästigen Stengeln. Ihre weißen oder rosaweißen Kronblätter schließen sich bei bedecktem Himmel. In der Regel sind die Samenkapseln breiter als die Kelchblätter und enthalten geflügelte und/oder ungeflügelte Samen.

- **Verbreitung:** Mittelmeerregion.
- **Habitat:** Salzmarschen und steinige Küsten.
- **Verwandte Art:** Ähnlich ist *Spergularia bocconii*, eine im Westen verbreitete, klebrige Pflanze.

Lebensform ein-/zweijährig | Wuchshöhe 7 cm | Blütezeit April–Aug.

Familie CARYOPHYLLACEAE	Art *Agrostemma githago*	Autor L.

KORNRADE

Im östlichen Mittelmeerraum heimisch, war diese schlanke, hohe Pflanze mit ihren langen, weichen, grauen Härchen einst weit verbreitet. Ihre gegenständigen, linealisch-lanzettlichen Blätter sitzen ungestielt auf den Stengeln, die sie nahezu umfassen. Die 30–70 mm großen Blüten sind blaß purpur und haben 5 gekerbte, keilförmige Kronblätter. Die Kelchblätter sind am Grund zu einer urnenförmigen Röhre verwachsen, doch ihre schmalen Spitzen ragen über die Kronblätter hinaus. Die Frucht ist eine Kapsel mit rundlichen, **giftig**en Samen.

- **Verbreitung:** Gesamte Mittelmeerregion.
- **Habitat:** Getreidefelder, Kulturböden.
- **Verwandte Art:** Eine kleinere, schlankere und weniger behaarte Species, *Agrostemma gracilis*, findet man nur in Griechenland und Kleinasien. Ihre Kelchblätter überragen die Kronblätter nicht, und ihre Kelchröhre ist schmäler.

Lebensform einjährig	Wuchshöhe 30–100 cm	Blütezeit April–Juni

Familie CARYOPHYLLACEAE	Art *Silene sericea*	Autor All.

ZWEITEILIGES LEINKRAUT

Das langsam wachsende, weich behaarte Leimkraut hat aufsteigende, ästige Stengel. Die gegenständigen Blätter sind in Bodennähe spatelig, zur Stengelspitze hin lanzettlich. Blüten stehen einzeln, selten in Büscheln zu 2 oder 3, und haben schmale Kelchröhren mit 10 Streifen. Die blaßrosa Kronblätter zeigen 2 tiefe Lappen. Die Samen sind nierenförmig.

- **Verbreitung:** Gesamte Mittelmeerregion.
- **Habitat:** Sandige Küsten.
- **Verwandte Art::** *Silene colorata*, östlicher Mittelmeerraum, ist ähnlich, treibt jedoch büschelige Blüten.

Lebensform einjährig	Wuchshöhe bis 50 cm	Blütezeit März–Juni

Familie CARYOPHYLLACEAE	Art *Silene gallica*	Autor L.

FRANZÖSISCHES LEIMKRAUT

Wie viele Leimkraut-Arten trägt diese aufrechte Pflanze kurze klebrige Haare. Die ungestielten, gegenständigen Blätter werden 20 mm lang. Weiß oder rosa, treiben die Blüten aus den Blattachseln. Die Kronblätter enden in einem zwiebelförmigen, rauhhaarigen, spitz gezähnten Kelch mit deutlich sichtbaren Nerven. Die Frucht ist eine Kapsel mit dunkelbraunen Samen.

- **Verbreitung:** Gesamte Mittelmeerregion.
- **Habitat:** Kulturland, Wegränder.
- **Hinweis:** Oft bleiben Insekten an den klebrigen Haaren der Pflanze kleben.

Lebensform einjährig	Wuchshöhe 15–45 cm	Blütezeit März–Juni

Familie CARYOPHYLLACEAE	Art *Silene vulgaris*	Autor (Moench) Garcke

AUFGEBLASENES LEIMKRAUT

Diese formenreiche, gewöhnlich unbehaarte und am Grund verholzte Pflanze hat aufrechte, verzweigte Triebe und bis zu 60 mm lange, gegenständige, linealische bis ovale Blätter, von denen nur die untersten gestielt sind. Tief gelappte weiße Kronblätter und typische „aufgeblasene" Kelche charakterisieren die verzweigten Blütenstände. Nach dem Welken der Blüten bilden die Kelche eine Hülle um die Samenkapsel.

- **Verbreitung:** Gesamte Mittelmeerregion.
- **Habitat:** Kulturland, Brachäcker, Straßenränder; trockene, kalkhaltige Böden.
- **Verwandte Art:** *Silene alba* ist ähnlich, hat aber weniger „aufgeblasene" Kelche.

DETAIL

Lebensform ausdauernd	Wuchshöhe bis 60 cm	Blütezeit April–Aug.

Familie	Art	Autor
CARYOPHYLLACEAE	*Saponaria officinalis*	L.

ECHTES SEIFENKRAUT

Aus vielen unterirdischen Ausläufern treibt das Echte oder Gemeine Seifenkraut aufrechte, normalerweise unbehaarte Stengel mit ovalen bis lanzettlichen, 40–70 mm langen, vorwiegend ungestielten Blättern mit 3 parallelen Nerven. Die bis zu 40 mm großen, intensiv duftenden Blüten stehen gegenständig in dichten Büscheln am Stengel und seinen Ästen. Die Kronblätter sind rosa und weisen keine Kerben auf. Die Frucht ist eine zylindrische Spaltkapsel.

- **Verbreitung:** Gesamte Region.
- **Habitat:** Feuchte Wegränder.
- **Verwandte Art:** *Saponaria calabria*, östlich von Italien vorkommend, ist kleiner und zierlicher, mit rundlichen Kronblättern.

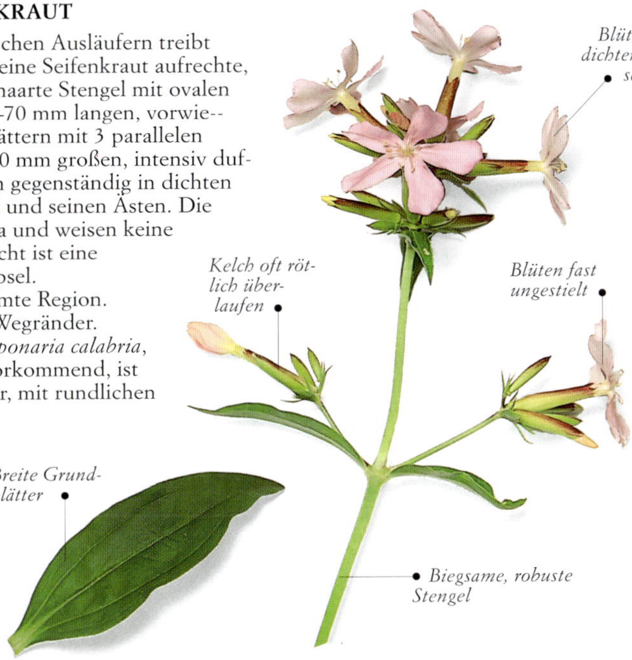

Lebensform	Wuchshöhe	Blütezeit
ausdauernd	30–90 cm	April–Juli

Familie	Art	Autor
CARYOPHYLLACEAE	*Vaccaria pyramidata*	Medicus

KUHKRAUT

Diese aufrechte, verzweigte unbehaarte Pflanze ist an ihren typisch graublauen Blüten und geflügelten Kelchen zu erkennen. Die gegenständigen, bis 50 mm langen, wachsigen, ovalen Blätter laufen spitz zu. Die oberen umfassen den Stengel. Die rosa Blüten treiben einzeln auf langen Stielen in verzweigten Blütenständen. Ihre Kronblätter sind gekerbt oder ungekerbt, die Kelche bauchig mit 5 flachen Flügeln und verengtem Hals. Die Samen reifen in einer eiförmigen Kapsel.

- **Verbreitung:** Gesamte Region.
- **Habitat:** Kulturland.
- **Hinweis:** Kuhkraut ist ein weitverbreitetes Ackerunkraut.

Lebensform	Wuchshöhe	Blütezeit
einjährig	30–60 cm	Mai–Juni

Familie	Art	Autor
CARYOPHYLLACEAE	*Petrorhagia glumacea*	(Chaub.&Bory) Ball&Heywood

PETRORGHAGIA GLUMACEA

Diese aufrechte Felsennelke hat spärlich verzweigte Stengel und paarige, gegenständige linealische Blätter. Umgeben von charakteristischen braunen, trockenen Tragblättern, treiben 2–5 der ca. 20 mm großen Blüten in dichten Köpfchen. Die 5 leuchtend purpurnen, keilförmigen und häufig gefransten Kronblätter zeigen Äderung. Die röhrenförmigen, 15 mm langen Kelche weisen 5 extrem kurze Zähne auf. Die Samen reifen in einer vierzähnigen Kapsel.

- **Verbreitung:** Balkan, Kreta.
- **Habitat:** Felsregionen, Grasfluren, Böschungen.
- **Hinweis:** Diese variable Art wird manchmal in 2 Subspecies unterteilt; die Kronblätter der einen, Subsp. *obcordata*, sind mehr ganzrandig als gefranst.

Lebensform	Wuchshöhe	Blütezeit
einjährig	bis 50 cm	Mai–Juni

Familie	Art	Autor
CARYOPHYLLACEAE	*Petrorhagia velutina*	(Gussone) Ball & Heywood

SAMT-FELSENNELKE

Diese zierliche, fast grasartige Pflanze verzweigt sich meist nur am Grund. Der mittlere Stengelteil trägt kurze, klebrige Haare; die schlanken, paarigen Stengelblätter bilden eine mindestens doppelt so lange wie breite Blattscheide. Bis 10 mm groß, ähneln die Blüten denen der *Petrorhagia glumacea* (oben), doch haben sie Tragblätter mit spitzen Enden und rosane, zweilappige, geäderte Kronblätter. Die Frucht ist eine vierzähnige Kapsel.

- **Verbreitung:** Gesamte Region.
- **Habitat:** Felsige Böden, Grasfluren.
- **Verwandte Art:** *P. prolifera* ist ähnlich, weist jedoch mehr Blüten pro Köpfchen auf, und die Blattscheiden sind ebenso lang wie breit.

Lebensform	Wuchshöhe	Blütezeit
einjährig	10–50 cm	März–Mai

Familie CARYOPHYLLACEAE	Art *Dianthus carthusianorum*	Autor L.

KARTHÄUSER-NELKE

Diese formenreiche, unbehaarte Nelke bildet Büschel grasartiger Grundblätter. Die von den Stengelblättern geformte Blattscheide ist wesentlich länger als der Stengeldurchmesser. Auch die Blüten, deren zylindrische Kelche sich oben verengen, formen Büschel. Wie bei allen Arten der Gattung *Dianthus* ist der Kelch von gegenständigen Tragblättern umgeben, die hier die halbe Kelchlänge erreichen. Die 20–30 mm großen, geäderten Blüten mit 5 charakteristisch gezähnten Kronblättern zeigen ein tiefes Dunkelrosa.

• **Verbreitung:** Mittelmeerregion außer Griechenland. Auch in West- und Mitteleuropa.

• **Habitat:** Trockene Grasfluren, lichte Wälder.

Lebensform ausdauernd	Wuchshöhe bis 60 cm	Blütezeit Mai–Juli

Familie CARYOPHYLLACEAE	Art *Dianhus sylvestris*	Autor Wulfen

STEIN-NELKE

Von dieser Pflanze kennt man viele Unterarten. Alle sind mehrjährig, haben grasartige Grundblätter und schlanke, mehrfach verzweigte Stengel, an denen in Abständen paarweise kurze, spitz zulaufende Blätter treiben. Die Blüten weisen röhrenförmige, bis zu 30 mm lange Kelche mit 2 – 5 Außenkelch-Schuppen auf, die etwa ein Viertel der Kelchlänge erreichen. Die Kronblätter der leicht duftenden Blüten können gezähnt oder ganzrandig sein.

• **Verbreitung:** Von Spanien bis Griechenland.

• **Habitat:** Felsige Böden, Grasfluren, Gebüsche, lichte Wälder.

• **Hinweis:** In der Region gedeihen auch viele andere *Dianthus*-Arten.

Lebensform ausdauernd	Wuchshöhe 10–60 cm	Blütezeit Mai–Juli

HAHNENFUSSGEWÄCHSE

Familie RANUNCULACEAE	Art *Helleborus lividus*	Autor Aiton

KORSISCHE NIESWURZ

Diese kräftige, **giftig**e Pflanze hat handförmige, immergrüne Blätter, die die Stengel umkleiden. Bei der Unterart *corsicus* sind die Blätter spitz gezähnt, während die der Subspecies *lividus* keine oder nur kleine Zähnchen aufweisen. Jede der 30–60 mm großen Blüten besteht aus 5 Kelchblättern und lanzettlichen Tragblättern. Die Samen reifen in Balgfrüchten mit langen, schnabelförmigen Spitzen.

• **Verbreitung:** Subsp. *corsicus*: Korsika und Sardinien; Subsp. *lividus*: Balearen.

• **Habitat:** Wälder und schattige Standorte.

SUBSP. CORSICUS

Lebensform ausdauernd	Wuchshöhe 20–80 cm	Blütezeit Nov.–April

Familie RANUNCULACEAE	Art *Helleborus foetidus*	Autor L.

STINKENDE NIESWURZ

Diese Pflanze verdankt ihren Namen dem unangenehmen Geruch, der entsteht, wenn man sie zerquetscht. Sie gleicht der Korsischen Nieswurz (oben), doch sind ihre Blätter aus 7–11 schmallinealischen Fiedern zusammengesetzt. Die 10–30 mm großen Blüten sind kleiner, die Kelchblätter am Rand häufig rot gefärbt. 3 Balgfrüchte sind die Regel.

• **Verbreitung:** Westliche Mittelmeerregion, bis Italien.

• **Habitat:** Trockene, felsige Wälder.

• **Verwandte Art:** *H. cyclophyllus*, östlicher Mittelmeerraum, ist ähnlich, hat aber breitere Blattsegmente.

Lebensform ausdauernd	Wuchshöhe 20–80 cm	Blütezeit Jan.–April

Familie RANUNCULACEAE	Art *Nigella damascena*	Autor Wulfen

DAMASZENER SCHWARZKÜMMEL

Auch Gretel-im-Busch oder Jungfer-im-Grünen genannt, wird diese Pflanze mit ihren 40–50 mm großen, blaßblauen oder weißen Blüten als Zierblume geschätzt. Die geteilten, wechselständigen Blätter bestehen aus schmalen Fiedern. Die Blüten sind von einem Ring Hochblätter umgeben und tragen vorstehende Staubblätter. Nach der Blüte bilden die Fruchtblätter eine trockene, bis 30 mm große, runde Frucht.

- **Verbreitung:** Gesamte Region.
- **Habitat:** Olivenhaine, Felder, steinige Böden.
- **Verwandte Art:** *Nigella arvensis* hat kleinere Blüten ohne aufsteigende Hochblätter.

Lebensform einjährig	Wuchshöhe 10–50 cm	Blütezeit Mai–Juli

Familie RANUNCULACEAE	Art *Consolida regalis*	Autor Gray

FELD-RITTERSPORN

Bei diesem Ackerunkraut sind die weitverzweigten Stengel mit kurzen Haaren bedeckt. Die tief geteilten Blätter haben linealische Fiedern, die hell- bis dunkelblauen Blüten bilden Trauben. Der nach hinten ragende Sporn ist 12–25 mm lang. Die Samen reifen in einer Balgfrucht.

- **Verbreitung:** Gesamte Region.
- **Habitat:** Felder, trockene Standorte.
- **Verwandte Arten:** Ähnlich sind u. a. die Arten *Consolida orientalis* und *C. ambigua*.

Lebensform einjährig	Wuchshöhe bis 50 cm	Blütezeit April–Juli

Familie RANUNCULACEAE	Art *Anemone coronaria*	Autor L.

KRONEN-ANEMONE

Auch Kronenwindröschen genannt, zählt diese kleine, aber auffällige Pflanze zu den schönsten Frühlingsboten des Mittelmeerraums. Ihre Stengel tragen kurze, weiße Härchen. Die Grundblätter sind gestielt und dreiteilig mit tief gelappten Segmenten, die Stengelblätter in schmale Fiedern aufgeteilt. Intensiv gefärbt, stechen die 35–65 mm großen Einzelblüten sofort ins Auge. Je nach Region sind sie rot, violett, blau oder weiß mit 5–8 sich überlappenden ovalen, kronblattartigen Blütenhüllblättern, dunkelblauen Staubbeuteln und einem darunterliegenden Kranz feiner Hochblätter. Die Blüten stehen bei Sonne weit offen, abends und bei bewölktem Himmel schließen sie sich. Die Frucht ist eine Achäne.

- **Verbreitung:** Gesamte Region.
- **Habitat:** Weideland, Olivenhaine.
- **Hinweis:** Wird auch als Garten- und Schnittblume kultiviert.

Lebensform ausdauernd	Wuchshöhe 15–45 cm	Blütezeit Jan.–April

Familie RANUNCULACEAE	Art *Anemone pavonina*	Autor L.

ANEMONE PAVONINA

Diese prächtige Anemone ähnelt der Kronen-Anemone (links) trägt aber 7–12 schlanke Blütenhüllblätter. Die Grundblätter sind nicht einheitlich, bestehen aber oft aus gelappten Fiedern. Der Kranz der lanzettlichen (nicht fein zerteilten) Hochblätter sitzt ein ganzes Stück unter der Blüte. Die Blüten selbst können rot, rosa oder violett sein und weisen häufig einen hellen Innenring auf. Wie bei anderen Anemone-Arten auch ist die Frucht eine Achäne.

- **Verbreitung:** Von Südwestfrankreich bis zur Türkei.
- **Habitat:** Kulturland, Wiesen.

Lebensform ausdauernd	Wuchshöhe 15–40 cm	Blütezeit Feb.–April

Familie RANUNCULACEAE	Art *Anemone heldreichii*	Autor Boiss.

ANEMONE HELDREICHII

Diese aufrechte Pflanze ähnelt der Anemone pavonina (oben), ist jedoch kleiner und weniger robust und trägt Blüten mit 12–19 sehr schmalen Kelchblättern. Die Blätter weisen 3 breite, herzförmige Lappen auf. In einigem Abstand von der Blüte treibt ein Kranz lanzettlicher Hochblätter.

- **Verbreitung:** Kreta, Karpathos, Ionische Inseln.
- **Habitat:** Böschungen und grasige oder felsige Felder.
- **Hinweis:** Diese Art wird manchmal als Varität der *Anemone hortensis* (S.58) gewertet.

Lebensform ausdauernd	Wuchshöhe 15–30 cm	Blütezeit Feb.–April

Familie RANUNCULACEAE	Art *Anemone hortensis*	Autor L.

STERN-ANEMONE

Oft als Gartenpflanze kultiviert, ist diese Anemone an quirlständigen schmalen Hochblättern zu erkennen, die den Stengel in einigem Abstand unter der bis zu 50 mm großen Blüte umgeben. Die Blüten selbst haben 12–19 meist blaßviolette Blütenhüllblätter. Die Blüten stehen einzeln. Die Frucht ist eine wollige Achäne.

- **Verbreitung:** Westliche und zentrale Mittelmeerregion, nicht in Spanien.
- **Habitat:** Felder, Olivenhaine, Weinberge, Gärten.
- **Hinweis:** Die Benennung der Anemonen wurde oft geändert. *Anemone pavonina* (S. 57) wurde früher als Form dieser Art gewertet, *Anemone heldreichii* (S. 57) wird es heute noch.

Lebensform ausdauernd	Wuchshöhe 15–45 cm	Blütezeit Feb.–April

Familie RANUNCULACEAE	Art *Clematis flammula*	Autor L.

BRENNENDE WALDREBE

Diese Clematis ist eine am Grund oft verholzte Kletterpflanze, deren empfindliche Blattstiele sich um alles schlingen, was Halt bietet. Die jungen, noch grünen und leicht gerippten Triebe bilden später eine fasrige Rinde aus. Die paarig gegenständigen, doppelt geteilten Blätter setzten sich aus bis 10 mm langen Einzelblättern zusammen. Die weißen, stark duftenden Blüten wachsen in lockeren Rispen. Sie haben 4–5 kronblattartige Lappen und auffällige Staubblatt-Büschel. Die „Kronblätter" der bis 30 mm großen Blüten sind außen mit feinen Härchen bedeckt, innen aber kahl. Die flachen Achänen haben einen fedrigen Griffel.

- **Verbreitung:** Gesamte Region.
- **Habitat:** Maquis, Hecken, häufig an alten Mauern.

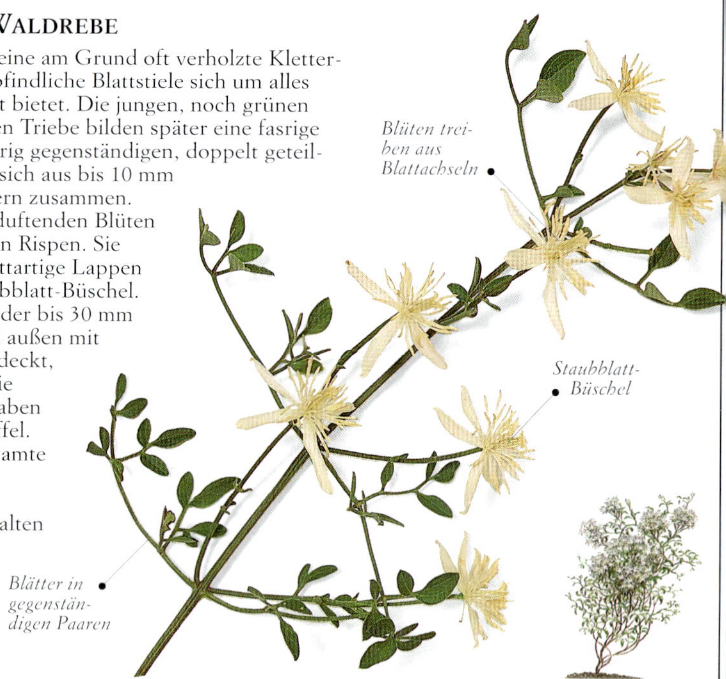

Lebensform ausdauernd	Wuchshöhe bis 5 m	Blütezeit Mai–Aug.

Familie RANUNCULACEAE	Art *Clematis viticella*	Autor L.

ITALIENISCHE WALDREBE

Diese Kletterpflanze und ihre vielen Hybriden sieht man oft in Gärten. Sie hat verholzende Stengel, rankt sich mittels ihrer Blattstiele empor. Die Blätter sind einzeln geteilt mit dreiblättrigen Fiedern. Die duftenden, ca. 40 mm großen Blüten tragen 4 blaue oder violette kronblattartige Lappen und entwickeln sich zu Achänen mit kahlem Griffelrest.

• **Verbreitung:** Zentrale Mittelmeerregion.
• **Habitat:** Wälder, feuchte Gebüschen, Hecken, Gärten.

Lebensform ausdauernd	Wuchshöhe bis 4 m	Blütezeit Mai–Juli

Familie RANUNCULACEAE	Art *Adonis annua*	Autor L.

HERBST-ADONISRÖSCHEN

Ihrer leuchtend blutroten Blüten wegen wird diese unbehaarte, butterblumenartige Pflanze auch Herbstblutströpfchen genannt. Die verzweigten Stengel tragen fiederteilige Blätter. Die unteren sind gestielt, die oberen sitzen direkt am Stengel. Die kelchförmigen Einzelblüten werden bis zu 30 mm groß, haben 5 Kelchblätter, die bald abfallen, und 10 Kronblätter. Letztere glänzen oberseitig, weisen am Grund ein schwarzes Mal auf und überlappen sich. Die Achänen haben einen kurzen Schnabel.

• **Verbreitung:** Gesamte Mittelmeerregion, im Norden bis Großbritannien.
• **Habitat:** Felder, feuchte Wiesen, Weinberge, Olivenhaine.
• **Verwandte Art:** *Adonis microcarpa* ist ähnlich, treibt aber gelbe Blüten.

Lebensform einjährig	Wuchshöhe 10–40 cm	Blütezeit März–Juli

Familie RANUNCULACEAE	Art *Ranunculus asiaticus*	Autor L.

ASIATISCHER HAHNENFUSS

Wichtigstes Unterscheidungsmerkmal zur Kronen-Anemone (S. 56), mit der diese aufrechte, am Stengel flaumig behaarte Pflanze häufig verwechselt wird, sind 5 elliptische, konkave Kelchblätter unterhalb der Blüte sowie weniger geteilte Blätter. Entweder ungeteilt oder in 3 keilförmige Einzelblättchen gegliedert, wachsen die unteren Blätter auf langen Stielen direkt aus dem Wurzelsystem, die ungestielten Stengelblätter zeigen schmalere, linealische Fiedern. Die attraktiven, 30–50 mm großen Blüten leuchten rot, weiß, gelb oder purpurn. Die Frucht ist eine geflügelte, eiförmige, 2–3 mm lange Achäne.

- **Verbreitung:** Östliche Mittelmeerregion, von Kreta bis zur Türkei, Levante und Nordafrika.
- **Habitat:** Felsige Regionen, Kulturland.
- **Hinweis:** Die Farbvarietäten treten meist regional auf. Auf Rhodos findet man vor allem die rote, auf Kreta die weiße Form. Die gelbe ist im Nordosten Kretas und den umliegenden Regionen heimisch.

Lebensform ausdauernd	Wuchshöhe 10–30 cm	Blütezeit Feb.–Mai

Familie RANUNCULACEAE	Art *Ranunculus ficaria*	Autor L.

GROSSBLÜTIGES SCHARBOCKSKRAUT

Die hier abgebildete Unterart *ficariiformis* des unbehaarten, fleischigen Scharbockskrauts mit seinen glänzenden Blättern herrscht in vielen Teilen der Mittelmeerregion vor. Die robuste Pflanze hat einen hohlen Stengel und bis zu 50 mm große, langgestielte, herzförmige Blätter mit gelappten Rändern und stumpfen Spitzen. Die leuchtend gelben, bis zu 50 mm großen Einzelblüten tragen 8–12 Kronblätter von doppelter Länge wie die 3 Kelchblätter. Die Frucht ist eine ovale, bei der Subspecies *ficariiformis* behaarte Achäne mit kurzem Schnabel.

- **Verbreitung:** Gesamte Region; nordwärts bis Skandinavien.
- **Habitat:** Feuchte, schattige Standorte, Flußufer.

Lebensform ausdauernd	Wuchshöhe 5–30 cm	Blütezeit Feb.–April

Familie RANUNCULACEAE	Art *Ranunculus gramineus*	Autor L.

GRASBLÄTTRIGER HAHNENFUSS

Die langen, linealischen Blätter dieses Hahnenfußes ähneln Grashalmen. Die meisten treiben vom Grund der Pflanze, einige kürzere wachsen auch aus den gabelig verzweigten Stengeln. Die 20 mm großen Blüten stehen einzeln oder in kleinen Gruppen, wobei die dunkelgelben Kelchblätter etwa die halbe Länge der Kronblätter erreichen. Die 3 mm lange, flache, gerippte Frucht trägt einen kurzen Sporn.

- **Verbreitung:** Westliche Mittelmeerregion bis Italien.
- **Habitat:** Trockene, felsige Hänge, Garigue.
- **Verwandte Art:** In der Region gedeiht eine Vielzahl von *Ranunculus*-Arten. Der weit verbreitete *Ranunculus bullatus*, erkenntlich an einer Rosette ovaler Blätter, blüht im Herbst und Winter.

Lebensform ausdauernd	Wuchshöhe 20–50 cm	Blütezeit April–Juli

PFINGSTROSENGEWÄCHSE

Familie PAEONIACEAE	Art *Paeonia mascula*	Autor L.

GROSSBLÄTTRIGE PFINGSTROSE

Pfingstrosen, von denen im Mittelmeerraum rund ein Dutzend Arten gedeihen, fallen durch große Blätter und prächtige Blüten auf. *Paeonia mascula*, die am weitesten verbreitete, treibt aus verdickten unterirdischen Stengeln und trägt zweifach in 9–16 breite Fiedern geteilte Blätter, die oben dunkelgrün und kahl, unterseits manchmal behaart sind. Die bis 14 cm großen Blüten bestechen durch leuchtend rote Kronblätter, gelbe Staubbeutel und 5 Kelchblätter. Eine Vielzahl von Staubblättern umgibt 3–5 flaumige Balgfrüchte, die in der Reife große, dunkle Samen freigeben.
• **Verbreitung:** Grasige und gebüschreiche Standorte, Wiesen, häufig als Gartenpflanze.
• **Hinweis:** Pfingstrosen wurden früher als Heilpflanze genutzt. Viele Arten sind heute vom Aussterben bedroht.

Einzelblüten auf blattreichen Stengeln

3–5 vorstehende Balgfrüchte im Zentrum der Blüte

Heranreifende Balgfrüchte

Bis zu 16 Blattsegmente

Dunkelgrüne, oberseits unbehaarte Blätter

Stengel behaart oder kahl

Lebensform ausdauernd	Wuchshöhe bis 90 cm	Blütezeit Mai–Juni

Familie PAEONIACEAE	Art *Paeonia officinalis*	Autor L.

PFINGST- ODER BAUERNROSE

Zumeist kleiner als die Großblättrige Pfingstrose (links), trägt diese Art 17–30 schmälere Einzelblättchen, die z. T. gefiedert sind. Die Blätter sind grün, oben kahl, unterseits behaart. Bei den bis 12 cm großen roten Blüten, deren Kronblätter einen flachen Kelch formen, umgeben Büschel rotstieliger Staubblätter 2–3 behaarte Balgfrüchte mit mehreren großen Samen.

- **Verbreitung:** Westliche und zentrale Mittelmeerregion.
- **Habitat:** Lichte Gebüsche, Wiesen; häufig als Zierpflanze.
- **Verwandte Arten:** Die meisten mediterranen Pfingstrosen tragen rote Blüten, doch in der östlichen Region existieren zwei weiße Arten, *Paeonia rhodia* (nur auf Rhodos) und *aeonia clusii* (nur auf Kreta und Karpathos).

Lebensform ausdauernd	Wuchshöhe bis 50 cm	Blütezeit Mai–Juni

BERBERITZENGEWÄCHSE

Familie BERBERIDACEAE	Art *Leontice leontopetalum*	Autor L.

LÖWENTRAPP

Diese Pflanze, sofort kenntlich an ihren bläulich-grünen Stengeln und Blättern sowie den pyramidenförmigen Blütenständen, treibt aus einer Knolle. Die bis zu 15 cm langen Blätter sind 2- bis 3fach zerteilt, die bis zu 15 mm großen Blüten entwickeln sich zu ovalen, blasenartigen Früchten.

- **Verbreitung:** Nordafrika, Türkei.
- **Habitat:** Olivenhaine, regelmäßig gepflügte Felder.
- **Verwandte Art:** *Bongardia chrysopogon* trägt lockere Büschel mit weniger Blüten.

Lebensform ausdauernd	Wuchshöhe 30–50 cm	Blütezeit Feb.–April

MOHNGEWÄCHSE

Familie PAPAVERACEAE	Art *Papaver somniferum*	Autor L.

SCHLAF-MOHN

Seit der Antike im Mittelmeerraum kultiviert, wirkt diese unbehaarte, blaugrün überlaufene Pflanze leicht fleischig. Die obersten der bis 12 cm langen Blätter umfassen den Stengel, die variablen, unverkennbaren breiten Kronblätter formen den bis zu 90 mm großen Kelch. Die Samenkapsel ist rund/oval.
• **Verbreitung:** Gesamte Region.
• **Habitat:** Brachfelder, Wegränder, Kulturland, Weinberge, Olivenhaine, Gärten.

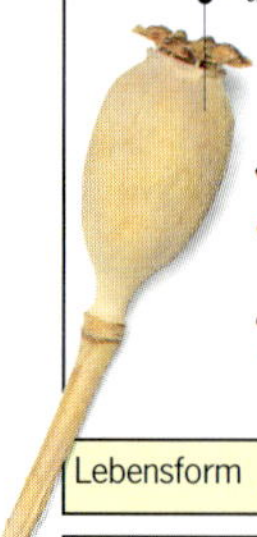

Lebensform einjährig	Wuchshöhe 30–100 cm	Blütezeit April–Aug.

Familie PAPAVERACEAE	Art *Papaver hybridum*	Autor L.

BASTARD-MOHN

Von den mehr als 10 rotblühenden Mohn-Arten des Mittelmeerraumes findet man 4 in der gesamten Region. Eine davon ist der aufrechte oder aufsteigende Bastard-Mohn mit borstigen Stengeln. Die Blätter, bis 10 cm lang, sind ein- oder zweifach geteilt. Jede Blüte treibt eine Samenkapsel mit hellen Borsten.
• **Verbreitung:** Gesamte Region.
• **Habitat:** Felder, Wegränder, Ödland.

Lebensform einjährig	Wuchshöhe 10–50 cm	Blütezeit März–Juni

Familie PAPAVERACEAE	Art *Papaver rhoeas*	Autor L.

KLATSCH-MOHN

Eine der am weitesten verbreitete Wildpflanze Europas. Sie wächst aufrecht/aufsteigend und zeigt borstig behaarte Stengel und geteilte Blätter. Die Blüten werden bis 45 mm groß und entwickeln sich zu glatten Kapselfrüchten mit flachem oder spitz zulaufendem Deckel.

- **Verbreitung:** Gesamte Region, bis auf einige Teile im Osten.
- **Habitat:** Felder, Olivenhaine, Wegränder.

Lebensform einjährig	Wuchshöhe 25–90 cm	Blütezeit März–Juni

Familie PAPAVERACEAE	Art *Papaver dubium*	Autor L.

SAAT-MOHN

Dieser formenreiche Mohn ist borstig behaart, spärlicher als der Klatsch-Mohn (oben). Seine gefiederten Blätter mit weit getrennten Lappen werden bis zu 20 cm lang; die bis zu 60 mm großen Blüten sind blaß orangerot. Die längliche Kapsel ist kahl, ihr meist flacher Deckel weist 6–9 Strahlen auf.

- **Verbreitung:** Gesamte Region.
- **Habitat:** Getreidefelder, Olivenhaine, Wegränder.

DETAIL

Lebensform einjährig	Wuchshöhe 20–60 cm	Blütezeit März–Juli

Familie PAPAVERACEAE	Art *Glaucium flavum*	Autor Crantz

GELBER HORNMOHN

Die Stengel dieser weit verbreiteten, bläulich-grünen und leicht fleischigen Küstenpflanze sind fast kahl und enthalten einen dicken, gelben, **giftig**en Milchsaft. Die bis 35 cm langen Grundblätter sind fiederteilig gelappt mit gewelltem Rand und vereinzelten weißen Härchen. Sie sind kurz gestielt, die oberen Blätter jedoch stengelumfassend. Bis zu 75 mm groß, bestehen die kelchförmigen Blüten aus 4 gelben, sich überlappenden Kronblättern. Die schmalen, gebogenen Kapseln werden bis zu 30 cm lang.

- **Verbreitung:** Gesamte Region, im Norden bis Großbritannien.
- **Habitat:** Sandstrände und Spülsäume, Wiesen in Küstennähe, Schutthalden.

Lebensform ein-/zweijährig	Wuchshöhe 30–90 cm	Blütezeit April–Aug.

Familie PAPAVERACEAE	Art *Glaucium corniculatum*	Autor (L.) J. H. Rudolph

ROTER HORNMOHN

Der Rote Hornmohn ähnelt seinem gelbblühenden Verwandten (oben), ist jedoch kleiner und gewöhnlich einjährig. Die behaarten, tief gelappten, rauhen Blätter werden bis zu 20 cm lang. Während die gestielten unteren häufig längliche Form aufweisen, sind die oberen Stengelblätter ungestielt und rundlich. Die roten Blüten kennzeichnet vielfach ein schwarzes Zentrum. Ihre borstig behaarten Früchthüllen erreichen eine Länge von 20 cm.

- **Verbreitung:** Gesamte Region.
- **Habitat:** Ödland und Felder in Küstennähe.

Lebensform einjährig	Wuchshöhe 30–40 cm	Blütezeit April–Juli

Familie PAPAVERACEAE	Art *Hypecoum procumbens*	Autor L.

NIEDERLIEGENDE LAPPENBLUME

Diese gerne auf Sandstränden gedeihende, bläulich-grüne Pflanze wird wegen ihrer niederliegenden Form und unscheinbaren Blüten oft übersehen. Bis zu 60 mm lang, breiten sich die Blätter in einer Rosette über den Sand. Die Blüten wachsen in Büscheln und weisen 4 ungleiche dreilappige Kronblätter auf. Sind sie verwelkt, entwickeln sich gekrümmte, schotenähnliche, deutlich gegliederte Kapseln.

• **Verbreitung:** Gesamte Region.
• **Habitat:** Sandstrände, sandiges Brachland in Küstennähe.

Lebensform einjährig	Wuchshöhe bis 10 cm	Blütezeit Feb.–Juni

Familie PAPAVERACEAE	Art *Hypecoum imberbe*	Autor Sibth. & Sm.

BARTLOSE LAPPENBLUME

Diese Lappenblume ähnelt dem Hahnenfuß, Doch im Gegensatz zu der niederliegenden Art (oben) sind die Blätter dieser aufrechten Pflanze länger, und die mit 2 ungleichen Paaren gelappter Kronblätter ausgestatteten Blüten wachsen auf langen Stengeln. Zudem biegen sich die Fruchthüllen nach oben und sind nicht sichtbar gegliedert. Wie bei anderen Mitgliedern dieser Gattung gibt es keinen milchigen Latex, sondern einen wäßrigen Saft.

• **Verbreitung:** Gesamte Region.
• **Habitat:** Felder, Olivenhaine, Wegränder. Nicht am Strand.

Lebensform einjährig	Wuchshöhe bis 20 cm	Blütezeit März–Mai

Familie PAPAVERACEAE	Art *Fumaria officinalis*	Autor L.

Gemeiner Erdrauch

Wie seine Verwandten ist dieser Erdrauch eine schlaffe Pflanze mit schwachen Stengeln, die häufig auf Feldern und in Gärten gedeiht. Ihre wechselständigen Blätter sind fiederteilig tief gelappt. Die Blüten wachsen in aufrechten Trauben mit normalerweise 20 oder mehr Blüten, die sich aus 4 schmalen Kron- und 2 keilförmigen Kelchblättern zusammensetzen und kugelige Früchte mit je einem Samen bilden.

- **Verbreitung:** Gesamte Region.
- **Habitat:** Kultur- oder Ödland mit trockenem Boden.
- **Hinweis:** Es gibt eine Vielzahl ähnlicher rosablühender Arten in der Region. Manche sind weit verbreitet, andere gedeihen nur an bestimmten Stellen.

Lebensform einjährig	Wuchshöhe 20–100 cm	Blütezeit Feb.–April

Familie PAPAVERACEAE	Art *Fumaria capreolata*	Autor L.

Rankender Erdrauch

Diese dem Gemeinen Erdrauch (oben) ähnliche, ebenfalls weit verbreitete, formenreiche Art trägt cremeweiße Blüten mit tiefroten Spitzen, die bis zu 14 mm lang werden. Das obere Kronblatt ist gespornt. Die 2–4 mm große Frucht ist glatt und rund.

- **Verbreitung:** Gesamte Region.
- **Habitat:** Wegränder, Mauern, Kultur- und Ödland.

Detail

Lebensform einjährig	Wuchshöhe 20–100 cm	Blütezeit März–Juni

KAPERNGEWÄCHSE

Familie CAPPARIDACEAE	Art *Capparis spinosa*	Autor L.

DORNIGER KAPERNSTRAUCH

Dieser niederliegende, kahle Strauch hat nicht durchgehend dornige Stengel und auffällige Blüten, die oft den Boden berühren. Seine ledrigen, paddelförmigen, bis zu 50 mm langen, wechselständigen Blätter sitzen auf kurzen Stielen. Die Blüten wachsen länger gestielt aus den Blattachseln und blühen meist nacheinander – bedingt durch das Wachstum des Stengels. Jede der 50–70 mm großen Blüten hatt 4 gebogene weiße Kron- und 4 purpurn-grüne Kelchblätter. Auffälligstes Merkmal der Blüten sind die zahlreichen rosa oder violetten Staubblätter, die doppelt so lang wie die Kronblätter werden. Die Frucht ist eine bis zu 50 mm lange grüne Beere mit rosa Fruchtfleisch und vielen Samen.

- **Verbreitung:** Gesamte Region.
- **Habitat:** Felsfluren und Mauern, oft in Küstennähe.
- **Hinweis:** Oft als Kulturpflanze. Kapern sind die eingelegten Blütenknospen des Strauches.
- **Verwandte Art:** *Capparis ovata* ist ähnlich mit spitzen, leicht behaarten, länglichen bis elliptischen Blättern und kleineren Blüten. Herrscht in trockeneren Regionen vor.

Lebensform ausdauernd	Wuchshöhe 30–100 cm	Blütezeit Mai–Sept.

KREUZBLÜTLER

Familie CRUCIFERAE	Art *Isatis tinctoria*	Autor L.

FÄRBER-WAID

Eine robuste Pflanze mit hohen, schlanken Blütenstengeln. Die Grundblätter sind oval und langgestielt, die wechselständigen Stengelblätter dagegen pfeilförmig und stiellos. Häufig gleichzeitig mit den auffälligen hängenden Früchten sichtbar, wachsen die gelben, 4 mm großen Blüten in buschiger Verzweigung. Wie bei allen Kreuzblütlern bestehen sie aus 4 Kronblättern.

- **Verbreitung:** Gesamte Region.
- **Habitat:** Trockene, felsige Standorte.
- **Hinweis:** Aus Färber-Waid wurde früher blauer Farbstoff gewonnen.

Lebensform zweijährig	Wuchshöhe 50–120 cm	Blütezeit Mai–Juli

Familie CRUCIFERAE	Art *Malcolmia flexuosa*	Autor Sibth. & Sm.

GEBOGENE MALCOLMIE

Diese wuchernde, durchgehend leicht behaarte Pflanze verzweigt sich an der Basis. Die Ränder der fleischigen, elliptischen bis eiförmigen Blätter sind manchmal gezähnt. Rosa bis violett, sitzen die 12–25 mm großen Blüten einzeln auf den Stengeln. 2 der jeweils 4 Kelchblätter weisen charakteristische W-förmige Basen auf. Die Samen reifen in zylindrischen, 35–80 mm langen und bis zu 3 mm breiten Schoten.

- **Verbreitung:** Ägäischer Raum.
- **Habitat:** Fels- und Sandküsten.
- **Verwandte Art:** *Malcomia maritima* ist ähnlich, hat aber schmälere Schoten.

Lebensform einjährig	Wuchshöhe 10–35 cm	Blütezeit Feb.–Mai

Familie CRUCIFERAE	Art *Cheiranthus cheiri*	Autor L.

GOLDLACK

Der vielverzweigte Halbstrauch hat aufrechte, dicht beblätterte Stengel, an deren Spitze duftende Blütenköpfchen sitzen, deren Farbskala von gelb bis rostrot reicht. Die 2–10 cm langen, linealisch-lanzettlichen Blätter sind mit kurzen Härchen bedeckt. Die Blüten tragen aufrechte Kelchblätter, von denen 2 am Grund verbreitert sind. Die Frucht ist eine zusammengedrückte, 25–75 mm lange, aufrechte neben dem Stiel stehende Schote.

- **Verbreitung:** Gesamte Region.
- **Habitat:** Mauern und Felswände.
- **Hinweis:** Gattung in der Ägäis heimisch, als verwilderte Zierpflanze aber vielerorts eingebürgert.

Lebensform ausdauernd	Wuchshöhe 20–90 cm	Blütezeit März–Juni

Familie CRUCIFERAE	Art *Matthiola fruticulosa*	Autor (L.) Maire

TRÜBE LEVKOJE

Die am Grund verholzten Stengel dieser meist grau-filzig behaarten Pflanze tragen linealische Blätter (die unteren mit kleinen Lappen). Bis zu 30 mm groß, weisen die Büten ein überraschendes Farbspektrum auf, wobei verschiedenfarbige Formen häufig zusammen wachsen. Die Samen reifen in einer 25–120 mm langen Schote.

- **Verbreitung:** Gesamte Region außer Korsika und Sardinien.
- **Habitat:** Felsiges Arreal.

Lebensform ausdauernd	Wuchshöhe 5–60 cm	Blütezeit April–Juli

Familie CRUCIFERAE	Art *Matthiola tricuspidata*	Autor (L.) R. Br.

Dreihörnige Levkoje

Bei dieser filzig behaarten Pflanze verzweigen sich die Stengel in Bodennähe. Die rund gelappten Blätter zeigen einen gewellten Rand. Die 15 mm großen Blüten treiben in wechselständig verzweigten Büscheln. Ihren Namen verdankt die Staude der stabförmigen, 25–100 mm langen Frucht, die 3 typische dreieckige Hörner trägt.
- **Verbreitung:** Gesamte Region.
- **Habitat:** Sand- und Kiesstrände.

Lebensform einjährig	Wuchshöhe 7–40 cm	Blütezeit März–Juni

Familie CRUCIFERAE	Art *Matthiola incana*	Autor (L.) R. Br.

Garten-Levkoje

Kräftige, dicht behaarte und am Grund verholzte Staude mit bis zu 40 mm großen, purpurnen, rosa oder weißen Blüten. Die aufrechten oder aufsteigenden Stengel treiben dicht gebüschelte schmale, lanzettliche, meist ungelappte Blätter mit leicht gewelltem Rand und runden Enden. Die 4,5–16 cm langen, stabförmigen Schoten weisen keine Hörner auf.
- **Verbreitung:** Gesamte Region.
- **Habitat:** Felsen, bevorzugt aus Kalkstein.
- **Hinweis:** Als beliebte Gartenpflanze weit verbreitet.

Lebensform ausdauernd	Wuchshöhe 10–80 cm	Blütezeit Feb.–Mai

Familie CRUCIFERAE	Art *Arabis verna*	Autor (L.) R. Br.

FRÜHLINGS-GÄNSEKRESSE

Zarte, spärlich behaarte Pflanze, deren kaum verzweigten Stengel aus einer Grundrosette treiben. Alle Blätter sind grob gezähnt, die ovalen Grundblätter verjüngen sich zu einem ungezähnten Stiel, während die löffel- bis herzförmigen Stengelbätter den Stengel umfassen. Bis zu 10 der 5–8 mm langen Blüten treiben in verzweigten Büscheln. Die Kronblätter sind purpurn mit gelblichem oder weißem Grund, die Kelchblätter behaart. Die stabförmigen, aufrecht abstehenden Schoten erreichen 60 mm Länge.

- **Verbreitung:** Gesamte Region.
- **Habitat:** Gras- und Felsfluren, Straßenränder, oft in hohen Lagen.
- **Verwandte Art:** *Arabis recta*, eine der vielen ähnlichen Arten der Region, trägt weiße Blüten.

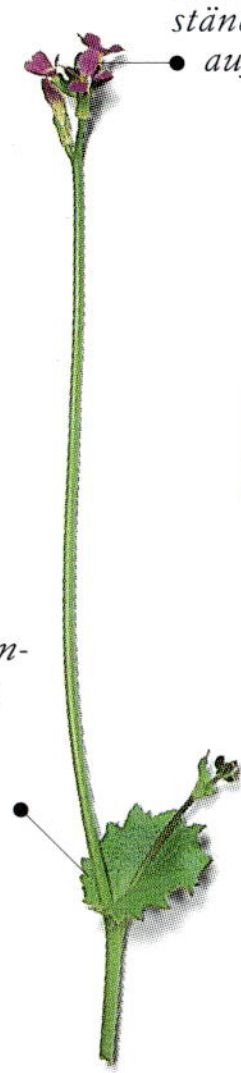

Lebensform einjährig	Wuchshöhe 5–40 cm	Blütezeit März–Mai

Familie CRUCIFERAE	Art *Aubrieta deltoidea*	Autor (L.) DC.

BLAUKISSEN

Das reich verzweigte, wuchernde oder kompakte Blaukissen ist als Steingartenpflanze beliebt. Die wechselständigen Blätter können linealisch, löffel- oder keilförmig, aber auch rhombisch und gezähnt oder glattrandig sein. 4 bis 6 der ca. 15 mm großen, blauvioletten, selten weißen Blüten bilden lockere, 12–28 mm lange Trauben. Aus ihnen entwickeln sich längliche bis elliptische, 6–16 mm lange, manchmal gegliederte Schoten.

- **Verbreitung:** Gesamte Mittelmeerregion.
- **Habitat:** Felsspalten und Mauern.

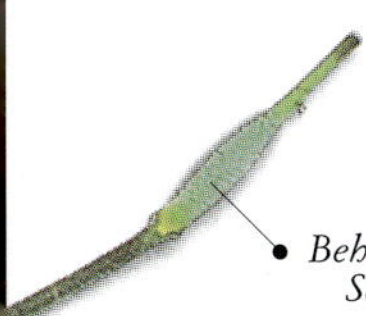

Lebensform ausdauernd	Wuchshöhe 5–20 cm	Blütezeit April–Juni

Familie	Art	Autor
CRUCIFERAE	*Lunaria annua*	L.

GARTEN-SILBERBLATT

Diese hohe, robuste Pflanze hat borstige Stengel und rötlich-violette, selten auch weiße Blütenköpfchen. Die 3–15 cm langen, grob gezähnten Blätter sind dreieckig, oval oder lanzettlich. Typisch sind die flachen, silberglänzenden Früchte, die einen Durchmesser von 60 mm erreichen.
• **Verbreitung:** Gesamte Mittelmeerregion.
• **Habitat:** Wälder, Dickichte, Wegränder.

Lebensform	Wuchshöhe	Blütezeit
zweijährig	bis 100 cm	März–Mai

Familie	Art	Autor
CRUCIFERAE	*Alyssum saxatile*	L.

FELSEN-STEINKRAUT

Die am Grund verholzende, behaarte Pflanze treibt aus einer dichten Rosette graugrüne Blätter. Auf den aufrechten Stengeln sitzen Köpfchen gelber Blüten. Die Grundblätter sind entweder ungeteilt oder fiederteilig gelappt; die wechselständigen Stengelblätter haben fein gezähnte Ränder. Aus den Blüten mit gekerbten oder zweilappigen Kronblättern entwickeln sich 4–9 mm große, flache, kahle Schötchen.
• **Verbreitung:** Italien und östlich davon.
• **Habitat:** Felsige Regionen.

Lebensform	Wuchshöhe	Blütezeit
ausdauernd	10–40 cm	März–Juni

Familie	Art	Autor
CRUCIFERAE	*Lobularia maritima*	(L.) Desvaux

STRAND-SILBERKRAUT

Die bis zu 30 cm langen Blätter dieser reich verzweigten, wuchernden Pflanze, die häufig kultiviert wird, sind lanzettlich und unterschiedlich dicht behaart. Auf den aufsteigenden oder aufrechten Stengeln sitzen dichte Stände kleiner weißer oder rosa überlaufener, 5 mm großer Blüten. Die bis zu 3,5 mm langen Schötchen sind eiförmig und leicht behaart.

- **Verbreitung:** Gesamte Mittelmeerregion.
- **Habitat:** Trockene, felsige oder sandige Standorte.

Lebensform	Wuchshöhe	Blütezeit
ausdauernd	10–40 cm	April–Sept.

Familie	Art	Autor
CRUCIFERAE	*Clypeola jonthlaspi*	L.

ECHTES SCHILDKRAUT

Die Früchte dieser unscheinbaren, mit feinen Härchen bedeckten Pflanze sind auffälliger als ihre Blüten. Die Stengel tragen wechselständige, elliptische, spitz zulaufende Blätter. Gelbe Blüten wachsen in dichten Trauben. Die 2–5 mm große, flache Frucht ist geflügelt.

- **Verbreitung:** Gesamte Region.
- **Habitat:** Sandige und felsige Standorte.

Lebensform	Wuchshöhe	Blütezeit
einjährig	bis 20 cm	März–Mai

Familie	Art	Autor
CRUCIFERAE	*Iberis amara*	L.

BITTERE SCHLEIFENBLUME

Die aufrechten, gerippten, behaarten Stengel verzweigen sich zu endständigen, ebenen oder gewölbten Doldentrauben weißer oder purpurfarbener Blüten. Die bis zu 30 mm langen, wechselständigen Blätter sind linealisch bis löffelförmig und haben oft gezähnte Ränder. Bei Grundblättern kommt leichte Lappung vor. Die flache Frucht (3–5 mm Durchmesser) hat dreieckige Flügel.

- **Verbreitung:** Spanien, Italien, Frankreich.
- **Habitat:** Felder und trockene Felshänge mit kalkigem Boden.

Lebensform	Wuchshöhe	Blütezeit
einjährig	10–40 cm	April–Aug.

Familie CRUCIFERAE	Art *Biscutella didyma*	Autor L.

EINJÄHRIGES BRILLENSCHÖTCHEN

Diese Pflanze hat aufrechte verzweigte Stengel. Die bis 80 mm langen, elliptischen Grundblätter formen oft eine Rosette; die Stengelblätter sind kleiner, wechselständig und ungestielt. Blüten wachsen in sich während der Fruchtreifung verlängernden Trauben. Typisch sind die brillenförmigen Schötchen.

- **Verbreitung:** Zentraler und östlicher Mittelmeerraum, ab Korsika und Italien.
- **Habitat:** Trockene, felsige Böden, Garigue.

Lebensform einjährig	Wuchshöhe 10–40 cm	Blütezeit Jan.–Mai

Familie CRUCIFERAE	Art *Cardaria draba*	Autor (L.) Desvaux

PFEILKRESSE

Häufig in großen Mengen am Straßenrand zu finden, zeichnet sich diese kräftige Pflanze durch breitovale oder lanzettliche, spitz zulaufende Blätter mit unregelmäßig gezähnten Rändern aus. Die unteren sind gestielt, die oberen stengelumfassend. Die mit nur 4 mm großen Kronblättern winzigen weißen Blüten bilden dichte Doldenrispen und erinnern im Geruch an Kohl. Die 3–5 mm große Frucht ist ein kugeliges, herzförmiges Schötchen.

- **Verbreitung:** Gesamte Region.
- **Habitat:** Schutthalden, Wegränder.

Lebensform ausdauernd	Wuchshöhe 15–90 cm	Blütezeit Feb.–Juni

Familie CRUCIFERAE	Art *Eruca vesicaria*	Autor (L.) Cavanilles

ERUCA VESICARIA

Diese recht schlaffe Rauke hat verzweigte, behaarte Stengel und tief gelappte, 2–15 cm lange, bisweilen fiederteilige Blätter, bei denen der Endlappen wesentlich größer ist als die 2–5 seitlichen. Die Blüten treiben in langen Trauben und entwickeln sich zu 12–25 mm großen, aufrechten Schoten.

- **Verbreitung:** Gesamte Mittelmeerregion.
- **Habitat:** In Küstennähe, Brach- oder Kulturland.

Lebensform einjährig	Wuchshöhe 20–100 cm	Blütezeit Feb.–Juni

Familie CRUCIFERAE	Art *Cakile maritima*	Autor Scopoli

EUROPÄISCHER MEERSENF

Diese graugrüne, reich verzweigte Pflanze hat kahle niederliegende oder aufsteigende Äste und fleischige, zumeist fiederschnittige Blätter, deren Ränder manchmal gezähnt sind. Die Blüten tragen 4–14 mm lange, violette, rosa oder weiße Kronblätter und formen ästige Trauben, die sich während der Fruchtreife verlängern. Die Früchte, zweigliedrige Schötchen mit je 2 Samen, stehen fast waagrecht ab; in der Reife löst sich der äußere Teil und kann vom Wasser an weit entfernte Strände getragen werden.

- **Verbreitung:** Gesamte Region.
- **Habitat:** Sandstrände, dicht am Wasser.

Lebensform einjährig	Wuchshöhe 15–60 cm	Blütezeit März–Okt.

Familie CRUCIFERAE	Art *Raphanus raphanistrum*	Autor L.

HEDERICH

Die rauh behaarte, auch Acker-Rettich genannte Pflanze treibt verzweigte Stengel. Die unteren Blätter sind in ovale Fiedern gegliedert. Aus den geäderten Blüten bilden sich 8–30 mm lange Früchte mit runden Segmenten.

- **Verbreitung:** Gesamte Region.
- **Habitat:** Ödland in Küstennähe.

Lebensform ein-/zweijährig	Wuchshöhe 15–150 cm	Blütezeit März–Juli

RESEDENGEWÄCHSE

Familie RESEDACEAE	Art *Reseda alba*	Autor L.

WEISSE RESEDE

Ein dichtes Blattkleid umgibt die hohen, gerillten Stengel dieser Resede. Die dunkelgrün glänzenden, wechselständigen Blätter sind kammartig gefiedert mit 5–15 gewelltrandigen Lappenpaaren. Die mattweißen, bis 6 mm langen Blüten wachsen in Trauben, sie haben 5–6 gelappte, cremefarbene Kronblätter. Es gibt ca. 20 vorstehende Staubblättter, die nach dem Verwelken der Blüte erhalten bleiben. Die Frucht ist eine bis 15 mm große Kapsel.

• **Verbreitung:** Westlicher und zentraler Mittelmeerraum, im Osten bis Kreta.

• **Habitat:** Ödland, Wegränder.

Lebensform einjährig/ausd.	Wuchshöhe 30–80 cm	Blütezeit März–Sept.

Familie RESEDACEAE	Art *Reseda lutea*	Autor L.

GELBE RESEDE

Diese Art ist der Weißen Resede (oben) recht ähnlich, jedoch nicht so kräftig wie diese; zudem treibt sie grünlich gelbe Blüten. Die Stengel, die sich in einigem Abstand zum Boden verzweigen, tragen 5–15 cm lange Blätter mit meist 1–4 Paaren langer, lanzettlicher, bisweilen gefiederter Lappen. Die Blattränder sind rauh und leicht gewellt. Als 7–12 mm lange, elliptische Kapseln stehen die dreigeteilten Früchte meist aufrecht.

• **Verbreitung:** Gesamte Mittelmeerregion.

• **Habitat:** Brachland, Äcker; auf trockenen, kalkhaltigen Böden.

• **Hinweis:** Die Gelbe Resede ist in Süd- und Westeuropa heimisch, inzwischen wurde sie aber auch in nördlicheren Breiten eingebürgert.

Lebensform einjährig/ausd.	Wuchshöhe 20–60 cm	Blütezeit März–Juli

Familie RESEDACEAE	Art *Reseda media*	Autor Lag.

RESEDA MEDIA

Die aufrechten/-steigenden behaarten Stengel dieser Resede verzweigen sich am Grund. Die wechselständigen Blätter sind lang und schmal, mit bis zu 4 Seitenlappen-Paaren. An den weißen oberen Kronblättern hängen bartähnliche Büschel. Die Frucht ist eine hängende Kapsel.

- **Verbreitung:** Spanien.
- **Habitat:** Schutthalden und Unkrautfluren.

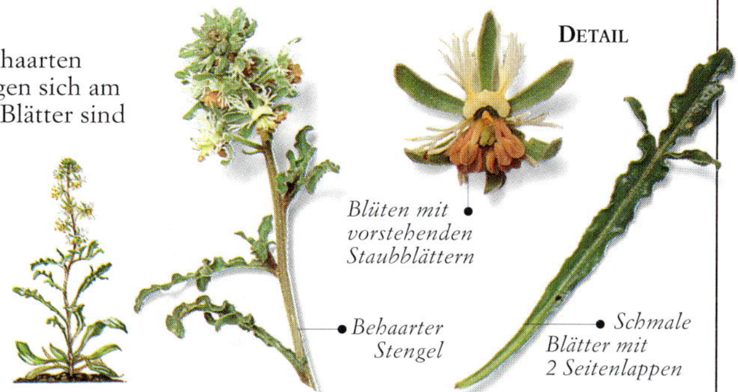

Lebensform ein-/zweijährig	Wuchshöhe 10–50 cm	Blütezeit April–Sept.

DICKBLATTGEWÄCHSE

Familie CRASSULACEAE	Art *Umbilicus rupestris*	Autor (Salis.) Dandy

HÄNGENDES NABELKRAUT

Charakteristisch für das fleischige, kahle Nabelkraut sind die runden, gewelltrandigen Grundblätter mit einer nabelförmigen Einsenkung am mittigen Stielansatz. Die Stengelblätter werden nach oben hin kleiner und nierenförmig bis linealisch. Manchmal verzweigt sich die Pflanze am Grund, doch steht der aufrechte Stengel meist einzeln. Die 7–10 mm großen, röhrenförmigen Blüten sind blaßgrün, gelb oder rosafarben.

- **Verbreitung:** Gesamte Mittelmeerregion.
- **Habitat:** Schattige Felsspalten und an Mauern.
- **Verwandte Art:** Ähnlich und ebenfalls weit verbreitet ist *Umbilicus horizontalis*, das sich durch einen dichter beblätterten Stengel und kleinere, ungestielte Blüten unterscheidet.

Lebensform ausdauernd	Wuchshöhe 10–60 cm	Blütezeit April–Aug.

Familie CRASSULACEAE	Art *Sedum sediforme*	Autor (Jacquin) Pau

NIZZA-MAUERPFEFFER

Diese fleischige, kahle, am Grund verholzte Fetthenne treibt aufrechte Stengel, die dicht mit spiralig angeordneten, 10–20 mm langen, dickfleischigen lanzettlichen Blättern bedeckt sind. Die Blütenknospen formen ein kugeliges Büschel, das sich später zu einer Reihe blütentragender, konkav gewölbter Äste verzweigt. Bis zu 15 mm groß, bestehen die Blüten aus 5–8 grünlich gelben Kelchblättern. Während der Blüte fallen die Blätter ab, so daß die aufrechten Balgfrüchte auf einem kahlen Stengel stehen.

• **Verbreitung:** Gesamte Mittelmeerregion.
• **Habitat:** Felsige Regionen.
• **Hinweis:** Im Mittelmeerraum sind viele Fetthennen-Arten (*Sedum*) heimisch. Die meisten gedeihen an trokkenen Standorten.

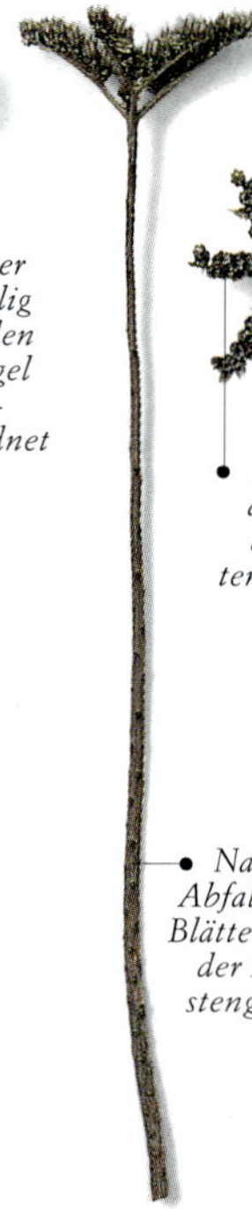

Lebensform ausdauernd	Wuchshöhe 15–60 cm	Blütezeit Mai–Aug.

KLEBSAMENGEWÄCHSE

Familie PITTOSPORACEAE	Art *Pittosporum tobira*	Autor (Thunberg) W. T. Aiton

PECHSAME

Die seitlich etwas eingerollten Blätter dieses Strauches/Baums treiben rosettenartig an den Zweigenden. Die 2 cm großen, in doldenähnlichen Ständen wachsenden Blüten tragen rundliche, weiße, später gelblich verfärbte Blütenblätter. Die Samen der ledrigen Frucht sind von klebrigem Brei umgeben.

• **Verbreitung:** Gesamte Region.
• **Habitat:** Gärten, Parks.
• **Hinweis:** Der beliebte Zierstrauch stammt ursprünglich aus Japan.

Lebensform ausdauernd	Wuchshöhe 2–10 m	Blütezeit März–Aug.

ROSEN

Familie	Art	Autor
ROSACEAE	*Rosa canina*	L.

HECKENROSE

Der auch Hundsrose genannte, laubabwerfende Strauch hat stachelige Zweige und wechselständige Blätter mit 5–7 breitelliptischen Fiedern. Aus den 70 mm großen, rosa oder weißen Blüten entwickeln sich Hagebutten.

- **Verbreitung:** Gesamter Mittelmeerraum außer ganz im Osten. Nördlich bis Großbritannien.
- **Habitat:** Gebüsche, Wälder.

Lebensform	Wuchshöhe	Blütezeit
ausdauernd	bis 3 m	März–Mai

Familie	Art	Autor
ROSACEAE	*Rosa nitidula*	Besser

ROSA NITIDULA

Diese nahe Verwandte der Heckenrose (oben) hat häufig doppelt gezähnte Fiederblättchen mit sichtbaren Drüsen an den Rändern und ist unterseits drüsig behaart. Wie bei der Heckenrose sind die Blüten rosa oder weiß und bis zu 70 mm im Durchmesser. Sie reifen zu Hagebutten mit häufig borstiger Oberfläche.

- **Verbreitung:** Gesamter Mittelmeerraum, im Norden bis Skandinavien.
- **Habitat:** Hecken, Dickichte.

Lebensform	Wuchshöhe	Blütezeit
ausdauernd	1–2 m	April–Aug.

Familie ROSACEAE	Art *Rosa sempervirens*	Autor L.

IMMERGRÜNE ROSE

Diese weitverbreitete kletternde Rose hat lange Stengel mit wenigen Stacheln. Die glänzenden Blätter bestehen aus 3–7 gesägtrandigen, ledrigen Fiederblättchen. 3–7 der 50 mm großen Blüten stehen zusammen. Sie tragen weiße Kronblätter und spitz zulaufende, ovale Kelchblätter mit winzigen Stieldrüsen. Die Frucht ist eine bis zu 10 mm große, glatte, rote ovale Hagebutte.

• **Verbreitung:** Gesamte Mittelmeerregion.
• **Habitat:** Hecken, lichte Wälder, Gebüsche; häufig in Küstennähe.
• **Hinweis:** Die am weitesten verbreitete wilde Rose der Mittelmeerregion.

Lebensform ausdauernd	Wuchshöhe 1–5 m	Blütezeit März–Juli

Familie ROSACEAE	Art *Sarcopterum spinosum*	Autor (L.) Spach

DORNIGE BIBERNELLE

Dieser dicht verzweigte, dornige Kugelbusch wirft seine Blätter bereits im Frühsommer ab. Junge Triebe sind mit Härchen bedeckt, ältere dagegen steif, braun und kahl. Die 10 mm langen Blätter bestehen aus 9–15 Fiedern mit gesägtem, nach unten gewölbtem Rand. Die Blüten wachsen in Köpfchen, wobei man die männl. meist in Bodennähe findet. Die Frucht ist rot und etwas fleischig.

• **Verbreitung:** Östlicher Mittelmeerraum, ab Sardinien und Italien.
• **Habitat:** Trockene Standorte, Garigue.

Lebensform ausdauernd	Wuchshöhe 30–60 cm	Blütezeit März–Mai

HÜLSENFRÜCHTLER

Familie LEGUMINOSAE	Art *Cercis siliquastrum*	Autor L.

JUDASBAUM

Die rosa Blüten dieses laubabwerfenden Baumes treiben direkt aus Stamm und Ästen und erscheinen häufig schon vor den 7–12 cm langen, glatten, herz- oder nierenförmigen Blättern, die ihren Glanz mit der Zeit verlieren. Die 20 mm großen Blüten bestehen aus 3 oberen und 2 größeren unteren Kronblättern. Die Frucht ist eine flachgedrückte, 6–10 cm lange Hülse, die, in der Reife glatt und braun, mehrere kleine Samen enthält.

- **Verbreitung:** Gesamte Mittelmeerregion.
- **Habitat:** Felsige Hänge, Maquis, Wälder.
- **Hinweis:** Der im östlichenMittelmeerraum heimische Baum wird als Zierpflanze, aber auch wegen seines harten, fein gemaserten Holzes kultiviert.

Lebensform ausdauernd	Wuchshöhe bis 10 m	Blütezeit März–April

Familie LEGUMINOSAE	Art *Ceratonia siliqua*	Autor L.

JOHANNISBROTBAUM

Die Blätter des immergrünen Baums mit dickem Stamm und dichtem Laubwerk sind paarig gefiedert (2–5 Paare), die Blüten werden zu braunvioletten Hülsen.

- **Verbreitung:** Gesamte Region.
- **Habitat:** Küstengegenden.

Lebensform ausdauernd	Wuchshöhe bis 10 m	Blütezeit Aug.–Nov.

Familie LEGUMINOSAE	Art *Acacia karoo*	Autor Hayne

ACACIA KAROO

Dieser reich verzweigte, sommergrüne, dornige Strauch treibt doppelt gefiederte Blätter und runde gelbe Blütenköpfchen. Die Blätter sind in 2–7 paarige Teilblättchen geteilt, von denen jedes wieder 4–14 ovale, 6–10 mm lange Fiedern trägt. Die bis zu 10 mm großen, gestielten Blütenköpfchen wachsen zu 4 oder 6 aus den Blattachseln. Die gebogenen, flachen Hülsen sind sichtbar gegliedert.

- **Verbreitung:** Südwestlicher Mittelmeerraum.
- **Habitat:** Hecken und Gärten.
- **Hinweis:** Wurde aus Südafrika eingebürgert.

Lebensform ausdauernd	Wuchshöhe bis 4 m	Blütezeit Juni–Sept.

Familie LEGUMINOSAE	Art *Acacia retinodes*	Autor Schlecht.

IMMERBLÜHENDE AKAZIE

Baum mit dunkelbrauner Rinde und weit ausgreifenden Ästen. Die ledrigen, 6–15 cm langen, linealisch-lanzettlichen Blätter zeigen eine verbreiterte Mittelrippe. Genau genommen sind es Phyllodien – umgebildete Blattstiele, die hier die Funktion der Blätter übernehmen. Die rundlichen, 4–6 mm großen, zitronengelben Blütenköpfchen treten zu 5–10 in gestielten Büscheln auf. Die hängende Hülse wird bis zu 10 cm lang.

- **Verbreitung:** Gesamte Region.
- **Habitat:** Hecken, Wegränder.
- **Hinweis:** Die weithin kultivierte Art kommt ursprünglich aus Australien.

Lebensform ausdauernd	Wuchshöhe bis 10 m	Blütezeit ganzjährig

Familie LEGUMINOSAE	Art *Anagyris foetida*	Autor L.

STINKSTRAUCH

Die Blätter dieses sommergrünen, übelriechenden Strauchs sind gestielt und in drei ungestielte, elliptische, 30–70 mm lange, unterseits weich behaarte Fiederblättchen unterteilt. Die grüngelben Blüten wachsen in kurzen Trauben. Das obere Kronblatt trägt dunkle Zeichnung und ist wesentlich kürzer als die übrigen 4. In der 10–20 cm langen Schote reifen dunkelviolette oder gelbe Samen.

- **Verbreitung:** Gesamte Region.
- **Habitat:** Straßenränder, trockene Felder auf kalkhaltigem Boden.

Lebensform ausdauernd	Wuchshöhe 1–4 m	Blütezeit Jan.–April

Familie LEGUMINOSAE	Art *Calicotome villosa*	Autor (Poiret) Link

BEHAARTER DORNGINSTER

Ein reich verzweigter Strauch mit extrem spitzen Dornen. Junge Zweige sind flaumig behaart und deutlich längst gerillt, die Blätter aus drei elliptischen Fiedern zusammengesetzt, die unterseits dichte Haare tragen. Bis zu 14 mm lang, scheinen die einzeln oder in Gruppen von 2–12 stehenden Blüten die gesamte Pflanze zu bedecken. Charakteristisch für diese Art ist, daß der obere Teil des Kelches beim Öffnen der Blüten wie ein Hütchen sitzen bleibt. Die 25–40 mm lange Schote ist dicht mit seidigen Härchen bedeckt.

- **Verbreitung:** Gesamte Region, vorwiegende jedoch im östlichen Teil.
- **Habitat:** Trockene, felsige Hänge.

Lebensform ausdauernd	Wuchshöhe bis zu 3 m	Blütezeit Feb.–Juni

Familie	Art	Autor
LEGUMINOSAE	*Calicotome spinosa*	(L.) Link

STACHELIGER DORNGINSTER

Ein stark verzweigter Busch mit elastischen Stengeln und langen, kräftigen Dornen, an denen man sich leicht verletzt. Stengel, Blätter und auch die leuchtend gelben Blüten ähneln denen des Behaarten Dornginsters (S. 85), sind aber weitaus spärlicher behaart. Die 12–18 mm großen Blüten stehen in der Regel einzeln, selten in Büscheln. Beim Öffnen der Knospe bricht die Kelchspitze ab. Im Gegensatz zur Hülse des Behaarten Dornginsters hat die 30 mm lange, kahle oder spärlich behaarte Hülse keine verdickte Naht.
• **Verbreitung:** Westlicher Mittelmeerraum.
• **Habitat:** Trockene, felsige Standorte, Maquis.

Lebensform	Wuchshöhe	Blütezeit
ausdauernd	bis 3 m	März–Juni

Familie	Art	Autor
LEGUMINOSAE	*Cytisus villosus*	Pourret

DREIBLÜTIGER GEISSKLEE

Der dornenlose, reich verzweigte Busch treibt lange, biegsame Stengel, die zunächst behaart sind. Auch die Blätter, die aus 3 elliptischen, 15–30 mm langen Fiedern bestehen, tragen unterseits feine Härchen. Die gelben Blüten treiben einzeln oder in Gruppen von 2–3. Das obere, am Grund rotbraun gezeichnete Kronblatt ist zurückgeklappt. Die leicht gekrümmten Hülsen werden 20–45 mm lang.
• **Verbreitung:** Gesamte Mittelmeerregion.
• **Habitat:** Wälder und Maquis.
• **Hinweis:** Hier gedeihen auch viele andere Cytisus-Arten.

Lebensform	Wuchshöhe	Blütezeit
ausdauernd	1–2 m	März–Mai

Familie LEGUMINOSAE	Art *Genista scorpius*	Autor (L.) DC.

GENISTA SCORPIUS

Wie die meisten Mitglieder der Gattung Genista ist dieser Ginster ein dicht verzweigter, dorniger Strauch mit unaufälligen, 3–12 mm langen, einfachen Blättern, die, an der Oberseite glatt und glänzend, unterseits flaumig behaart sind. Die leuchtend gelben Blüten sitzen direkt auf den Dornen oder an kleinen Kurztrieben. Die Samen reifen in 15–40 mm langen, kahlen Hülsen.

- **Verbreitung:** Frankreich, Spanien.
- **Habitat:** Garigue, Maquis.
- **Hinweis:** Vor allem im Westen der Region gibt es viele weitere Ginster-Arten. Alle blühen gelb und haben einen zweilippigen Kelch.

Lebensform ausdauernd	Wuchshöhe 20–60 cm	Blütezeit Feb.–Juni

Familie LEGUMINOSAE	Art *Spartium junceum*	Autor L.

PFRIEMEN-GINSTER

Dieser dornenlose, schlanke Rutenstrauch treibt große, stark duftende Blüten. Die kleinen, 10–30 mm langen, unterseits behaarten, lanzettlichen Blätter sitzen vereinzelt auf kurzen Stielen. Bei den bis zu 25 mm großen Blüten fallen die aufrechte, rundliche Fahne und die meist weit ausgebreiteten Flügel auf. Die flachgedrückten Hülsen enthalten 10–18 Samen und werden mit der Reife braun und kahl.

- **Verbreitung:** Gesamte Mittelmeerregion.
- **Habitat:** Maquis, Garigue, Wegränder; meist auf kalkhaltigen Böden.

Lebensform ausdauernd	Wuchshöhe bis 3 m	Blütezeit April–Aug.

Familie Leguminosae	Art *Ulex parviflorus*	Autor Pourret

Kleinblütiger Stechginster

Auch dieser Ginster ist verzweigt und zudem mit Dornen (umgebildete Zweige, Blätter) bewehrt. Junge Pflanzen tragen dreizählige Blätter, bei ausgewachsenen sind sie einfach mit spitzen Enden. Die bis 12 mm langen gelben Blüten treiben aus den Dornenachseln. Typisch ist der zweilippige Kelch, der länger als die Flügel, aber kürzer als Fahne und Schiffchen ist. Die Frucht, eine behaarte, 10–15 mm lange Hülse, wird später schwarz/braun, sie enthält 1–3 Samen.

- **Verbreitung:** Spanien, Frankreich, Balearen, Nordwestafrika.
- **Habitat:** Offene Felsregionen, bevorzugt auf saurem Boden.

Lebensform ausdauernd	Wuchshöhe bis 150 cm	Blütezeit April–Mai

Familie Leguminosae	Art *Adenocarpus telonensis*	Autor (Loisel.) DC.

Adenocarpus telonensis

Dieser unregelmäßig wuchernde Strauch hat dornenlose Stengel und wechselständige Zweige, die spärlich mit kleinen Blättern bedeckt sind. Jedes der 3–8 mm großen Blätter besteht aus 3 elliptischen, unterseits behaarten Fiedern. Die gelben, kurzgestielten Blüten treiben in Büscheln von 2–7 und haben eine aufrechte, bis zu 15 mm lange Fahne. Die Kelche sind behaart, am Grund röhrenförmig und haben 2 geteilte Lippen. Die dicht und seidig behaarten Hülsen wirken klebrig.

- **Verbreitung:** Spanien, Frankreich.
- **Habitat:** Maquis.
- **Verwandte Art:** *Adenocarpus complicatus* ist ähnlich, aber höher und treibt Blüten in Trauben.

Lebensform ausdauernd	Wuchshöhe bis 1 m	Blütezeit Juni–Juli

Familie LEGUMINOSAE	Art *Lupinus albus*	Autor L.

WEISSE LUPINE

Mit ihren gefingerten Blättern sind Lupinen typische Hülsenfrüchtler. Die aufrechten, verzweigten Stengel dieser Art sind behaart, die größten der elliptischen Teilblättchen werden 50 mm lang und 15 mm breit. Die weißen oder blauen, 15 mm großen Blüten wachsen in kurzen Trauben. Ebenfalls behaart, erreicht der zweilippige Kelch 8 mm Länge. Die Frucht ist eine behaarte, 6–10 cm lange Hülse mit 2–4 gelben Samen.

- **Verbreitung:** Südlicher Balkan, ägäischer Raum.
- **Habitat:** Saure Böden, Kulturland.
- **Hinweis:** Diese Art ist im gesamten Mittelmeerraum eingebürgert.

Lebensform einjährig	Wuchshöhe bis 120 cm	Blütezeit März–Juni

Familie LEGUMINOSAE	Art *Lupinus angustifolius*	Autor L.

SCHMALBLÄTTRIGE LUPINE

Die kurzgestielten Blätter dieser schlanken, am Stengel behaarten Lupine sind aus 5–9 linealischen Teilblättchen zusammengesetzt, die bis zu 50 mm lang, aber nur selten mehr als 5 mm breit sind. Die blaßblauen, bis zu 12 mm großen wechselständigen Blüten formen eine bis zu 20 cm lange Traube. Die Kelche sind behaart und zweilippig, wobei die dreifach ungleichmäßig gezähnte Unterlippe die doppelte Länge der Oberlippe erreicht. In der behaarten Hülse reifen 4–6 glatte Samen.

- **Verbreitung:** Gesamte Region.
- **Habitat:** Maquis, Garigue, Felder; häufig auf sandigen Böden.

Lebensform einjährig	Wuchshöhe 20–80 cm	Blütezeit März–Juli

Familie LEGUMINOSAE	Art *Lupinus varius*	Autor L.

BUNTE LUPINE

Die aufrechten, spärlich verzweigten Stengel dieser attraktiven Lupine sind dicht von seidigen Härchen umkleidet, ebenso Blattstiele und auch die Blätter, die sich aus 9–11 breitlanzettlichen Fiedern zusammensetzen. Die unregelmäßig quirlständigen, kompakte Köpfchen bildenden Blüten werden bis 17 mm groß und sind vorwiegend blau mit einem weißen, gelben oder blaßvioletten Fleck auf der Fahne. Die untere Lippe des Kelchs ist gering gezähnt. In der bis 50 mm langen, ebenfalls dicht behaarten Hülse reifen 3–4 flache, braune Samen.

• **Verbreitung:** Gesamte Mittelmeerregion.

• **Habitat:** Trockene, sandige Standorte; typisch für saure Böden.

Lebensform einjährig	Wuchshöhe 20–50 cm	Blütezeit März–Juni

Familie LEGUMINOSAE	Art *Lupinus micranthus*	Autor Guss.

KLEINBLÄTTRIGE LUPINE

Lupinus varius (oben) recht ähnlich, sind die aufrechten/aufsteigenden Stengel bei dieser Art grau/braun behaart. Jedes Blatt hat 5–7 ei-/keilförmige Fiedern, die bis 70 mm lang werden. Aus den bis 14 mm großen Blüten entwickeln sich rötlich braune Hülsen.

• **Verbreitung:** Gesamte Mittelmeerregion.

• **Habitat:** Maquis, Wegränder; bevorzugt trockene, saure Böden.

Lebensform einjährig	Wuchshöhe 10–40 cm	Blütezeit Feb.–Juni

Familie LEGUMINOSAE	Art *Colutea arborescens*	Autor L.

GEWÖHNLICHER BLASENSTRAUCH

An seinen stark aufgeblasenen Hülsen ist dieser aufrechte, dornenlose Strauch leicht erkennbar. Die vielverzweigten Stengel sind anfangs grün und leicht behaart, verholzen später aber und bilden eine Rinde, die in Fasern abblättert. Die Blätter bestehen aus 7–13 elliptischen, häufig am Ende gekerbten Fiedern. Bis 20 mm groß, wachsen die Blüten zu 3–8 in gestielten Büscheln. Die blasenähnlichen, pergamentartigen, bis 70 mm langen Früchte werden in der Reife rötlich braun und enthalten viele glatte, nierenförmige Samen.

• **Verbreitung:** Gesamte Mittelmeerregion.
• **Habitat:** Kalksteinhügel, Wälder, Garigue, Gärten.

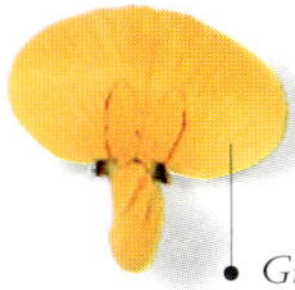

Lebensform ausdauernd	Wuchshöhe bis 6 m	Blütezeit April–Aug.

Familie LEGUMINOSAE	Art *Astragalus hamosus*	Autor L.

HAKEN-TRAGANT

Diese unauffällige Pflanze ist ein typischer Vertreter der im Mittelmeerraum sehr artenreichen Gattung *Tragant*. Stengel wie Blattunterseiten sind dicht behaart. Die Blätter bestehen aus 17–25 ovalen Fiedern und werden 15 cm lang. Blaßgelbe Blüten treiben zu 5–14 in gestielten Büscheln. Die charakteristische, fast kahle, bis 50 mm lange Hülse ist deutlich nach oben gebogen.

• **Verbreitung:** Gesamte Mittelmeerregion.

• **Habitat:** Felder, Wegränder, Felsiger Grund in Küstennähe.

Lebensform einjährig	Wuchshöhe bis 60 cm	Blütezeit Feb.–Juli

Familie LEGUMINOSAE	Art *Astragalus massiliensis*	Autor (Miller) Lam.

MARSEILLE-TRAGANT

Mit seinen kräftigen, dornigen Stengeln und den kleinen Blättern ist dieser niedere Busch hervorragend an das Leben an der Küste angepaßt. Er bildet dornige, im Inneren blattlos verholzte Polster und treibt nur außen bis 70 mm lange, in elliptische Fiedern geteilte Blätter. Sobald die Fiedern abfallen, verholzen die Blattstiele und formen Dornen. Die Blüten haben einen weißen oder rosa Schimmer. Die länglichen, 10 mm langen Hülsen tragen kurze, anliegende Haare.

• **Verbreitung:** Westlicher Mittelmeerraum, im Osten bis Korsika und Sardinien.

• **Habitat:** Küstengarigue.

DETAIL

Lebensform ausdauernd	Wuchshöhe 10–30 cm	Blütezeit April–Juni

amilie LEGUMINOSAE	Art *Astralagus monspessulanus*	Autor L.

MONTPELLIER-TRAGANT

Bei dieser Art treiben die Blatt- und Blütenstiele direkt aus der Wurzel und nicht aus oberirdischen Stengeln. Die 7–20 cm langen, unterseits behaarten Blätter bestehen aus 10–20 Fiederpaaren. Die sich stark ausbreitenden Blütenstiele erreichen die doppelte Länge der Blätter und tragen dichte, endständige Büschel aus 7–30 blaßpurpurnen Blüten. Die Hülse wird bis 45 mm lang.

- **Verbreitung:** Gesamte Mittelmeerregion außer Korsika, Sardinien und Balearen.
- **Habitat:** Trockene, felsige Standorte.

ebensform ausdauernd	Wuchshöhe bis 30 cm	Blütezeit April–Aug.

amilie LEGUMINOSAE	Art *Psoralea bituminosa*	Autor L.

HARZKLEE

Die kurz behaarten, schlanken, aber recht steifen Stengel dieser Pflanze, die oft an Wegrändern gedeiht, riechen meist intensiv nach Teer. Bis 60 mm lang, sind die wechselständigen Blätter aus 3 lanzettlichen Fiedern zusammengesetzt. Die blauvioletten Blüten sitzen auf langen Stielen, die sich in den Blattachseln verzweigen. Die flache, bis 15 mm lange Hülse trägt einen gekrümmten Sporn.

- **Verbreitung:** Gesamte Mittelmeerregion.
- **Habitat:** Wegränder, Brachäcker, Unkrautfluren.

ebensform ausdauernd	Wuchshöhe 20–100 cm	Blütezeit März–Aug.

Familie	Art	Autor
LEGUMINOSAE	*Vicia hybrida*	L.

BASTARD-WICKE

Wie viele Arten der Gattung *Vicia* klammert sich diese Kletterpflanze mittels verzweigter Ranken an alles, was Halt verspricht. Ihre schlanken Stengel sind niederliegend, aufsteigend oder aufrecht. Die Blätter bestehen aus 3–8 Paaren eiförmiger Fiedern. Bis 30 mm groß, treiben die Blüten einzeln aus den Blattachseln. Aus ihnen werden braune Hülsen.

- **Verbreitung:** Gesamte Region.
- **Habitat:** Wegränder, Weideland.

Lebensform	Wuchshöhe	Blütezeit
einjährig	20–60 cm	März–Juni

Familie	Art	Autor
LEGUMINOSAE	*Vicia benghalensis*	L.

VICIA BENGHALENSIS

Diese Wicke ist eine Kriech- oder Kletterpflanze, deren Stengel zum Ende hin dichter behaart sind. Die wechselständigen Blätter bestehen aus 5–9 Fiederpaaren mit länglich-elliptischen, 10–25 mm langen Einzelblättchen. Aus den Blattachseln treiben langgestielte rotviolette, bis 18 mm große Blüten in dichten Trauben. Aus ihnen entwickeln sich bis 40 mm lange, behaarte Hülsen mit 3–5 Samen.

- **Verbreitung:** Gesamte Region.
- **Habitat:** Wegränder, Brachland.

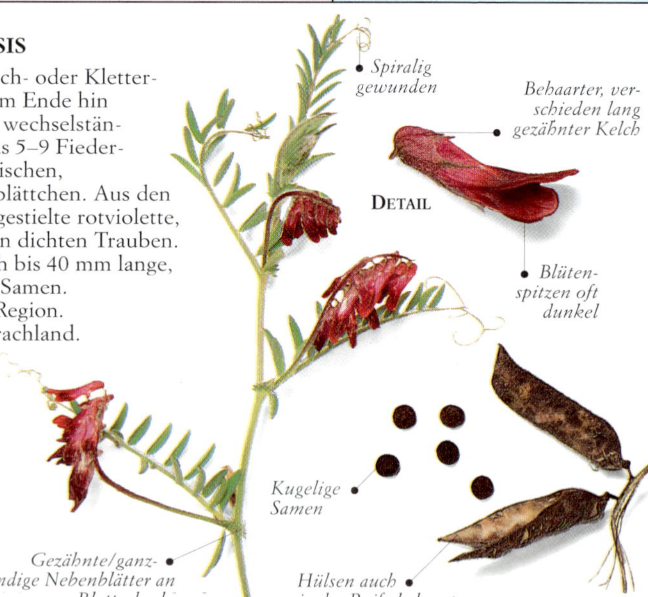

Lebensform	Wuchshöhe	Blütezeit
einjährig	20–80 cm	März–Juni

Familie	Art	Autor
LEGUMINOSAE	*Vicia narbonensis*	L.

NARBONNE-WICKE

Im Gegensatz zu den meisten Wicken der Region treibt diese Art wenige große Einzelblättchen. Die Stengel sind vierkantig, die Fiedern eiförmig/elliptisch; die ungestielten Blüten wachsen in Gruppen in den Blattachseln. Die kahlen Samenhülsen werden 70 mm lang.

- **Verbreitung:** Gesamte Mittelmeerregion.
- **Habitat:** Wegränder, Wiesen.

Lebensform	Wuchshöhe	Blütezeit
einjährig	20–60 cm	März–Juni

Familie	Art	Autor
LEGUMINOSAE	*Vicia sativa*	L.

FUTTERWICKE

In vielen Teilen Europas baut man diese niedere, robuste Wicke als Futterpflanze an. Ihre kletternden Stengel sind spärlich behaart, die Blätter enden in gabelig verzweigten Ranken. Jedes Blatt besteht aus 3–8 Paaren länglich-herzförmiger Fiedern mit stumpfer oder konkaver Spitze. Die zweifarbigen, bis 22 mm langen Blüten treiben einzeln oder in Paaren aus kurzen Stielen aus den Blattachseln. Die Hülse wird 50 mm lang und im reifen Zustand braun oder schwarz.

- **Verbreitung:** Gesamte Region.
- **Habitat:** Wegränder, Brachland.
- **Hinweis:** Diese sehr formenreiche Pflanze hat viele Unterarten. Hier abgebildet ist die in der Region weit verbreitete Subsp. *cordata*.

Lebensform	Wuchshöhe	Blütezeit
einjährig	bis 80 cm	Feb.–Juli

Familie LEGUMINOSAE	Art *Vicia altissima*	Autor Desf.

VICIA ALTISSIMA

Diese Wicke bildet große Polster, die im Frühjahr mit Blüten übersät sind. Ihre kahlen Stengel haben Furchen. Die wechselständigen Blätter sind in 5–9 Fiederpaare von 25 mm Länge gegliedert. In Büscheln zu 5–15 treibend, werden die Blüten 19 mm groß. Die Samenhülsen sind kahl.
• **Verbreitung:** Zentraler und östlicher Mittelmeerraum.
• **Habitat:** Trockenes Brachland, Wegränder.

Lebensform ausdauernd	Wuchshöhe 60–200 cm	Blütezeit März–Mai

Familie LEGUMINOSAE	Art *Vicia melanops*	Autor Sibth. & Sm.

VICIA MELANOPS

Im Gegensatz zu den meisten anderen Wicken treibt diese Art eher unauffällige Blüten. Ihre Stengel sind kurz behaart, die Blätter in 5–10 Paare länglich-eiförmige Fiedern geteilt. Die gelblich grünen, kurzgestielten Blüten wachsen in Gruppen bis 4. In den 20–50 mm langen Hülsen reifen 4–7 Samen.
• **Verbreitung:** Balkan-Halbinsel, Italien, Frankreich, Türkei.
• **Habitat:** Wegränder, Brachland und Waldränder.

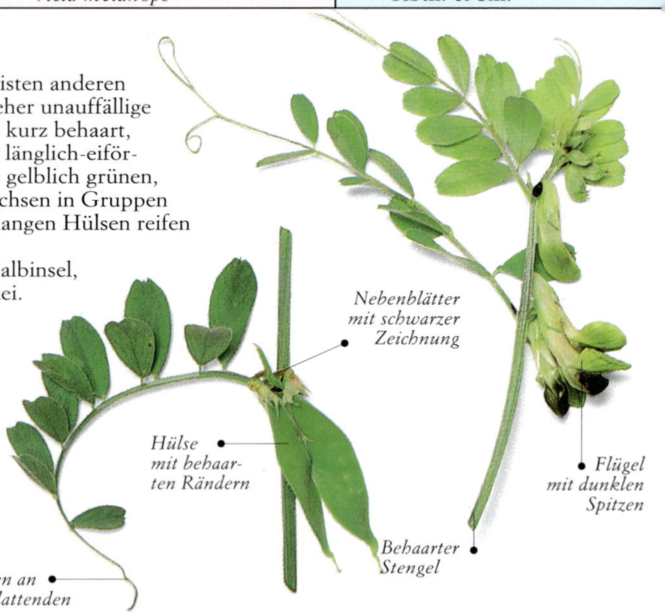

Lebensform einjährig	Wuchshöhe 15–80 cm	Blütezeit April–Juni

Familie LEGUMINOSAE	Art *Lathyrus annuus*	Autor L.

EINJÄHRIGE PLATTERBSE

Diese zarte Kletterpflanze hat geflügelte Stengel, was die meisten Larynthus-Arten (Platterbsen) von den Wicken (*Vicia*, siehe S.94ff) unterscheidet. Ihre Blätter bestehen aus einem V-förmigen Paar lanzettlicher, 5–15 cm langer Fiedern mit reichverzweigter Mittelranke und winzigen Nebenblättern. Die langgestielten, bis 18 mm großen Blüten wachsen in Gruppen bis 3. Sie bilden kahle Hülsen, die bis 80 mm lang und in reifem Zustand braun werden.

- **Verbreitung:** Gesamte Mittelmeerregion.
- **Habitat:** Hecken, Brach- und Kulturland.

Lebensform einjährig	Wuchshöhe 40–150 cm	Blütezeit April–Juni

Familie LEGUMINOSAE	Art *Lathyrus aphaca*	Autor L.

RANKEN-PLATTERBSE

Diese Platterbse fällt durch ihre ungewöhnlichen „Blätter“ auf, die gar keine solchen, sondern stark vergrößerte Nebenblätter sind. Die kahlen, schlanken Stengel sind kantig und ungefiedert. Bis 50 mm groß, breit und eiförmig, umfassen die gegenständigen Nebenblätter den Stengel wie Hände. Die eigentlichen Blätter, die zwischen ihnen treiben, sind zu Ranken zurückgebildet. Die gelben, bis 18 mm langen Blüten wachsen einzeln auf langen Stielen aus den Blattachseln. Ihre Kelchzähne erreichen die dreifache Länge der Röhre. In der Reife werden die bis 35 mm langen Hülsen mit 6–8 Samen braun.

- **Verbreitung:** Gesamte Mittelmeerregion.
- **Habitat:** Wegränder, Kulturland, Kiefernwälder.

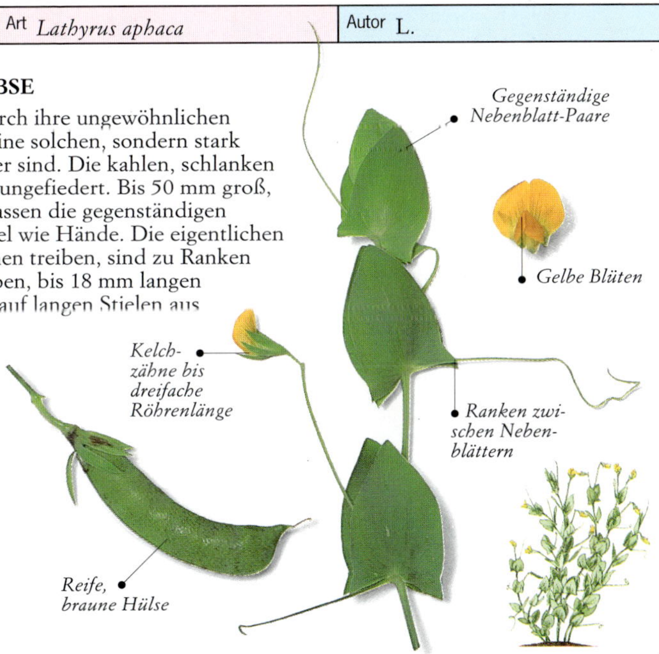

Lebensform einjährig	Wuchshöhe 30–100 cm	Blütezeit Feb.–Juni

Familie LEGUMINOSAE	Art *Lathyrus cicera*	Autor L.

ROTE PLATTERBSE

Diese zarte, der Einjährigen Platterbse (siehe S. 97) ähnliche Pflanze treibt purpurrote, kurzgestielte Einzelblüten. Ihr Stengel ist schmal geflügelt, die Blätter bestehen aus 2 bis zu 90 mm langen Fiedern. Die charakteristische, kahle Hülse erkennt man an 2 Kielen auf der Rückennaht.

- **Verbreitung:** Gesamte Region.
- **Habitat:** Grasfluren, Kulturland; sonnige Standorte.

Lebensform einjährig	Wuchshöhe 20–100 cm	Blütezeit März–Juni

Familie LEGUMINOSAE	Art *Lathyrus articulatus*	Autor L.

PURPUR-PLATTERBSE

Die Stengel dieser kahlen Kletterpflanze sind breit geflügelt. Auf verbreiterte Blattstiele zurückgebildet, enden die unteren Blätter in verzweigten Ranken, an den oberen wachsen 2–5 Fiederpaare mit elliptischen, bis 60 mm langen Teilblättchen. Die linealischen, manchmal auch ovalen Nebenblätter erreichen eine Länge von 18 mm. Bis zu 5 Blüten bilden eine Traube. Sie sind blaßviolett mit helleren Flügeln. In der 30–70 mm langen, im reifen Zustand braunen Hülle liegen 5–7 Samen.

- **Verbreitung:** Gesamte Region.
- **Habitat:** Wegränder, Brachland.
- **Verwandte Art:** *Lathyrus clymenum* ist sehr ähnlich, hat aber breitere Fiedern und Hüllen mit charakteristisch gefurchter Rückennaht.

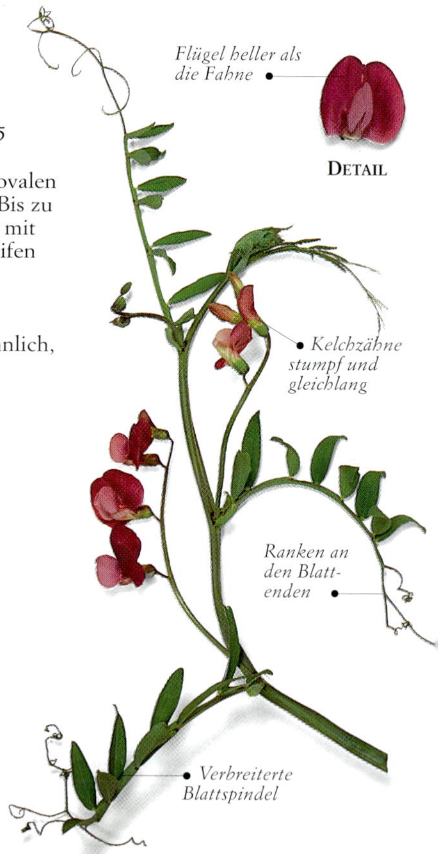

Lebensform einjährig	Wuchshöhe 30–100 cm	Blütezeit März–Juni

Familie LEGUMINOSAE	Art *Lathyrus latifolius*	Autor L.

BREITBLÄTTRIGE PLATTERBSE

Im Hochsommer setzten die Blüten dieser auch Bukett-Wicke genannten Kletterpflanze leuchtende Akzente. Sie hat kahle oder spärlich behaarte, breit geflügelte Stengel. Auch die Blattspindeln sind verbreitert, tragen 2 lanzettliche, bis zu 15 cm lange Fiedern und enden in verzweigten Ranken. Auf langen Blütenstielen sitzen bis zu 15 purpurrosa, 20–30 mm große Blüten, aus denen sich braune Hülsen mit 10–15 Samen entwickeln.

- **Verbreitung:** Gesamte Mittelmeerregion.
- **Habitat:** Hecken, Wegränder.
- **Verwandte Art:** *Lathyrus sylvestris* hat schmalere Fiedern und Nebenblätter und kürzere Hülsen.

DETAIL

Lebensform ausdauernd	Wuchshöhe 60–300 cm	Blütezeit Mai–Aug.

Familie LEGUMINOSAE	Art *Pisum sativum*	Autor L.

WILDE ERBSE

Die Wilde Erbse hat kahle, rundliche Stengel, die wie die Blätter ein typisches Blaugrün zeigen. Die Blätter teilen sich in 3 Fiederpaare mit elliptischen, bis zu 70 mm langen Blättchen und enden in verzweigten Ranken. Am Blattrund wachsen 2 herzförmige, gezähnte, stengelumfassende Nebenblätter. Die Blüten treiben einzeln oder in Büscheln bis 3, haben dunkelrosa Fahnen und tiefpurpurne Flügel. In den 3–12 cm langen, deutlich netznervigen Hülsen, die mit der Reife braun oder gelb werden, reifen bis zu 10 Samen.

- **Verbreitung:** Gesamte Mittelmeerregion.
- **Habitat:** Gebüsche, Wälder, Feldränder.
- **Hinweis:** Die Wilde Erbse wird seit langem kultiviert.

Lebensform einjährig	Wuchshöhe bis 2 m	Blütezeit April–Juni

Familie LEGUMINOSAE	Art *Ononis natrix*	Autor L.

GELBE HAUHECHEL

Diese kleine, stark verzweigte Staude ist nur eine von vielen gelbblühenden *Ononis*-Arten der Region. Ihre Stengel sind aufsteigend oder aufrecht, und die ganze Pflanze ist klebrig behaart. Die Blätter sind dreizählig und treiben am Grund jedes Blattstiels ein Paar Nebenblätter. bis zu 20 mm groß, zeigen die gelben Blüten häufig rote oder violette Adern. In den bis zu 25 mm langen Hülsen reifen 4–10 Samen.

- **Verbreitung:** Gesamte Mittelmeerregion.
- **Habitat:** Brachland, Garigue.
- **Hinweis:** Eine sehr formenreiche Pflanze mit verschieden großen Blüten und Blättern.

Lebensform ausdauernd	Wuchshöhe 20–60 cm	Blütezeit April–Juli

Familie LEGUMINOSAE	Art *Ononis spinosa*	Autor L.

DORNIGE HAUHECHEL

Die aufrechten oder aufsteigenden Stengel dieser Pflanze tragen spärliche Klebdrüsen und kurze Härchen. Die Fiedern der dreizähligen Blätter sind verschieden geformt, oft jedoch elliptisch. 6–20 mm lang, treiben die blaßrosa Einzelblüten auf kurzen Stielen aus den Blattachseln. Die Frucht ist eine kleine, bis zu 10 mm lange Hülse, die häufig nur einen einzigen Samen enthält.

- **Verbreitung:** Gesamte Mittelmeerregion.
- **Habitat:** Brachland, Wegränder.
- **Hinweis:**. Eine formenreiche Pflanze mit vielen Unterarten, die sich in der Zahl der Dornen und Fieder- wie Blütengröße unterscheiden.

Lebensform ausdauernd	Wuchshöhe 10–80 cm	Blütezeit April–Juni

amilie LEGUMINOSAE	Art *Melilotus alba*	Autor Medicus

WEISSER STEINKLEE

Dieser zuweilen als Futterpflanze angebaute Klee ist die meistverbreitete weißblütige *Melilotus*-Art des Mittelmeerraums. Er hat schlanke, kahle, häufig verzweigte Stengel, die wechselständigen, gestielten Blätter sind dreiteilig mit gesägtrandigen, bis zu 30 mm langen Fiedern. Die Blütenstengel tragen lange, ährenförmige Trauben kleiner, rund 4 mm langer weißer Blüten. Die Frucht, eine kleine Hülse mit nur einem Samen, wird mit der Reife gräulich braun.

- **Verbreitung:** Gesamte Mittelmeerregion.
- **Habitat:** Offene Brachflächen und Wegränder.
- **Hinweis:** Wie andere *Melilotus*-Arten enthält auch der Weiße Steinklee den Stoff Cumarin und duftet deshalb ähnlich wie frischgemähtes Gras.

Lebensform ein-/zweijährig	Wuchshöhe 30–150 cm	Blütezeit Mai–Aug.

Familie LEGUMINOSAE	Art *Melilotus indica*	Autor (L.)All.

ORIENTALISCHER STEINKLEE

Kleiner als der Weiße Steinklee (oben), hat diese weitverbreitete Art eine ähnliche Form. Die Stengel sind leicht gefurcht und verzweigt. Die Fiedern der dreizähligen Blätter werden bis zu 20 mm lang, wobei die der oberen Blätter schmäler ausfallen als die der unteren. Die 2–3 mm großen gelben Blüten wachsen in bis 30 mm langen Trauben und entwickeln sich zu kugeligen, kahlen, bis zu 3 mm großen Hülsen. Im reifen Zustand zeigen sie typisches Olivgrün.

- **Verbreitung:** Gesamte Region.
- **Habitat:** Brachland; feuchte, sandige Böden.

Lebensform einjährig	Wuchshöhe 15–50 cm	Blütezeit April–Juni

Familie	Art	Autor
LEGUMINOSAE	*Melilotus neapolitana*	Ten.

MELILOTUS NEAPOLITANA

Diese *Melilotus*-Art mit ihren keilförmigen Fiedern und kurzen, aufrechten Stengeln, die zur Spitze hin behaart sind, weist viele Gemeinsamkeiten mit dem Orientalischen Steinklee (siehe S. 101) auf. Die Nebenblätter sind lanzettlich und ganzrandig, die Blüten wachsen in kurzen, bis zu 10 mm langen Trauben. Die 3 mm große, konisch geschnäbelte Frucht wird gelblich-braun.

- **Verbreitung:** Gesamte Region.
- **Habitat:** Offene Standorte, Kulturland.

Lebensform	Wuchshöhe	Blütezeit
einjährig	10–40 cm	April–Juni

Familie	Art	Autor
LEGUMINOSAE	*Medicago arborea*	L.

STRAUCH-SCHNECKENKLEE

Dieser dicht belaubte Strauch wird oft als Zierpflanze kultiviert und schmückt Straßenränder. Seine jungen Stengel sind grün und schwach behaart. Die Blätter sind gestielt und dreizählig mit keil- oder herzförmigen, 10 mm langen Fiedern, die häufig nach oben geklappt sind, so daß man die seidig behaarten Blattunterseiten sieht. 4–8 der gestielten, bis zu 15 mm großen, orangegelben Blüten bilden endständig verzweigte Köpfchen. Wie bei anderen Schneckenklee-Arten ist die Frucht eine spiralig gedrehte Hülse.

- **Verbreitung:** Gesamte Region.
- **Habitat:** Trockene, felsige Standorte, Straßenränder, Gärten.
- **Hinweis:** Im östlichen Mittelmeerraum heimisch, wird die attraktive Pflanze heute überall kultiviert.

Lebensform	Wuchshöhe	Blütezeit
ausdauernd	1–4 m	Feb.–Aug.

Familie LEGUMINOSAE	Art *Medicago marina*	Autor (L.)

STRAND-SCHNECKENKLEE

Diese dicht belaubte, durchgehend filzig behaarte Kriechpflanze findet man häufig an Sandstränden. Die wechselständigen Blätter sind gestielt, die Nebenblätter auffällig mit ausgeprägten Spitzen. 5–12 der gelborangen, 6 mm langen Blüten bilden köpfchenartige Blütenstände. Die gewundenen Hülsen tragen am Rand zuweilen kleine Stacheln.

• **Verbreitung:** Gesamte Mittelmeerregion.
• **Habitat:** Sandstrände, Dünen.

Lebensform ausdauernd	Wuchshöhe 10–50 cm	Blütezeit März–Aug.

Familie LEGUMINOSAE	Art *Medicago orbicularis*	Autor (L.) Bartal.

SCHEIBEN-SCHNECKENKLEE

Diese einjährige Art verbreitet ihre großen, scheibenförmigen Hülsen auf dem Boden. Die Stengel der niederliegenden Pflanze sind kahl/spärlich behaart, ihre Blätter dreizählig mit bis zu 15 mm großen, ovalen/keilförmigen, zur Spitze hin gezähnten Fiedern. Tiefer gezähnt sind die Nebenblätter. Bis 4 mm groß, wachsen die Blüten einzeln oder in Büscheln von 2–5. Die Hülse erreicht einen Durchmesser von 20 mm.

• **Verbreitung:** Gesamte Region.
• **Habitat:** Kulturland, steinige Böden.
• **Verwandte Art:** *M. scutellata* (siehe S. 104) hat schüsselförmige, *M. rugosa* (im zentralen und östlichen Mittelmeerraum verbreitet) schneckenhausartige Hülsen mit verdickten Nerven.

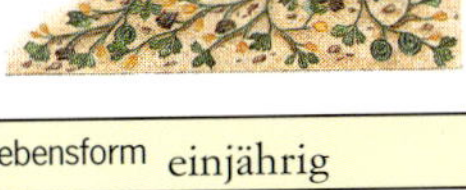

Lebensform einjährig	Wuchshöhe 20–90 cm	Blütezeit April–Juni

Familie LEGUMINOSAE	Art *Medicago scutellata*	Autor (L.) Miller

SCHÜSSELFÖRMIGER SCHNECKENKLEE

Vom Scheiben-Schneckenklee (siehe S. 103) unterscheidet sich diese Art hauptsächlich durch die Form ihrer Hülsen. Stengel, Blattunterseiten und Samenhülsen sind dicht und drüsig behaart, die Fiedern elliptisch oder keilförmig und am vom Stengel abgewandten Ende gezähnt. Auch die breit-lanzettlichen Nebenblätter haben Zähne. Die Blüten werden bis 7 mm lang und wachsen in Gruppen bis zu 3 Stück. Von den bis zu 18 mm großen, schüsselförmig spiralig gewundenen Hülsen leitet sich der deutsche Name der Pflanze ab.

- **Verbreitung:** Gesamte Region.
- **Habitat:** Kulturland; trockene, steinige Böden.

Lebensform einjährig	Wuchshöhe 20–60 cm	Blütezeit April–Juni

Familie LEGUMINOSAE	Art *Medicago sativa*	Autor L.

LUZERNE

Diese wichtige Futterpflanze existiert in ihrer ursprünglichen Wildform nicht mehr, verwildert jedoch häufig. Ihre aufsteigenden Stengel sind mit kurzen, weichen Härchen bedeckt, die gestielten Blätter bestehen aus 3 elliptischen oder linealischen, zur Spitze hin gezähnten Fiedern. Bis zu 40 der bis zu 10 mm großen, langstieligen Blüten bilden dichte Köpfchen. Das Farbspektrum reicht von Gelb bis zu Blauschwarz.

- **Verbreitung:** Gesamte Mittelmeerregion.
- **Habitat:** Kultur- und Brachland, Grasfluren.
- **Hinweis:** Die Urform von *Medicago sativa* stammt aus Zentralasien.

Lebensform ausdauernd	Wuchshöhe bis 80 cm	Blütezeit Juni–Okt.

Familie LEGUMINOSAE	Art *Trifolium angustifolium*	Autor L.

SCHMALBLÄTTRIGER KLEE

Diese krautige Pflanze gehört zu einer sehr artenreichen Gattung (allein auf Kreta gibt es mehr als 30 Klee-Arten). Sie ist mit angedrückten Härchen bedeckt, und ihre aufrechten Stengel verzweigen sich am Grund. Die gestielten Blätter bestehen aus 3 schmalen, 20–80 mm langen, spitz zulaufenden Fiedern. Am Blattgrund treiben geflügelte, lanzettliche Nebenblätter. Die rosa Blüten sitzen in langgezähnten Kelchen, die den dichten, konischen, bis 80 mm großen Blütenköpfchen ein pinselartiges Aussehen verleihen. Aus jeder Blüte entwickelt sich eine kleine, vom Kelch umschlossene Hülse.

- **Verbreitung:** Gesamte Mittelmeerregion.
- **Habitat:** Trockenes Öd- oder Kulturland; gewöhnlich auf sauren Böden.

Lebensform einjährig	Wuchshöhe 10–50 cm	Blütezeit April–Juli

Familie LEGUMINOSAE	Art *Trifolium stellatum*	Autor L.

STERN-KLEE

Der kleine, aber auffällige Stern-Klee treibt seidig behaarte, aufrechte, am Grund verzweigte Stengel. Die gestielten Blätter setzen sich aus 3 herzförmigen Fiedern mit leicht gezähnten Enden zusammen. Breit und gezähnt, haben die Nebenblätter grüne Ränder, vortretende Nerven und die Form von Herzmuscheln. Rosa, seltener auch purpurn oder gelb, bilden die Blüten bis 25 mm große, kugelige Köpfchen. Zur Fruchtzeit breiten sich die langen Kelchzähne sternförmig aus.

- **Verbreitung:** Gesamte Region.
- **Habitat:** Wegränder, Felder, Garigue.

Lebensform einjährig	Wuchshöhe 8–30 cm	Blütezeit März–Juli

Familie LEGUMINOSAE	Art *Trifolium tomentosum*	Autor L.

FILZIGER KLEE

Die kugeligen Fruchtköpfchen dieses niederliegenden, Büschel bildenden Klees wirken wie winzige Fußbälle. Kahl/spärlich behaart, verzweigen sich die Stengel am Grund. Die 3 eiförmigen Fiedern haben gesägte Ränder und werden 20 mm lang, die Nebenblätter sind winzig. Rosa Blüten wachsen in kurzgestielten Köpfchen, ihre später aufgeblasenen Kelche entwickeln sich zu bis 11 mm großen filzigen Kugeln.

- **Verbreitung:** Gesamte Region.
- **Habitat:** Trockene Standorte, Grasfluren, Wegränder.

Lebensform einjährig	Wuchshöhe bis 15 cm	Blütezeit März–Juni

Familie LEGUMINOSAE	Art *Trifolium campestre*	Autor Schreber

FELD-KLEE

Feld-Klee gehört zu einer Gruppe von Klee-Arten mit erst gelben, später golden und schließlich braun werdenden Blüten. Sehr formenreich, treibt diese Pflanze kriechende bis aufsteigende schlanke Stengel. Ihre Blätter sind kurzgestielt. Die elliptischen Fiedern werden bis 10 mm groß, die Blütenköpfchen erreichen einen Durchmesser von 15 mm. Die einsamige Frucht ist eine winzige ovale Hülse.

- **Verbreitung:** Gesamte Region mit Ausnahme einiger Inseln.

Lebensform einjährig	Wuchshöhe 30 cm	Blütezeit März–Juni

Familie LEGUMINOSAE	Art *Dorycnium hirsutum*	Autor (L.) Ser.

BEHAARTER BACKENKLEE

Die aufrechten Stengel dieser krautigen Pflanze sind oft am Grund verholzt und an der Spitze behaart. Die Blätter haben 5 längliche, spitz zulaufende, bis 25 mm lange Fiedern, von denen 2 den Stengel umfassen und wie Nebenblätter aussehen. Die weißen oder rosa Blüten mit ihren dunkel gezeichneten Schiffchen werden bis 20 mm groß. Die Früchte, bis 12 mm lange, zylindrische Hülsen, werden rotglänzend und wirken aus der Entfernung wie kleine Beeren.

- **Verbreitung:** Gesamte Region.
- **Habitat:** Trockene, steinige oder sandige Standorte, Maquis, Garigue.

Lebensform ausdauernd	Wuchshöhe 20–50 cm	Blütezeit April–Juli

Familie LEGUMINOSAE	Art *Dorycnium pentaphyllum*	Autor Scop.

FÜNFFINGERKLEE

Dem Behaarten Backenklee (oben) ähnlich, ist diese formenreiche, krautige Art weniger behaart, ihre Blätter haben weder Stil noch Spindel. Die Fiedern sind schmäler, die Blüten bis 6 mm lang. Im reifen Zustand braun, erreichen die ovalen oder kugeligen Hülsen einen Durchmesser von 5 mm.

- **Verbreitung:** Gesamte Region.
- **Habitat:** Trockene, felsige Standorte, Maquis, Garigue.

Lebensform ausdauernd	Wuchshöhe 10–80 cm	Blütezeit April–Juli

Familie LEGUMINOSAE	Art *Lotus corniculatus*	Autor L.

GEMEINER HORNKLEE

Diese weitverbreitete Art der Gattung Hornklee treibt aufrechte, aufsteigende oder niederliegende Stengel mit ungestielten Blättern, die sich in 5 ovale, höchstens 18 mm lange Fiedern teilen. 2–7 gelbe oder orangefarbene Blüten sitzen auf langen Stielen. Häufig kommen beide Farbvarianten an derselben Pflanze vor. Die Früchte, gerade, bis 30 mm lange Hülsen, erinnern von der Anordnung her im reifen Zustand an einen Vogelfuß.

- **Verbreitung:** Gesamte Region.
- **Habitat:** Wegränder, Grasfluren.
- **Verwandte Art:** *Lotus uliginosus*, ebenfalls im gesamten Mittelmeerraum verbreitet, ist höher und hat hohle Stengel.

Lebensform ausdauernd	Wuchshöhe 5–35 cm	Blütezeit April–Juli

Familie LEGUMINOSAE	Art *Lotus cytisoides*	Autor L.

GEISSKLEEARTIGER HORNKLEE

Die reich verzweigten, niederliegenden oder aufsteigenden Stengel dieser Pflanze sind behaart, ihre Blätter gliedern sich in 5 elliptische oder keilförmige, bis 14 mm lange Fiedern. Die Blüten tragen häufig einen dunklen Schnabel und werden 10 mm groß. Die flachgedrückten, 20–50 mm langen Hülsen sind deutlich gegliedert.

- **Verbreitung:** Gesamte Mittelmeerregion.
- **Habitat:** Steinige oder sandige Standorte in Küstennähe.

Lebensform ausdauernd	Wuchshöhe 20–30 cm	Blütezeit März–Juni

Familie	Art	Autor
LEGUMINOSAE	*Lotus edulis*	L.

ESSBARER HORNKLEE

Diese niederliegende oder aufsteigende Pflanze hat fünfteilige Blätter, von denen nach Art der Gattung *Lotus* ein Paar den Stengel umfaßt und von den anderen 3 durch eine kurze Blattspindel getrennt wird. Die gelben, bis 16 mm großen Blüten erscheinen einzeln oder in Paaren und tragen am Grund dreiteilige, ungestielte Hochblätter. Sie entwickeln sich zu 20–40 mm langen, aufgeblasenen, häufig rot gesprenkelten Hülsen.

- **Verbreitung:** Gesamte Mittelmeerregion.
- **Habitat:** Brachland, Kulturland.

Lebensform	Wuchshöhe	Blütezeit
einjährig	10–50 cm	Feb.–Juni

Familie	Art	Autor
LEGUMINOSAE	*Tetragonolobus maritimus*	(L.) Roth

GELBE SPARGELBOHNE

Die kahlen oder kurz behaarten Stengel dieser europaweit vorkommenden Art sind niederliegend oder aufsteigend, ihre Blätter setzen sich aus 3 gerundeten oder keilförmigen, bis 30 mm langen Fiedern zusammen. Die Blüten sind gelb, ebenfalls 30 mm lang und lang gestielt. Am Blütengrund treibt ein dreifiedriges Hochblatt. Die Kelchzähne sind wesentlich kürzer als die Röhre. Auffälligstes Merkmal der Pflanze ist ihre vierflügelige Hülse.

- **Verbreitung:** Nördlicher Mittelmeerraum.
- **Habitat:** Feuchtstellen sowie sandige Standorte.

Lebensform	Wuchshöhe	Blütezeit
ausdauernd	10–40 cm	Mai–Juli

Familie LEGUMINOSAE	Art *Tetragonolobus purpureus*	Autor Moench

ROTE SPARGELBOHNE

Die niederliegenden oder aufsteigenden oder aufrechten Stengel dieser Pflanze (oft an Wegrändern) sind behaart. Ihre Blätter bestehen aus drei 40 mm langen Fiedern und 1 Paar oval-zugespitzter Nebenblätter, die den Stengel am Blattgrund umfassen. 15–22 mm lang, treiben die blutroten Blüten einzeln oder in Paaren auf kurzen Stielen. Die kahlen Hülsen sind geflügelt.

- **Verbreitung:** Gesamte Region.
- **Habitat:** Kulturland, Olivenhaine.

Lebensform einjährig	Wuchshöhe 10–40 cm	Blütezeit Feb.–Juni

Familie LEGUMINOSAE	Art *Securigera securidaca*	Autor (L.) Degen & Dörfler

SECURIGERA SECURIDACA

Wie viele Hülsenfrüchtler erkennt man auch diese Beilwicke am ehesten an der charakteristischen Form ihrer Hülsen. Die aufsteigenden Stengel sind normalerweise kahl, die Blätter in bis zu 7 Fiederpaare geteilt. Bis zu 8 Blüten bilden runde Köpfchen. Die schmale, gerillte Hülse wird 10 cm lang und trägt einen gebogenen Schnabel.

- **Verbreitung:** Östlicher und zentraler Mittelmeerraum, im Westen bis Frankreich.
- **Habitat:** Kultur- und Brachland, auch an Wegrändern.

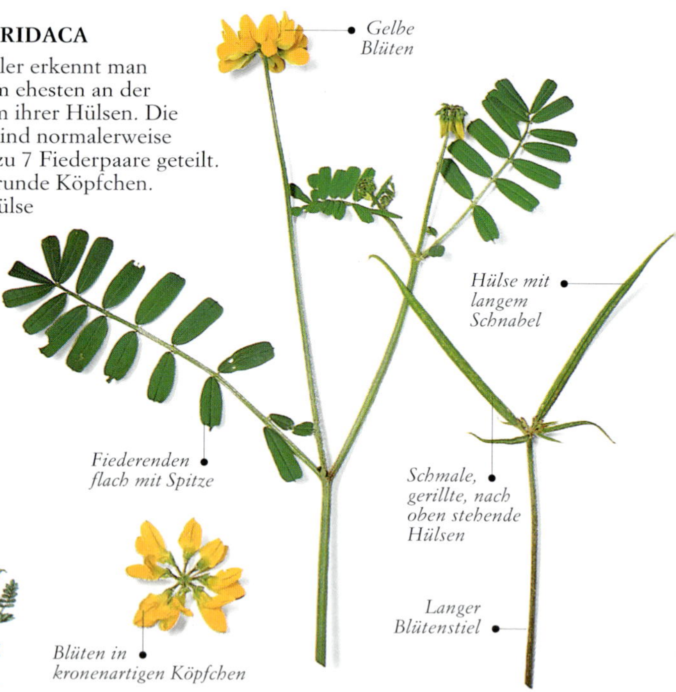

Lebensform einjährig	Wuchshöhe 10–50 cm	Blütezeit April–Juni

Familie	Art	Autor
LEGUMINOSAE	*Anthyllis tetraphylla*	L.

BLASEN-WUNDKLEE

Der Name dieser Pflanze hängt mit der Form ihrer Kelche zusammen, die nach dem Welken der Blüten ballonartig anschwellen. Ihre Stengel sind niederliegend oder aufsteigend, die Blätter fünfteilig, die elliptischen Endblättchen wesentlich größer als die übrigen Fiedern. Bis zu 7 blaßgelbe Blüten wachsen knäuelig aus den Blattachseln. Zur Fruchtzeit erreichen die Kelche einen Durchmesser von 12 mm und laufen rötlich an. Meist enthalten die Hülsen 2 Samen.

• **Verbreitung:** Gesamte Mittelmeerregion.

• **Habitat:** Garigue, Kultur- und Brachland.

Lebensform	Wuchshöhe	Blütezeit
einjährig	10–50 cm	März–Juni

Familie	Art	Autor
LEGUMINOSAE	*Anthyllis cytisoides*	L.

RUTEN-WUNDKLEE

Dieser Halbstrauch treibt viele aufrechte, filzig behaarte Stengel. Die Blätter sind dick und behaart. Bis 12 mm groß, stehen die Blüten in Gruppen bis 3 zusammen und bilden gemeinsam einen langen, ährenförmigen Blütenstand. Jede Blüte hat einen kurzgezähnten, behaarten Kelch. Die Frucht ist eine einsamige Hülse.

• **Verbreitung:** Westlicher Mittelmeerraum.

• **Habitat:** Felsfluren in Küstennähe.

Lebensform	Wuchshöhe	Blütezeit
ausdauernd	bis zu 60 cm	April–Juni

Familie LEGUMINOSAE	Art *Anthyllis hermanniae*	Autor L.

DORNIGER WUNDKLEE

Die filzig behaarten jungen Triebe dieses reich verzweigten Strauchs werden mit zunehmendem Alter kahl und bilden Dornen aus. Die kleinen Blätter sind vor allem unterseits seidig behaart und einzeln oder in 3 Fiedern geteilt, die oft nach oben gefaltet sind. Die gelben Blüten wachsen in Gruppen bis 3 in den Blattachseln und formen entlang des Blütenstengels offene Trauben. Der Kelch hat die doppelte Länge der Krone, und die Kelchblattzähne sind kürzer als die Röhre. Die Frucht ist eine schlanke, einsamige Hülse.

• **Verbreitung:** Gesamte Region außer Spanien und Frankreich.

• **Habitat:** Garigue, offene Standorte in Küstennähe.

Lebensform ausdauernd	Wuchshöhe 10–50 cm	Blütezeit April–Juli

Familie LEGUMINOSAE	Art *Anthyllis vulneraria*	Autor L.

ROTER WUNDKLEE

Diese überaus formenreiche Pflanze hat aufrechte, aufsteigende oder niederliegende Stengel mit kurzen, seidigen Härchen. Die untersten Blätter sind elliptisch oder lanzettlich und ungeteilt, die Stengelblätter dagegen 7–13teilig gefiedert, wobei das Endblättchen meist wesentlich größer ist als die Seitenfiedern. Die cremeweißen bis roten, 18 mm großen Blüten wachsen in dichten Köpfchen aus zwei gefingerten Hochblättern. In der Hülse reifen 2 Samen.

• **Verbreitung:** Gesamte Mittelmeerregion.

• **Habitat:** Grasfluren und Wegränder, Garigue.

Lebensform einj./ausdauernd	Wuchshöhe bis zu 40 cm	Blütezeit März–Juli

milie LEGUMINOSAE	Art *Ornithopus compressus*	Autor L.

FLACHHÜLSIGE SERRADELLA

Die flaumig behaarten Stengel dieser niederliegenden oder aufsteigenden Pflanze verzweigen sich am Grund. Ihre Blätter tragen 7–18 dichte Fiederpaare mit elliptischen bis ovalen Blättchen. 3–5 der gelben, bis 8 mm großen Blüten bilden Köpfchen, darunter wachsen mehrfach geteilte Hochblätter. Die gebogenen, manchmal leicht gegliederten Hülsen werden 20–50 mm lang.

- **Verbreitung:** Gesamte Region.
- **Habitat:** Trockene, sandige Standorte, Felder, lichte Wälder.
- **Verwandte Art:** *Ornithopus pinnatus* ist ähnlich, aber weniger behaart, hat weniger Fiedern und orangegelbe Blüten ohne Hochblätter.

ebensform einjährig	Wuchshöhe 10–50 cm	Blütezeit Feb.–Juni

amilie LEGUMINOSAE	Art *Coronilla juncea*	Autor L.

BINSEN-KRONWICKE

Die fleischigen Blätter dieses Halbstrauchs sind in 2–3 Paare linealischer bis länglicher Fiederblättchen gegliedert, die, 5–25 mm lang werden. Sie sitzen in weitem Abstand an den binsenartigen, glatten grünen Zweigen. 5–12 der leuchtend gelben, bis 12 mm großen Blüten bilden kronenartige Köpfchen. Die Samenhülsen werden 10–50 mm lang, sind vierkantig und schwach in 2–11 Abschnitte gegliedert.

- **Verbreitung:** Westlicher und zentraler Mittelmeerraum, im Osten bis Dalmatien.
- **Habitat:** Trockene Böschungen, Klippen; gewöhnlich auf Kalkstein.
- **Verwandte Art:** *Coronilla valentina* (siehe S.114) ist ähnlich und gedeiht in Gebüschen in der gesamten Mittelmeerregion.

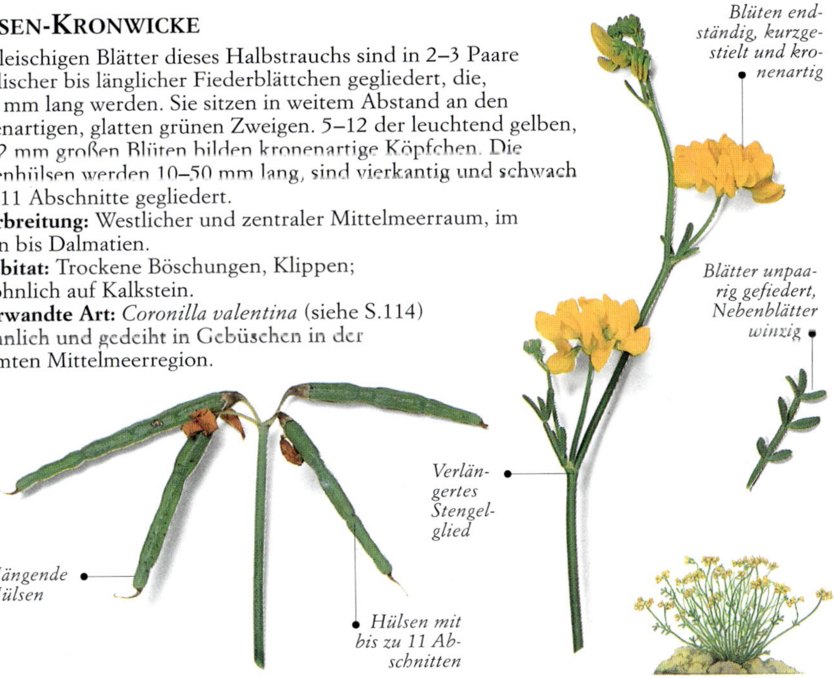

ebensform ausdauernd	Wuchshöhe 20–100 cm	Blütezeit März–Juni

Familie	Art	Autor
LEGUMINOSAE	*Coronilla scorpioides*	(L.) Koch

SKORPIONS-KRONWICKE

Charakteristische Merkmale dieser kahlen Kriechpflanze sind ihre blaugrüne Farbe und die leicht wachsige Textur. Alle Blätter sind ungestielt und fleischig, die unteren einfach, die oberen in 3 rundliche Fiedern geteilt. Das Endblättchen ist mit bis 40 mm deutlich größer als die seitlichen. Die Blüten wachsen endständig in gestielten, 2–5blütigen Köpfchen. Der stumpf gezähnte Kelch ist kürzer als die Krone. Die gekrümmte, gegliederte Hülse wird 60 mm lang.

- **Verbreitung:** Gesamte Mittelmeerregion.
- **Habitat:** Kultur- oder Brachland; offene, trockene Standorte, oft als Unkraut.

Lebensform	Wuchshöhe	Blütezeit
einjährig	10–40 cm	März–Juni

Familie	Art	Autor
LEGUMINOSAE	*Coronilla valentina*	L.

VALENCIA-KRONWICKE

Die reich verzweigten, kahlen Äste dieses dekorativen Strauchs tragen 2–6 Fiederpaare. Die Blättchen sind bis 20 mm groß und am Ende gekerbt oder spitz. 4–12 der 7–12 mm langen Blüten bilden kronenartige Köpfchen. Die Hülse wird 50 mm lang; im reifen Zustand zerfallen die Glieder in einsamige Abschnitte.

- **Verbreitung:** Gesamte Mittelmeerregion.
- **Habitat:** Gebüsche, Klippen, steinige Standorte; gewöhnlich auf Kalkstein.
- **Verwandte Art:** *Coronilla emerus* ist ein etwas größerer Strauch, der mehr im östlichen Teil der Mittelmeerregion vorkommt.

Lebensform	Wuchshöhe	Blütezeit
ausdauernd	bis zu 100 cm	Feb.–Juni

Familie LEGUMINOSAE	Art *Coronilla varia*	Autor L.

BUNTE KRONWICKE

Diese ausgesprochen attraktive Wicke der Gattung *Coronilla* ist auch außerhalb der Mittelmeerregion weitverbreitet und wird manchmal auch als Futterpflanze angebaut. Ihre kahlen Stengel sind aufsteigend bis aufrecht und tragen wechselständige, in 7–12 Fiederpaare gegliederte Blätter. Länglich bis elliptisch, enden die bis 20 mm langen Blättchen häufig in Spitzen. Die Blüten wachsen in kronenartigen Köpfchen auf langen Stengeln. Pro Köpfchen sind es 10–20 Blüten, gewöhnlich 15 mm groß und mit weißen Flügeln und rosa oder purpurner Fahne. Aus ihnen entwickeln sich bis 50 mm lange Hülsen mit quadratischem Querschnitt, die leicht in einsamige Glieder zerfallen.

- **Verbreitung:** Gesamte Region, aber nur auf dem Festland, kaum auf Inseln.
- **Habitat:** Felder oder Ödland; gelegentlich in Gärten.
- **Verwandte Arten:** Ähnlich sind *Coronilla globosa* mit Köpfchen aus bis zu 40 Blüten, die auf Kreta gedeiht, und *C. cretica* (siehe S. 116).

Lebensform ausdauernd	Wuchshöhe 20–120 cm	Blütezeit März–Juli

Familie LEGUMINOSAE	Art *Coronilla cretica*	Autor L.

CORONILLA CRETICA

Diese Pflanze ähnelt ihrer Verwandten, *Coronilla varia* (S. 115). Ihre Stengel sind spärlich, am Grund dichter behaart, die Blätter bestehen aus 3–8 Fiederpaaren. Aus den weißen bis rosa, 6 mm großen Blüten entwickeln sich schlanke, gerade oder leicht gekrümmte Hülsen.

• **Verbreitung:** Von Italien ostwärts bis Griechenland.

• **Habitat:** Trockene Grasfluren.

Lebensform einjährig	Wuchshöhe bis zu 90 cm	Blütezeit April–Mai

Familie LEGUMINOSAE	Art *Hippocrepis unisiliquosa*	Autor L.

EINHÜLSIGER HUFEISENKLEE

Diese niederliegende, kahle Pflanze erkennt man sofort an ihren charakteristischen Hülsen. Ihre verzweigten Stengel tragen wechselständige Blätter mit je 3–7 Paaren 2–12 mm großer linealischer, ovaler oder herzförmiger Fiedern. Die gelben, bis 7 mm langen Blüten wachsen einzeln oder in Paaren auf kurzen Stielen. Sie werden zu flachgedrückten, gekrümmten Hülsen mit den typischen hufeisenförmigen Einschnürungen.

• **Verbreitung:** Gesamte Region.

• **Habitat:** Trockene Böden, Felder.

Lebensform einjährig	Wuchshöhe 5–40 cm	Blütezeit März–Juni

Familie LEGUMINOSAE	Art *Scorpiurus muricatus*	Autor L.

STACHELIGER SKORPIONSSCHWANZ

Im Gegensatz zu den meisten krautigen Hülsenfrüchtlern treibt diese faszinierende kleine Pflanze ungeteilte Blätter. Ihre niederliegenden oder aufsteigenden Stengel sind behaart oder fast kahl, die löffelförmigen, bis 10 cm langen Blätter laufen spitz zu. 2–5 der 5–10 mm großen Blüten bilden Köpfchen. Die Hülse kann glatt, warzig oder stachelig sein.

- **Verbreitung:** Gesamte Region.
- **Habitat:** Kultur- oder Brachland, Wegränder.

Lebensform einjährig	Wuchshöhe 5–80 cm	Blütezeit März–Juli

Familie LEGUMINOSAE	Art *Hedysarum spinosissimum*	Autor L.

DORNIGER SÜSSKLEE

Unterschiedlich stark behaart, trägt diese zarte, niederliegende Pflanze wechselständige Blätter mit je 4–8 Paaren elliptischer, bis 12 mm langer Fiedern. Die weißen oder rosa, bis 10 mm langen Blüten wachsen zu 2–10 in endständigen, verzweigten Köpfchen. Ihre Stiele sind länger als die Blätter. Die stacheligen, 30 mm langen Hülsen zeigen 2–4 Glieder.

- **Verbreitung:** Gesamte Mittelmeerregion außer Dalmatien.
- **Habitat:** Felsige oder sandige Standorte, Garigue.
- **Verwandte Art:** *Hedysarum coronarium*, eine robustere Art mit Köpfchen aus bis zu 35 Blüten, wird häufig kultiviert. Verwilderte Exemplare trifft man häufig an Straßenrändern.

Lebensform einjährig	Wuchshöhe 10–35 cm	Blütezeit Feb.–Mai

Familie LEGUMINOSAE	Art *Onobrychis aequidentata*	Autor (Sibth. & Sm.) D'Urv.

ZACKEN-ESPARSETTE

Diese schlanke, aufrechte oder aufsteigende, behaarte Pflanze treibt geteilte Blätter mit 5–8 elliptischen bis linealischen Fiederpaaren. Ihre Blütenstiele, wesentlich länger als die Blätter, tragen 1–4 rosa-purpurne, bis 14 mm lange Blüten. Die schmalen, spitzen Kelchzähne werden 4–5mal so lang wie die Röhre. Die scheibenförmige, 6–12 mm große Hülse trägt am Rand Zähne.
• **Verbreitung:** Gesamte Region, Schwerpunkt im Westen.
• **Habitat:** Felder und Wegränder.
• **Verwandte Art:** *Onobrychis crista-galli* ist ähnlich, die Blütenstiele sind aber nicht länger als die Blätter.

Lebensform einjährig	Wuchshöhe bis zu 40 cm	Blütezeit März–Juli

Familie LEGUMINOSAE	Art *Onobrychis caput-galli*	Autor (L.) Lam.

HAHNENKAMM-ESPARSETTE

Niederliegende, aufsteigende oder aufrechte Pflanze mit spärlich behaarten oder kahlen Stengeln. Die Blätter bestehen aus 4–7 Paaren linealischer oder elliptischer, bis 20 mm langer Fiedern. Die Blütenstiele, in etwa so lang wie die Blätter, tragen dichte Trauben aus bis zu 8 purpurnen, etwa 8 mm großen Blüten. Die Kelchzähne erreichen die 2–4fache Länge der Röhre. Die charakteristische, 6–10 mm große Hülse trägt am Rand einen Kamm aus stacheligen Zähnen.
• **Verbreitung:** Gesamte Region außer Balearen, Korsika und Sardinien.
• **Habitat:** Felder und Wegränder.
• **Verwandte Art:** In der Region kommen auch verschiedene ausdauernde *Onobrychis*-Arten vor, darunter *Onobrychis viciifolia* (siehe rechts). Alle haben runde, flache, gezähnte Hülsen.

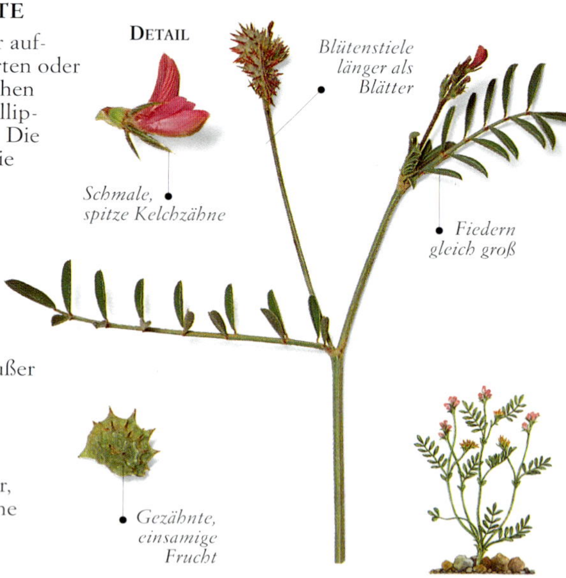

Lebensform einjährig	Wuchshöhe 10–90 cm	Blütezeit März–Juli

Familie LEGUMINOSAE	Art *Onobrychis viciifolia*	Autor Scop.

FUTTER-ESPARSETTE

Diese Futterpflanze findet man am häufigsten auf Feldern, aber auch an Straßenrändern, wo sie sich selbst ansät. Ihre aufrechten Stengel sind behaart, die Blätter in 6–14 Paare länglich-linealischer, bis 35 mm langer Fiedern unterteilt. Die rosafarbenen, 12 mm großen Blüten wachsen in dichten Trauben. Aus ihnen entwickeln sich flache, netznervige Hülsen mit gezähnten Rändern.

- **Verbreitung:** Gesamte Mittelmeerregion.
- **Habitat:** Felder, Brachland, Straßenränder.
- **Hinweis:** Die Urform dieser sehr formenreichen Art stammt vermutlich aus Mitteleuropa.

Lebensform ausdauernd	Wuchshöhe 10–80 cm	Blütezeit März–Juli

Familie LEGUMINOSAE	Art *Ebenus cretica*	Autor L.

KRETISCHER EBENHOLZSTRAUCH

Dieser ansehnliche kleine Strauch gedeiht häufig auf kahlen, sonnigen Felswänden. Am Grund verholzt, sind seine Stengel weiter oben filzig behaart. Die kurzgestielten Blätter teilen sich in 3 oder 5 elliptische, bis 30 mm lange, fein behaarte Fiedern. Die rosa- oder purpurfarbenen Blüten bilden dichte Trauben. In den stark behaarten Kelchen, die die knospenden Blütenstände seidig wirken lassen, bilden sich kleine, zweisamige Hülsen.

- **Verbreitung:** Kreta.
- **Habitat:** Felsen und steinige Hänge.

Trockene, pergamentartige Hochblätter

Lebensform ausdauernd	Wuchshöhe bis zu 50 cm	Blütezeit April–Mai

SAUERKLEEGEWÄCHSE

Familie OXALIDACEAE	Art *Oxalis articulata*	Autor Savigny

VIELBLÜTIGER SAUERKLEE

Zur Familie der Sauerkleegewächse zählen viele dekorative Pflanzen. Nicht wenige wurden im Mittelmeerraum eingebürgert und sind später verwildert. Diese Art treibt aus einem Rhizom und bildet eine von Blüten gekrönte Staude. Jedes Blatt besteht aus 3 herzförmigen, etwa 25 mm breiten, orange gesprenkelten Fiedern, die sich – wie bei vielen Arten der Gattung – nachts zusammenfalten. Bis zu 12 der rosa Blüten formen langgestielte Dolden. Ihre 5 Kronblätter öffnen sich nur bei Sonne. Nach dem Verwelken entstehen zylindrische, bis 10 mm lange Samenkapseln.

- **Verbreitung:** Westlicher Mittelmeerraum. Heimat Südamerika.
- **Habitat:** Brachflächen, Gärten.

Lebensform ausdauernd	Wuchshöhe bis zu 35 cm	Blütezeit April–Sept.

Familie OXALIDACEAE	Art *Oxalis pes-caprae*	Autor L.

NICKENDER SAUERKLEE

Im Frühjahr bringen die Blüten dieser wunderschönen, aber hartnäckigem Pflanze ganze Felder zum Leuchten. Die Pflanze treibt aus knolligen Wurzeln. Ihre dreizähligen Blätter bestehen aus herzförmigen, bis 30 mm breiten Fiedern, die oberseits fein behaart und mit kleinen schwarzen Tupfen gesprenkelt sind. Auf langen Stengeln bilden bis 12 Blüten einen doldenartigen Blütenstand. Gewöhnlich mit 5 Kronblättern, existiert auch eine gefüllte, zuweilen rot überlaufene Form. Trotz der reichen Blüte produziert diese Art im Mittelmeerraum selten Samen. Statt dessen vermehrt sie sich über Brutknöllchen, die der Pflug über weite Gebiete verbreitet.

- **Verbreitung:** Gesamte Region.
- **Habitat:** Olivenhaine, Weinberge; bevorzugt in feuchten Regionen.

Lebensform ausdauernd	Wuchshöhe 10–50 cm	Blütezeit Dez.–Mai

STORCHSCHNABELGEWÄCHSE

Familie GERANIACEAE	Art *Geranium tuberosum*	Autor L.

GERANIUM TUBEROSUM

Wie der Name – Knolliger Storchschnabel – andeutet, wächst dieser meist einstengelige, ausdauernde Storchschnabel aus einer Knolle. Die leicht gräulichen Blätter sind, wie bei den meisten Arten dieser Gattung, handförmig gelappt. Die hellpurpurnen, bis 25 mm großen Blüten bilden verzweigte Büschel. Nach der Blüte entsteht eine schnabelförmige Frucht, die die 5 ausgereiften Samen fortschleudert.

• **Verbreitung:** Zentraler und östlicher Mittelmeerraum.

• **Habitat:** Wegränder, Felder, Felsfluren. Oft angebaut.

Lebensform ausdauernd	Wuchshöhe bis zu 20 cm	Blütezeit Feb.–Mai

Familie GERANIACEAE	Art *Erodium petraeum*	Autor (Gouan) Willd.

FELS-REIHERSCHNABEL

Reiherschnäbel unterscheiden sich von Storchschnäbeln (oben) durch ihre Blätter, die gewöhnlich gefiedert oder fiederteilig gelappt sind, sowie ihre leicht spiralig gedrehten Früchte. Diese Art ist sehr formenreich, meist aber samtig behaart. Ihre fein zerteilten Blätter sitzen auf bis zu 80 mm langen Stielen. Bis zu 5 der violetten, rosa oder weißen, rund 25 mm großen Blüten bilden lockere Büschel. Die Frucht wird 30 mm lang und schleudert die Samen nicht fort.

• **Verbreitung:** Südwestfrankreich, Spanien.

• **Habitat:** Freiliegende Felsfluren; bevorzugt auf Kalkstein.

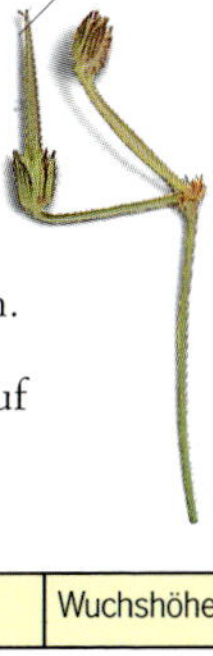

Lebensform ausdauernd	Wuchshöhe bis zu 20 cm	Blütezeit April–Juni

Familie GERANIACEAE	Art *Erodium gruinum*	Autor (L.) L'Hér.

ITALIENISCHER REIHERSCHNABEL

Dieser Reiherschnabel ist von besonders vergänglicher Schönheit: er wirft seine Kronblätter schon wenige Stunden nach Öffnen der Blüten ab. Die aufrechten oder aufsteigenden Stengel tragen weiße, oft nach unten weisende Härchen. Die Blätter, bis 10 cm lang, sind in mindestens 3 gezähnte, ihrerseits gelappte Fiedern geteilt. Das Endblättchen ist vergrößert. Aus dem 30 mm großen, in gestielten Büscheln aus 2–6 wachsenden Blüten entwickeln sich auffällige, fünfsamige Früchte mit langem, schlankem Schnabel.

- **Verbreitung:** Ägäischer Raum, Sizilien.
- **Habitat:** Trockene, sandige oder felsige Standorte in Küstennähe.

Lebensform ein-/zweijährig	Wuchshöhe 15–50 cm	Blütezeit Feb.–Mai

Familie GERANIACEAE	Art *Erodium malacoides*	Autor (L.) L'Hér

MALVENBLÄTTRIGER REIHERSCHNABEL

Die Stengel dieser flaumig behaarten Pflanze werden bis 10 cm lang, sind normalerweise am Grund herzförmig und dreilappig mit bogig gezackten Rändern. 3–7 der zarten purpurnen Blüten bilden Dolden. Zwischen den bis 9 mm großen Kronblättern sind die spitzen Kelchblätter sichtbar. Die Frucht hat einen bis 35 mm langen Schnabel.

- **Verbreitung:** Gesamte Region.
- **Habitat:** Trockene, offene Standorte.

Lebensform ein-/zweijährig	Wuchshöhe 10–60 cm	Blütezeit Feb.–Juni

Familie GERANIACEAE	Art *Erodium moschatum*	Autor (L.) L'Hér.

MOSCHUS-REIHERSCHNABEL

Wie der Name – Moschusduftender Reiherschnabel – schon vermuten läßt, hat diese aufrechte oder aufsteigende, manchmal leicht klebrig behaarte Pflanze einen charakteristischen Moschusduft. Ihre bis 20 cm langen Blätter sind in wechselständige, grob eiförmige Fiedern mit tief gezähntem Rand gegliedert. Die Blüten wachsen in gestielten Büscheln zu 5–12 und entwickeln sich zu bis 45 mm langen, geschnäbelten Früchten.

• **Verbreitung:** Gesamte Mittelmeerregion.
• **Habitat:** Felder oder Brachland.

Lebensform ein-/zweijährig	Wuchshöhe 10–50 cm	Blütezeit März–Mai

JOCHBLATTGEWÄCHSE

Familie ZYGOPHYLLACEAE	Art *Tribulus terrestris*	Autor L.

ERD-BURZELDORN

Dieses niederliegende, kriechende Jochblattgewächs ist mit kurzen, weißlichen Haaren bedeckt. Ihre Blätter sind aus 5–8 Fiederpaaren mit elliptischen Einzelblättchen zusammengesetzt. Die Blüten erreichen einen Durchmesser von 8 mm und wachsen aus den Blattachseln. Aus ihnen entwickeln sich warzige, dornige Früchte, die außerordentlich fest an Kleidung und Schuhwerk haften.

• **Verbreitung:** Gesamte Mittelmeerregion.
• **Habitat:** Trockene, freiliegende Standorte, Müllhalden; gerne auch auf sandigen Böden.

Lebensform einjährig	Wuchshöhe 10–60 cm	Blütezeit Mai–Sept.

LEINGEWÄCHSE

Familie LINACEAE	Art *Linum narbonense*	Autor L.

NARBONNE-LEIN

Wie bei den meisten Lein-Arten schließen sich die Blüten dieser aufrechten, kahlen Pflanze bei bewölktem Himmel. Die Stengel sind dicht mit schmalen, ungestielten Blättern besetzt, die 1 oder 3 Hauptnerven zeigen. Die verzweigten, Köpfchen bildenden Blüten werden 30–40 mm groß und haben spitze Kelchblätter mit pergamentartigem Rand. Die Frucht ist eine rundliche Kapsel.

- **Verbreitung:** Westlicher und zentraler Mittelmeerraum.
- **Habitat:** Felsige oder sandige Standorte.

Lebensform ausdauernd	Wuchshöhe bis zu 50 cm	Blütezeit Mai–Juli

Familie LINACEAE	Art *Linum bienne*	Autor Miller

ZWEIJÄHRIGER LEIN

Diese Art ist dem Narbonne-Lein (oben) ähnlich, jedoch zarter und mit kleineren Blüten, deren Kronblätter rasch abfallen. Die kahlen Stengel tragen schmale Blätter, die Blüten bestehen aus bis 5 mm langen Kelchblätter und 2–3fach längeren Kronblättern. Sie entwickeln sich zu 4–6 mm großen, kurzgeschnäbelten Kapseln.

- **Verbreitung:** Gesamte Region.
- **Habitat:** Offene, felsige oder sandige Standorte.
- **Verwandte Art:** *L. usitatissimum* ist sehr ähnlich, aber robuster.

Lebensform zweijährig/ausd.	Wuchshöhe 6–60 cm	Blütezeit April–Juli

Familie LINACEAE	Art *Linum strictum*	Autor L.

STEIFER LEIN

Diesen Lein findet man oft auf Weinbergen und an anderen trockenen Stellen, doch fällt er wegen seiner kleinen Blüten kaum auf. Seine aufrechten Stengel verzweigen sich am Grund oder weiter oben, die Blätter sind schmal mit fein gesägtem Rand. Die Blüten bestehen aus gelben, bis 6 mm großen Kron- und etwa halb so langen, klebrig behaarten und gezähnten Kelchblättern. Die Frucht ist eine 2 mm große Kapsel mit winzigem Schnabel.

- **Verbreitung:** Gesamte Region.
- **Habitat:** Trockene, offene Standorte, Weinberge.
- **Vewandte Art:** *L. trigynum*, ebenfalls in der ganze Region verbreitet, ist ähnlich, hat aber ganzrandige Blätter.

Lebensform einjährig	Wuchshöhe 10–45 cm	Blütezeit Mai–Juli

Familie LINACEAE	Art *Linum suffruticosum*	Autor L.

HALBSTRAUCHIGER LEIN

Dieser Halbstrauch besteht aus einem dichten Büschel aufsteigender Stengel mit wechselständigen, linealischen, bis 1 mm breiten Blättern mit fein gezähnten, eingerollten Rändern. Die trichterförmigen Blüten haben weiße Kronblätter mit violettem oder rosa Nagel. Mit 25 mm sind sie dreimal so lang wie die Kelchblätter. Die Frucht ist eine Kapsel.

- **Verbreitung:** Spanien, Frankreich, Italien.
- **Habitat:** Maquis, sandige oder steinige Standorte.
- **Verwandte Art:** *L. tenuifolium* hat weiße oder rosa Blüten und nicht eingerollte Blätter.

Lebensform ausdauernd	Wuchshöhe bis zu 40 cm	Blütezeit Juni–Juli

WOLFSMILCHGEWÄCHSE

Familie EUPHORBIACEAE	Art *Ricinus communis*	Autor L.

RIZINUS

Dieser schnellwüchsige Strauch hat glatte, verzweigte, rötliche Stengel und wechselständige, bis 60 cm große gestielte Blätter. Diese sind handförmig gelappt und an den Rändern ungleichmäßig gesägt. Männliche und weibliche Blüten treiben zusammen in dichten, aufrecht verzweigten Rispen: Die männlichen sind an den gelben Staubblättern, die weiblichen an ihren auffälligen roten Narben kenntlich. Aus ihnen entwickeln sich 20 mm große, glatte oder stachelige Kapseln mit 3 marmorierten rötlich braunen Samen.

- **Verbreitung:** Gesamte Mittelmeerregion.
- **Habitat:** Kultur- oder Brachland, trockene Flußbetten.
- **Hinweis:** Rizinus stammt aus dem tropischen Afrika, wird aber in vielen Teilen der Welt angebaut. Ihre Samen enthalten das bekannte Rizinusöl, aber auch ein **tödliches Gift**!

Lebensform einj./ausdauernd	Wuchshöhe bis zu 4 m	Blütezeit Feb.–Sept.

Familie Euphorbiaceae	Art *Euphorbia characias*	Autor L.

Palisaden-Wolfsmilch

Diese stattliche Pflanze ist während der Blüte die wohl auffälligste der vielen Wolfsmilch-Arten der Region. Ihre hohen, kräftigen Stengel sind dicht mit sehr kurzen Härchen bedeckt. Wie alle Pflanzen der Gattung *Euphorbia* scheiden verletzte Stengel einen milchigen Saft aus. Die unteren Stengelhälften sind meist rötlich braun und blattlos, während die oberen, grünen, viele ungestielte, bis 13 cm lange, lanzettliche Blätter tragen. Die dichten Scheindolden bestehen aus Cyathien – Blütenstandsbechern mit Nektardrüsen, mehreren männlichen Blüten und einer weiblichen Blüte mit längerem Stiel und dreifächrigem Fruchtknoten. Bei der hier gezeigten Unterart characias sind die Nektardrüsen bräunlich rot, bei der Subspecies wulfenii dagegen gelb. Die Frucht ist eine behaarte, beerenartige, dreisamige Kapsel, die bis 7 mm groß wird.

• **Verbreitung:** Gesamte Region. *Subsp. characias* im westlichen, *subsp. wulfenii* im östlichen Teil.

• **Habitat:** Trockene, offene Standorte, Maquis.

Lebensform ausdauernd	Wuchshöhe 80–180 cm	Blütezeit Jan.–Juli

Familie EUPHORBIACEAE	Art *Euphorbia helioscopia*	Autor L.

SONNENWEND-WOLFSMILCH

Diese aufrechte, kahle Wolfsmilch treibt normalerweise einen einzigen unverzweigten, rötlichen Stengel mit wechselständigen, ungestielten, spateligen, gesägtrandigen Blättern. Die fünfstrahligen Blütendolden sind von 5 großen Hochblättern umgeben. Die Blüten selbst sind klein und grün mit unscheinbaren Fruchtknoten. Sie entwickeln sich zu Kapseln mit einem Durchmesser von 3,5 mm.

- **Verbreitung:** Gesamte Region.
- **Habitat:** Ödland und Brachflächen.
- **Hinweis:** Sonnenwend-Wolfsmilch ist eine der schnellwüchsigen einjährigen Arten, die als Pioniere brachliegende Flächen besiedeln. Sie kommt in ganz Europa vor, im hohen Norden allerdings selten.

Lebensform einjährig	Wuchshöhe 10–50 cm	Blütezeit Feb.–Mai

Familie EUPHORBIACEAE	Art *Euphorbia acanthothamnos*	Autor Heldr. & Sart. ex Boiss.

DORNBUSCH-WOLFSMILCH

Diese Art bildet kugelige Polster mit einem Gewirr verholzter, vielverzweigter Stengel. Im Frühjahr treiben die jungen Triebe leuchtend grüne elliptische, bis 20 mm lange Blätter. Die Blütendolden bestehen aus 3–4 gabelig verzweigten Strahlen mit gelblichen Blättern, die in dem der Blüte folgenden Jahr zu spitzen Dornen verholzen. Die Frucht ist eine warzige, gerillte Kapsel mit einem Durchmesser bis 4 mm und 3 glatten, braunen Samen.

- **Verbreitung:** Ägäischer Raum.
- **Habitat:** Steinige Standorte, Garigue.
- **Verwandte Art:** *Euphorbia spinosa* ist ein ähnlicher Kugelbusch, hat aber dunklere Blätter und verholzte Strahlen ohne stechende Spitzen.

Lebensform ausdauernd	Wuchshöhe 10–30 cm	Blütezeit März–Mai

milie EUPHORBIACEAE	Art *Euphorbia dendroides*	Autor L.

BAUMARTIGE WOLFSMILCH

Diese Wolfsmilch wirft am Ende des Frühjahrs in Erwartung der kommenden Dürreperiode ihre Blätter ab. Die in Bodennähe häufig grauen, dicken Stengel des kahlen Busches gehen am Grund in einen kurzen Stamm über. An ihren Spitzen sitzen Büschel lanzettlicher, bis 60 mm langer Blätter, die im Winter und Frühling leuchtend grün sind, im Frühsommer aber herbstlich braun werden und abfallen. Die Blüten wachsen in Scheindolden mit 5–8 Strahlen und sind von gelben, rundlichen Blättern umgeben. Die glatte, graue Fruchtkapsel wird 6 mm groß.

- **Verbreitung:** Gesamte Mittelmeerregion.
- **Habitat:** Felsen und steinige Standorte in Küstennähe.
- **Hinweis:** Wie die meisten Wolfsmilch-Arten enthält diese Pflanze einen milchigen, bitteren Saft, der Tiere vom Abnagen junger Triebe abhält.

ebensform ausdauernd	Wuchshöhe 2 m	Blütezeit April–Juni

amilie EUPHORBIACEAE	Art *Euphorbia cyparissias*	Autor L.

ZYPRESSEN-WOLFSMILCH

Diese aufrechte Wolfsmilch hat kahle Stengel, die neben den kleinen Blütendolden auch nicht-blühende Seitentriebe tragen. Die Stengelblätter sind linealisch, die Blätter rund um die Blüten dagegen rundlich oder nierenförmig. Aus den gelben Blüten entwickeln sich bis 3 mm große Samenkapseln.

- **Verbreitung:** Gesamte Mittelmeerregion.
- **Habitat:** Ödland.

ebensform ausdauernd	Wuchshöhe bis zu 50 cm	Blütezeit März–Juli

Familie EUPHORBIACEAE	Art *Euphorbia paralias*	Autor L.

STRAND-WOLFSMILCH

Dieser weitverbreitete Sandstrandbewohner hat am Grund verzweigte, kahle, aufrechte, leicht fleischige Stengel und wirkt insgesamt blaugrün. Die dichten, länglich-elliptischen, bis 30 mm langen Blätter stehen fast waagrecht ab. Zur Stengelspitze hin werden sie breiter und mehr oval. Die Dolden sind drei- bis sechsstrahlig und zwei- bis dreifach unterteilt. Aus den Blüten – sie tragen ausgerandete Nektardrüsen mit winzigen Hörnern – entstehen bis 6 mm große Samenkapseln.

• **Verbreitung:** Gesamte Mittelmeerregion.
• **Habitat:** Sand- und Kieselstrände, Dünen.
• **Verwandte Art:** *Euphorbia pithyusa*, eine ähnliche Wolfsmilch, gedeiht an sandigen Küsten im westlichen Mittelmeerraum.

Lebensform ausdauernd	Wuchshöhe 25–70 cm	Blütezeit Mai–Sept.

Familie EUPHORBIACEAE	Art *Euphorbia rigida*	Autor Bieb.

ZWEIDRÜSIGE WOLFSMILCH

Die fleischigen, am Grund verholzenden Stengel dieser robusten Art zeigen ein wachsartiges Graugrün. Lanzettliche, bis 60 mm lange, dichte Blätter umkleiden den Stengel. Jedes Blütenköpfchen besteht aus 6–12 kurzen, ein- bis zweimal unterteilten Strahlen; die Blüten selbst liegen in rundlichen Hochblättern. Auffälligstes Merkmal der Pflanze sind ihre großen dreiteiligen Fruchtknoten und die leuchtend roten Nektardrüsen. Letztere sind halbmondförmig und enden jeweils in einem winzigen gelben Lappen. Die Frucht ist eine bis 8 mm große Kapsel.

• **Verbreitung:** Vereinzelt in der gesamten Region, häufiger im Osten.
• **Habitat:** Trockene, felsige Standorte; gerne auf Kalkstein.

Lebensform ausdauernd	Wuchshöhe 30–50 cm	Blütezeit April–Juni

Familie EUPHORBIACEAE	Art *Euphorbia maculata*	Autor L.

EUPHORBIA MACULATA

Diese kleine, aus Nordamerika eingebürgerte Wolfsmilch findet man im Mittelmeerraum oft als Unkraut. Ihre behaarten Stengel zeigen einen Stich ins Rötliche, und die dichten, asymmetrischen, bis 12 mm langen Blätter tragen in der Mitte einen dunklen Fleck. Die Blüten wachsen einzeln oder in kleinen Gruppen aus den Blattachseln. Die Samenkapsel wird kaum 2 mm groß.

- **Verbreitung:** Zentraler und westlicher Mittelmeerraum.
- **Habitat:** Brachland.

Lebensform einjährig	Wuchshöhe bis 20 cm	Blütezeit Mai–Juli

Familie EUPHORBIACEAE	Art *Euphorbia peplis*	Autor L.

SUMPFQUENDEL-WOLFSMILCH

Weitverbreitet an sandigen Küsten, verzweigen sich die rötlichen, kahlen Stengel dieser niederliegenden, mattenbildenden Art meist in vier Äste. Bis 12 mm lang, haben die länglichen oder elliptischen Blätter mit stumpfem oder ausgerandetem Ende auf der Stielseite charakteristische asymmetrische Lappen. Die Blüten besitzen rote Nektardrüsen, sind jedoch ausgesprochen unscheinbar. Sie entwickeln sich zu glatten, bis 5 mm großen Samenkapseln.

- **Verbreitung:** Gesamte Mittelmeerregion.
- **Habitat:** Sandige Küsten.
- **Verwandte Art:** Die kleine, aufrechte *Euphorbia peplus*, vorwiegend in Unkrautfluren, sieht ganz anders aus, trägt aber einen sehr ähnlichen Namen.

Lebensform einjährig	Wuchshöhe 40 cm	Blütezeit Mai–Sept.

RAUTENGEWÄCHSE

Familie RUTACEAE	Art *Ruta chalapensis*	Autor L.

GEFRANSTE RAUTE

Diese kahle Pflanze strömt beim Brechen ihrer Blätter einen intensiven Geruch aus. Am Grund verholzt, oben grün, tragen die Stengel doppelt gefiederte, rund 20 cm lange Blätter mit elliptischen Teilblättchen. Die gelben Blüten bilden endständige lockere Büschel. Sie haben 4–5 Kronblätter mit gefranstem Rand und ovale oder lanzettliche Kelchblätter mit spitzem Ende. Die Frucht ist eine kahle, gelappte Kapsel.

• **Verbreitung:** Gesamte Mittelmeerregion.
• **Habitat:** Trockene, felsige Standorte, Wegränder, Garigue.

Lebensform ausdauernd	Wuchshöhe 20–80 cm	Blütezeit Mai–Juli

ZWERGÖLBAUMGEWÄCHSE

Familie CNEORACEAE	Art *Cneorum tricoccon*	Autor L.

DREIBEERIGER ZEILAND

Dieser aufrechte, immergrüne Strauch treibt kahle Stengel und ungestielte, linealische, bis 30 mm lange Blätter, die deutlich nach oben weisen. Die unscheinbaren, drei- bis vierzähligen Blüten wachsen aus kurzen Stielen aus den Blattachseln. Die Frucht besteht aus 3 oder 4 Teilen und wird mit der Reife erst rot und dann schwarz.

• **Verbreitung:** Westlicher Mittelmeerraum; im Osten bis Italien, nicht auf Korsika.
• **Habitat:** Trockene, felsige Standorte.

Lebensform ausdauernd	Wuchshöhe 30–120 cm	Blütezeit Mai–Juni

ZEDRACHGEWÄCHSE

Familie MELIACEAE	Art *Melia azederach*	Autor L.

PATERNOSTER-BAUM

Dieser sommergrüne kleine Baum trägt wechselständige, bis 90 cm lange, doppelt gefiederte Blätter mit kahlen, elliptischen Teilblättchen. Die 5–6zähligen, cremeweißen bis lila Blüten bilden lockere Rispen. Aus den **giftigen**, kugeligen Früchten fertigte man Rosenkränze.

- **Verbreitung:** Heimisch in Ostasien, im Balkan eingebürgert, andernorts kultiviert.
- **Habitat:** Gärten, Straßenränder.

Lebensform ausdauernd	Wuchshöhe bis 15 m	Blütezeit Mai–Juni

KREUZBLUMENGEWÄCHSE

Familie POLYGALACEAE	Art *Polygala nicaeensis*	Autor Risso ex Koch

NIZZA-KREUZBLUME

Überaus formenreiche Pflanze mit verholztem Grund. Die Stengel treiben ungestielte linealische Blätter, die nach oben zu schmäler werden. Bis zu 40 der rosafarbenen, blauen oder weißen Blüten bilden lockere Trauben. Die 3 verwachsenen Kronblätter, von denen eines gefranst ist, werden von 2 flachen, bis 11 mm langen Kelchblättern umrahmt. Die Frucht ist eine kleine Kapsel.

- **Verbreitung:** Gesamte Region mit Ausnahme einiger Inseln, u. a. Balearen, Sardinien und Kreta.
- **Habitat:** Trockene, grasige oder steinige Standorte.
- **Hinweis:** In der gesamten Region gedeihen viele ähnliche Arten.

Lebensform ausdauernd	Wuchshöhe 15–40 cm	Blütezeit April–Juli

SUMACHGEWÄCHSE

Familie ANACARDIACEAE	Art *Cotinus coggygria*	Autor Scop.

PERÜCKEN-STRAUCH

Dieser sommergrüne, harzig duftende Strauch treibt kahle, elastische Stengel und langgestielte Blätter mit runden oder gekerbten Enden. Die winzigen cremefarbenen Blüten bilden dicht verzweigte, bis 20 cm lange Rispen. Jede Rispe enthält viele unfruchtbare Stiele mit langen, fedrigen violetten Haaren, die den Blütenstand wie eine Perücke aussehen lassen. Die glänzenden braunen Früchte sind nierenförmig.

• **Verbreitung:** Südostfrankreich und östlich.

• **Habitat:** Sonnige Standorte in lichtem Wald.

Lebensform ausdauernd	Wuchshöhe bis 5 m	Blütezeit Mai–Juli

Familie ANACARDIACEAE	Art *Pistacia lentiscus*	Autor L.

MASTIX-STRAUCH

Dieser Strauch gehört zu den immergrünen mediterranen Bäumen, die selbst in der Sommerhitze ihr frischgrünes Aussehen bewahren. Ausladenden Äste tragen paarig gefiederte Blätter mit geflügelter Spindel. Die 3 mm großen Blüten wachsen in traubigen Blütenständen aus den Blattachseln. Männliche (rote) und weibliche (gelblichgrüne) Blüten findet man auf getrennten Bäumen. Die Früchte sind kleine Beeren.

• **Verbreitung:** Gesamte Region.

• **Habitat:** Maquis.

• **Hinweis:** Aus dem Harz gewinnt man Mastix (zur Herstellung von Firnissen, Lacken, in der Medizin für Pflaster u. a.).

Lebensform ausdauernd	Wuchshöhe 1–3 m	Blütezeit März–Juni

Familie ANACARDIACEAE	Art *Pistacia terebinthus*	Autor L.

TERPENTIN-PISTAZIE

Ein sommergrüner Strauch mit dunklen, rötlichbraunen Stengeln und gefiederten Blättern, mit – im Gegensatz zum Mastix-Strauch (links) – ungeflügelten Spindeln. Ledrige Fiedern stehen in gegenständigen Paaren und duften nach Harz. Die Pflanzen tragen entweder weibliche (bräunlich rote) oder männliche Blüten, die jeweils in langverzweigten Rispen wachsen. Die 7 mm langen Früchte sind erst rötlich, später braun.

- **Verbreitung:** Gesamte Region.
- **Habitat:** Lichte Wälder, Maquis; bevorzugt auf Kalk.

Lebensform ausdauernd	Wuchshöhe 2–5 m	Blütezeit April–Juli

BALSAMINENGEWÄCHSE

Familie BALSAMINACEAE	Art *Impatiens balfourii*	Autor Hooker fil.

BALFOURS-SPRINGKRAUT

Diese attraktive Pflanze stammt ursprünglich aus dem Himalaya und fühlt sich an kühlen, feuchten Standorten wohl. Ihre aufrechten, kahlen, fleischigen Stengel sind grün oder rötlich, die scharf gesägten, bis 13 cm langen Blätter sitzen auf kurzen Stielen. Bis 40 mm groß, wachsen die kurzgestielten Blüten in kleinen Trauben. Wie bei anderen Impatiens-Arten ist ein Kelchblatt stark vergrößert und formt zusammen mit dem Sporn einen Sack. Reife Samenkapseln explodieren.

- **Verbreitung:** In Frankreich und Italien eingebürgert.
- **Habitat:** Waldränder, meist in Höhenlage.

Lebensform einjährig	Wuchshöhe 40–80 cm	Blütezeit Juli–Sept.

BUCHSBAUMGEWÄCHSE

Familie BUXACEAE	Art *Buxus sempervirens*	Autor L.

IMMERGRÜNER BUCHSBAUM

Der sehr langsam wachsende, immergrüne kleine Baum strömt einen typischen Geruch aus. Bei jungen Pflanzen ist die Rinde weich und braun, bei älteren grau und rissig. Die Bätter werden 30 mm lang. Durchschnittlich 2 mm groß, wachsen die Blüten in Knäueln aus den Blattachseln. Jedes Knäuel besteht aus 1 weiblichen und meist 6 männlichen Blüten. Die Frucht ist eine kleine braune oder graue Kapsel.

- **Verbreitung:** Gesamte Region.
- **Habitat:** Trockene Wälder und Hügel, oft für Miniaturhecken kultiviert.

Lebensform ausdauernd	Wuchshöhe 2–8 cm	Blütezeit März–April

KREUZDORNGEWÄCHSE

Familie RHAMNACEAE	Art *Rhamnus alaternus*	Autor L.

IMMERGRÜNER KREUZDORN

Dieser dornenlose, immergrüne Strauch wächst häufig auf Kalkhügeln. Seine Rinde ist rötlich-grau, und die kahlen Äste tragen kurzgestielte, ledrige Blätter mit gesägtem Rand. Die Blätter sind spieß- oder eiförmig und werden 60 mm lang. Die blaßgelben, kronblattlosen, kelchförmigen Blüten beider Geschlechter treiben aus den Blattachseln, aber auf verschiedenen Pflanzen; während die weiblichen in aufrechten Büscheln wachsen, hängen die männlichen herab. Die kugelförmigen, bis 6 mm großen Früchte werden zunächst rot, später schwarz.

- **Verbreitung:** Gesamte Region.
- **Habitat:** Garigue, Maquis, Wälder.

Lebensform ausdauernd	Wuchshöhe 1–5 m	Blütezeit Feb.–April

MALVENGEWÄCHSE

Familie MALVACEAE	Art *Malva cretica*	Autor Cav.

KRETISCHE MALVE

Diese zarte Malve treibt aufrechte oder aufsteigende, fein behaarte Stengel. Ihre unteren Blätter sind rundlich und gekerbt, die oberen zunehmend gelappt. Die rosafarbenen, etwa 20 mm großen Blüten wachsen einzeln auf langen Stielen aus den Blattachseln. Wie bei vielen Malvengewächsen ist der borstige, langgezähnte Kelch von einem separaten Außenkelch umgeben, der bei dieser Art aus 3 schmalen, freien Blättern besteht. Die flachen, münzenförmigen Samen bilden einen Ring.

- **Verbreitung:** Von Italien ostwärts.
- **Habitat:** Olivenhaine, Weideland, steinige Standorte.

Lebensform einjährig	Wuchshöhe 20–40 cm	Blütezeit April–Juni

Familie MALVACEAE	Art *Malva sylvestris*	Autor L.

WILDE MALVE

Dieser robusten Pflanze mit ihren aufrechten, bisweilen wuchernden, behaarten Stengeln begegnet man oft an Wegrändern. Ihre 40 mm langen Blätter sind rundlich oder herzförmig, die langgestielten Blüten wachsen in kleinen Gruppen aus den Blattachseln. Die Kronblätter der bis 50 mm großen Blüten überlappen sich nicht, und es gibt 3 freie Außenkelchblätter. Typisch ist die netzadrige Oberfläche der Samen.

- **Verbreitung:** Gesamte Mittelmeerregion.
- **Habitat:** Kultur- und Brachland, Wegränder.
- **Verwandte Art:** *Lavatera cretica* (siehe S. 139) ist ähnlich, doch sind bei ihr die Außenkelchblätter am Grund verwachsen.

DETAIL

Lebensform zweij./ausd.	Wuchshöhe 30–120 cm	Blütezeit März–Juni

Familie MALVACEAE	Art *Lavatera arborea*	Autor L.

BAUMFÖRMIGE STRAUCHPAPPEL

Diese kräftige, am Grund verholzende Pflanze wirkt ausdauernd, übersteht jedoch selten mehr als 2 Wachstumsperioden. Die Stengelspitzen sind, ebenso wie die Blattunterseiten, flaumig behaart. Die Blätter selbst variieren stark: Unten 5–7lappig und bis 20 cm groß, sind sie im oberen Teil herzförmig und nur rund 40 mm lang. Von 3 Außenkelchblättern umgeben, wachsen die bis 50 mm großen Blüten in Gruppen in den Blattachseln. Sie sind im Zentrum tief purpurn und zeigen dunkle Aderung. Die Frucht enthält 6–8 flachgedrückte Samen.

• **Verbreitung:** Zentraler und westlicher Mittelmeerraum; im Osten bis Griechenland. Häufig als Zierpflanze kultiviert.

• **Habitat:** Sandige, karge Böden in Küstennähe.

Die Blüten treiben in den Blattachseln

Blätter vor allem unterseits flaumig behaart

Kräftiger, am Grund verholzter Stengel

Frucht mit vertrockneten Außenkelchblättern

Flachgedrückte Samen

Herzförmiges Blatt von der Stengelspitze

Tief gelapptes Blatt vom Stengelgrund

Lebensform zweijährig	Wuchshöhe 1–3 m	Blütezeit April–Juni

Familie MALVACEAE	Art *Lavatera bryoniifolia*	Autor Miller

LAVATERA BRYONIIFOLIA

Dieses strauchige Mitglied der Familie der Malvengewächse ist im ägäischen Raum oft an Straßenrändern anzutreffen. Seine zahlreichen aufrechten Stengel sind am Grund verholzt, oben jedoch grün und behaart. Gleichfalls behaart, sind die unteren Blätter breit und handförmig, die oberen jedoch schmal und spießförmig. Aus den tiefrosa, bis 30 mm langen Blüten entwickeln sich Früchte mit bis zu 20 Samen.

- **Verbreitung:** Östlicher Mittelmeerraum.
- **Habitat:** Trockene, karge Böden.
- **Verwandte Art:** *Lavatera olbia* (siehe S. 12), im westlichen Mittelmeerraum heimisch, hat geringfügig gelappte obere Blätter.

Lebensform ausdauernd	Wuchshöhe 60–200 cm	Blütezeit März–Juni

Familie MALVACEAE	Art *Lavatera cretica*	Autor L.

KRETISCHE STRAUCHPAPPEL

Diese aufrechte oder wuchernde Pflanze hat behaarte Stengel und charakteristisch gezähnte Blätter mit 5–7 Lappen. Die untersten Blätter sind rundlich und bis 20 cm lang, die oberen tiefer gelappt. In Gruppen bis 8 wachsen die kurzgestielten, bis 20 mm großen Blüten aus den Blattachseln, wobei jedoch stets nur 1 Blüte pro Büschel blüht. Ihre tief gekerbten Kronblätter zeigen dunkel purpurne Aderung. Die Frucht enthält bis zu 12 gerillte Samen.

- **Verbreitung:** Gesamte Mittelmeerregion.
- **Habitat:** Wegränder, Unkrautfluren.
- **Verwandte Arten:** *M. sylvestris* (siehe S. 137) trägt auffälligere Blüten mit schmaleren Außenkelchblättern. *M. neglecta* ist eine niederliegende Art mit winzigen, 15 mm großen Blüten.

Lebensform ein-/zweijährig.	Wuchshöhe 20–150 cm	Blütezeit März–Juni

Familie MALVACEAE	Art *Lavatera maritima*	Autor Gouan

STRAND-STRAUCHPAPPEL

Selbst wenn sie gerade nicht blüht, ist diese Pflanze leicht an ihrer dichten Behaarung zu erkennen, in der Staubpartikel des Küstenwinds hängenbleiben. Der aufrechte Strauch treibt am Grund verholzte und kahle, weiter oben jedoch flaumig behaarte Stengel. Verglichen mit den meisten anderen Strauchpappeln sind die kurzgestielten, fünflappigen Blätter dieser Art mit höchstens 8 cm klein. Die auffälligen, bis 40 mm großen Blüten wachsen einzeln oder in Paaren, ihre blaßrosa Kronblätter zeigen Äderung und zum Grund hin ein dunkles Rot. Die Frucht enthält bis zu 13 Samen.

- **Verbreitung:** Westlicher Mittelmeerraum mit Nordwestafrika; im Osten bis Italien.
- **Habitat:** Offene Felsfluren in Küstennähe.
- **Hinweis:** Diese relativ unbekannte Art steht in einigen Regionen unter Naturschutz und wird zuweilen als Zierpflanze kultiviert.

Lebensform ausdauernd	Wuchshöhe 30–120 cm	Blütezeit Feb.–Mai

Familie MALVACEAE	Art *Lavatera trimestris*	Autor L.

SOMMER-LAVATERE

Diese kräftige, aufrechte Strauchpappel mit ihren ausgreifenden Zweigen trägt die Blüten auf auffällig langen Stielen. Ihre Stengel sind – zur Spitze hin verstärkt – behaart, und die gelappten, bis 60 mm langen Blätter zeigen verschiedene Formen: Unten eher gerundet, sind sie nach oben hin zunehmend eingeschnitten. Mit ihrer dunkelrosa Äderung fallen die blaßrosa, bis 70 mm großen Blüten ins Auge. Die 3 Außenkelchblätter sind zu einem Becher verwachsen, der sich mit der Fruchtreife vergrößert.

- **Verbreitung:** Im Osten bis Griechenland.
- **Habitat:** Brachland, unbewirtschaftete Weinberge, Gärten.

Lebensform einjährig	Wuchshöhe bis 120 cm	Blütezeit April–Aug.

Familie MALVACEAE	Art *Althaea officinalis*	Autor L.

ECHTER EIBISCH

Echter Eibisch fühlt sich in brackiger Umgebung wohl und ist deshalb häufig in Küstennähe anzutreffen. Seine aufrechten, weich behaarten Stengel wachsen in dichten Büschen, die sich von der übrigen Küstenvegetation durch ihre graugrüne Färbung abheben. Die bis 10 cm langen, leicht gelappten Blätter haben gesägte Ränder. Die sehr blassen, zur Mitte etwas dunkler werdenden Blüten treiben einzeln oder in Gruppen aus den Blattachseln. Ihre Kronblätter zeigen 2 gerundete Lappen, und es gibt bis zu 9 schmale Außenkelchblätter.

- **Verbreitung:** Gesamte Region.
- **Habitat:** Feuchte Standorte in Küstennähe.
- **Hinweis:** Aus den Wurzeln des Echten Eibisch wurde früher Konfekt hergestellt.

Lebensform ausdauernd	Wuchshöhe 60–120 cm	Blütezeit Juni–Sept.

Familie MALVACEAE	Art *Alcea pallida*	Autor (Willd.) Waldst.& Kit.

STOCKROSE

Wilde Stockrosen – nicht verwilderte Formen unserer Zierpflanze – findet man meist im östlichen Mittelmeerraum, wo sie mit ihren prächtigen Blüten die Straßenränder schmücken. *Alcea pallida* ist eine weit verbreitete Art mit hohen, aufrechten, dicht behaarten Stengeln. Die gleichfalls behaarten Blätter werden über 15 cm lang. Die bis 90 mm großen Blüten sind blaßrosa bis purpurn, bei der Subspecies *cretica* in der Mitte gelb. Die ringförmige Frucht enthält viele flache Samen.

- **Verbreitung:** Östlicher Mittelmeerraum.
- **Habitat:** Trockene Wegränder, Feldränder, Hügel.
- **Verwandte Art:** *Alcea rosea*, die kultivierte Art, hat fast kahle Stengel, die Farbe der Blüten variiert von Gelb über Rosa bis zu Braun.

ALCEA PALLIDA SUBSP. CRETICA

Blätter mit tief eingebuchtetem Grund und gekerbtem Rand

Zweilappige Kronblätter und vorstehende gelbe Narben

ALCEA ROSEA VAR. NIGRA

Braune Blüten

Blätter unbehaart

Lebensform ausdauernd	Wuchshöhe 1–2 m	Blütezeit Mai–Juli

Familie MALVACEAE	Art *Hibiscus rosa-sinensis*	Autor L.

CHINESISCHER ROSENEIBISCH/HIBISKUS

Dieser überaus attraktive sommergrüne Strauch oder kleine Baum wird im gesamten Mittelmeerraum kultiviert. Der Hibiskus hat kräftige Stengel und glänzende, oft gezähnte Blätter. An den bis 15 cm großen, prächtigen Blüten fällt die ungewöhnlich lange Staubblattsäule auf.

- **Verbreitung:** Gesamte Mittelmeerregion.
- **Habitat:** Parks, Gärten.
- **Hinweis:** Hibiskus stammt vermutlich aus China, wird heute aber weltweit kultiviert.

Blüten rot, rosa oder weiß

Narben und Staubblätter weit herausragend

Ovale, gezähnte Blätter

Lebensform ausdauernd	Wuchshöhe 1–5 m	Blütezeit Mai–Sept.

SEIDELBASTGEWÄCHSE

Familie THYMELAEACEAE	Art *Daphne gnidium*	Autor L.

HERBST-SEIDELBAST

Die schlanken, aufrechten Stengel dieses immergrünen, dicht beblätterten Strauches verzweigen sich nur am Grund. Seine ganzrandigen, bis 50 mm langen, spitzen Blätter sind ungestielt und nach oben gerichtet, so daß man die mattere und blassere Unterseite sieht. Aus den 5 mm großen, gelblich weißen, leicht duftenden vierzähligen Blüten entwickeln sich grüne Früchte, die mit der Reife erst orange oder rot und zuletzt schwarz werden. Wie alle Teile der Pflanze sind sie **hochgiftig**.

• **Verbreitung:** Gesamte Mittelmeerregion, weniger häufig im Osten.

• **Habitat:** Garigue, Maquis, Wälder.

Lebensform ausdauernd	Wuchshöhe 50–200 cm	Blütezeit März–Okt.

Familie THYMELAEACEAE	Art *Daphne sericea*	Autor Vahl

SEIDENHAARIGER SEIDELBAST

Wie viele andere Seidelbastgewächse verströmt auch dieser verzweigte immergrüne Strauch während der Blüte einen zarten Duft. Junge Triebe sind behaart, die fast ungestielten Blätter oben glänzend, unterseits behaart. Bis 14 mm groß, wachsen die rosafarbenen Blüten köpfchenförmig an Stengelenden oder aus Blattachseln. Außen sind sie von seidigen Haaren umkleidet. Die Frucht ist rötlich braun und wie die ganze Pflanze **giftig**.

• **Verbreitung:** Östlicher Mittelmeerraum; im Westen bis Italien.

• **Habitat:** Maquis, Wälder, Felsfluren; bevorzugt aber auf Kalk und in Küstennähe.

Lebensform ausdauernd	Wuchshöhe 50–150 cm hoch	Blütezeit Feb.–Juni

Familie	Art	Autor
THYMELAEACEAE	*Daphne laureola*	L.

LORBEER-SEIDELBAST

Die Blätter dieses aufrechten, verzweigten Strauches sind oberseits ledrig und glänzend und wachsen in Büscheln an den Stengelenden. Sie erreichen eine Länge von 13 cm und sind zur Spitze hin breiter als in der Mitte. Die gelblich grünen Blüten bilden achselständige Trauben und verströmen einen honigartigen Duft. Sie werden 12 mm groß und haben lang verwachsene Kronblätter. Die Frucht ist eine eiförmige, 8 mm große, zuletzt schwarze Beere.

- **Verbreitung:** Gesamte Mittelmeerregion, besonders im Westen.
- **Habitat:** Wälder, steinige Hügel; meist auf kalkhaltigen Böden.

Lebensform	Wuchshöhe	Blütezeit
ausdauernd	30–120 cm	Feb.–Mai

Familie	Art	Autor
THYMELAEACEAE	*Thymelaea hirsuta*	(L.) Endl.

BEHAARTE SPATZENZUNGE

Mit seinen überhängenden Zweigen ist dieser kleine, reich verzweigte Strauch hervorragend an widrige Witterungsverhältnisse angepaßt. Seine winzigen, nur 8 mm großen Blätter umkleiden die Stengel dachziegelartig. Oberseits kahl und glänzend, tragen sie unterseits filzige Behaarung. Aus den ebenfalls winzigen, innen glänzend und außen behaarten Blüten, die in Gruppen entlang der Stengel wachsen, entwickeln sich kleine, kahle Früchte.

- **Verbreitung:** Gesamte Region.
- **Habitat:** Garigue, Halbwüste.

Lebensform	Wuchshöhe	Blütezeit
ausdauernd	40–100 cm	Okt.–Mai

JOHANNISKRAUTGEWÄCHSE

Familie GUTTIFERAE	Art *Hypericum empetrifolium*	Autor Willd.

KRÄHENBEEREN-JOHANNISKRAUT

Die Gattung Johanniskraut (*Hypericum*) ist an den 5 gelben Kronblättern, pinselartigen Staubblättern und vielen winzigen Drüsen erkennbar. Diese Art ist ein Strauch mit aufrechten oder aufsteigenden Stengeln. Junge Triebe sind dicht mit schmalen, bis 12 mm langen, kahlen Blättern bewachsen. Aus dem Blütenzentrum der zurückgebogenen, strahlend gelben Kronblättern ragen die Staubblätter hervor. Die Frucht ist eine Kapsel.

- **Verbreitung:** Griechenland, ägäische Inseln, Türkei.
- **Habitat:** Felsfluren, Maquis.

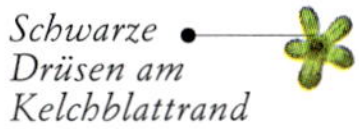

Lebensform ausdauernd	Wuchshöhe bis 50 cm	Blütezeit März–Juli

Familie GUTTIFERAE	Art *Hypericum perforatum*	Autor L.

ECHTES JOHANNISKRAUT

Die vielverzweigten Stengel dieser formenreichen, aufrechten Johanniskraut-Art sind zylindrisch mit 2 erhöhten Rippen. Die dreieckigen oder keilförmigen, bis 30 mm langen Blätter haben transparente Punkte und wachsen in stengelumfassenden Paaren. Die Blüten, die einen Durchmesser von 30 mm erreichen, bilden breite Trugdolden. Meist tragen die Kronblätter vereinzelte schwarze Drüsen, die auf den wesentlich kleineren Kelchblättern noch deutlicher zum Ausdruck kommen.

- **Verbreitung:** Gesamte Region.
- **Habitat:** Grasfluren, Wegränder.

Lebensform ausdauernd	Wuchshöhe bis 100 cm	Blütezeit April–Juli

ZISTROSENGEWÄCHSE

Familie CISTACEAE	Art *Cistus albidus*	Autor L.

WEISSLICHE ZISTROSE

Zur Gattung *Cistus* zählen einige der dekorativsten mediterranen Pflanzen. Alle sind immergrüne Sträucher, und die meisten duften auch. Im Gegensatz zu den echten Rosen (siehe S. 81), mit denen sie manchmal verwechselt werden, tragen Zistrosen ganzrandige Blätter in gegenständigen Paaren und bilden keine Hagebutten. Bei dieser im westlichen Raum verbreiteten, niederen Art sind die Blätter elliptisch, bis 50 mm lang und nicht aromatisch. Sowohl Blätter als auch Stengel sind filzig weißlich behaart. Die purpur-rosa, bis 60 mm großen Blüten wachsen in kleinen Gruppen. Wie bei allen Zistrosen haben sie 5 leicht zerknitterte, rasch abfallende Kronblätter, die an die der Mohngewächse erinnern, und 5 ungleiche Kelchblätter. Die Frucht ist eine trockene Kapsel, die viele kleine Samen freigibt.

- **Verbreitung:** Westlicher Mittelmeerraum, von Nordafrika bis Italien.
- **Habitat:** Garigue, Maquis.

Viele gelbe Staubbeutel

Filzig behaarte, ganzrandige Blätter

Stengel dicht behaart

„Verknitterte“ Kronblätter

Blätter in gegenständigen Paaren

Lebensform ausdauernd	Wuchshöhe 50–100 cm	Blütezeit April–Juni

Familie CISTACEAE	Art *Cistus incanus*	Autor L.

GRAUBEHAARTE ZISTROSE

Diese Art gehört zu den prächtigsten und auffälligsten Zistrosen der Region. Der aufrechte oder aufsteigende Strauch hat weißlich behaarte Stengel und ovale, kurzgestielte Blätter mit oberseits eingesenkten, unterseits vorstehenden Blattnerven. Die Blätter wachsen in gegenständigen Paaren und sind von unterschiedlicher Größe. Bei der Subspecies *incanus* werden die eher glattrandigen Blätter bis 50 mm lang, bei der Unterart *creticus* zeigen sie einen stark gewellten Rand und erreichen nur 25 mm Länge. Die bis 60 mm großen Blüten wachsen einzeln oder in kleinen Gruppen, tragen orange Staubblätter, breite, zerknittert wirkende Kronblätter und kurze, von langen, weißen Haaren umgebene Kelchblätter. Die Frucht ist eine behaarte, vielsamige Kapsel.

- **Verbreitung:** Gesamte Region, im Westen seltener. Subsp. *creticus* nur in Griechenland und dem ägäischen Raum; Subsp. *incanus* weitverbreitet.
- **Habitat:** Garigue, Maquis.
- **Hinweis:** Diese Art wird auch *Cistus creticus* oder *Cistus villosus* genannt.

Kurzlebige Kronblätter

Griffel und Staubblätter gleich lang

Kronblätter wirken verknittert

Kleine Blätter mit stark gewelltem Rand

SUBSP. CRETICUS

Große Blätter mit glattem oder nur leicht gewelltem Rand

SUBSP. INCANUS

Blattunterseite mit vorstehenden Blattnerven

Lebensform ausdauernd	Wuchshöhe 30–100 cm	Blütezeit Feb.–Juni

Familie CISTACAE	Art *Cistus ladanifer*	Autor L.

LACK-ZISTROSE

Dieser hohe, angenehm duftende Strauch trägt schmale, stark klebrige, kurzgestielte Blätter, die bis 80 mm lang werden und unterseits flaumig behaart sind. Ihre Oberseite glänzt, solange kein Staub darauf festklebt. Die eindrucksvollen, bis 10 cm großen Blüten wachsen einzeln auf langen Stielen und zeigen normalerweise einen Ring aus 5 purpurnen Flecken. Bei Exemplaren der Lack-Zistrose aus Südspanien fehlt dieser allerdings meist. Aus den Blüten entwickeln sich zehnfächerige Kapseln.

• **Verbreitung:** Westlicher Mittelmeerraum.

• **Habitat:** Maquis, Garigue, lichte Kiefernwälder und trockene Hügel.

• **Hinweis:** Der Gummi dieser *Cistus*-Art dient zur Parfümherstellung.

Lebensform ausdauernd	Wuchshöhe bis 2,5 m	Blütezeit April–Juni

Familie CISTACEAE	Art *Cistus monspeliensis*	Autor L.

MONTPELLIER-ZISTROSE

Dieser stark aromatische, gedrungene immergrüne Strauch treibt spärlich behaarte, klebrige rotbraune Stengel. Auch die breitlinealischen Blätter sind klebrig, bis 50 mm lang und in gegenständigen Paaren angeordnet. Zuerst leuchten sie in hellem Grün, dunkeln dann jedoch nach und sind im Hochsommer schließlich braun. Bis 30 mm groß, wachsen die Blüten zu 2–8 in gestielten Büscheln und tragen gelbe Staubblätter und 5 breite, keilförmige Kelchblätter. Die Frucht ist eine flache Kapsel.

- **Verbreitung:** Gesamte Region.
- **Habitat:** Garigue, Maquis; bevorzugt saure Böden.
- **Hinweis:** Diese Zistrose ist eine typische Maquis-Pflanze und wächst oft in großen Beständen. Nach Bränden erholt sie sich rasch.

Lebensform ausdauernd	Wuchshöhe 30–100 cm	Blütezeit April–Juni

Familie CISTACEAE	Art *Cistus salvifolius*	Autor L.

SALBEIBLÄTTRIGE ZISTROSE

Dieser buschige immergrüne Strauch hat rötlich grüne, spärlich behaarte Stengel und blaßgrüne, gestielte, breitelliptische Blätter, die bis 40 mm lang werden. Ober- und unterseits leicht behaart, sind sie am Rand gewellt. Die Blüten wachsen einzeln oder in Gruppen auf langen Stielen und erreichen einen Durchmesser von 50 mm. Die Samen reifen in einer 8 mm langen, behaarten Kapsel.

- **Verbreitung:** Gesamte Region.
- **Habitat:** Garigue und Maquis.
- **Verwandte Art:** *Cistus populifolius* ist ähnlich, treibt aber Blätter mit tieferem, herzförmigem Grund.

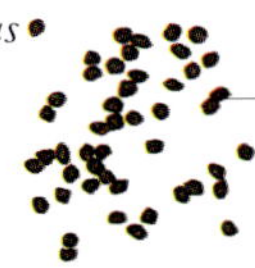

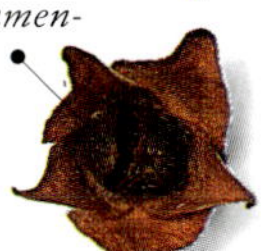

Lebensform ausdauernd	Wuchshöhe 30–100 cm	Blütezeit April–Juni

Familie CISTACEAE	Art *Halimium halimifolium*	Autor (L.) Willk.

GELBE ZISTROSE

Dieser aufrechte, buschige, silbrig-grün schimmernde Strauch bildet in Küstennähe oft große Bestände. Seine dicht verzweigten Stengel tragen bis 40 mm große, elliptische bis lanzettliche Blätter, die auf kurzen Stielen in gegenständigen Paaren wachsen. Die charakteristische Färbung verdankt diese Art winzigen Sternhaaren und Schuppen auf den Blättern. Rund 30 mm im Durchmesser, wachsen die zuweilen am Grund dunkelrot gefleckten, gelben Blüten in Gruppen auf langen Stielen. Die kleinen Kelchblätter sind filzig-schuppig. Die Samen reifen in einer dreiklappigen Kapsel.

• **Verbreitung:** Südspanien, Inseln im westlichen Mittelmeer, Italien.

• **Habitat:** Küstenmaquis, Garigue, sandige Böden; oft auch Dünen oder Strände.

• **Verwandte Arten:** Weitere gefleckte Zistrosen-Arten sind *Cistus ladanifer* (siehe S. 148) und *Tuberaria guttata*, eine wesentlich kleinere, einjährige Pflanze, die im gesamten Mittelmeerraum an Wegrändern gedeiht.

Blütengruppen auf langen Stielen

Schuppige Kelchblätter schützen die Knospe

Blätter in gegenständigen Paaren

Gelbe Kronblätter

Gefleckte Blüte

Blätter zeigen nach oben

Blätter elliptisch bis lanzettlich

Ungefleckte Blüte

Blätter werden zum Stengel hin schmäler

Lebensform ausdauernd	Wuchshöhe 50–150 cm	Blütezeit März–Juni

Familie	Art	Autor
CISTACEAE	*Helianthemum apenninum*	(L.) Miller

APENNINEN-SONNENRÖSCHEN

Die jungen Triebe dieses wuchernden Zwergstrauches sind weißlich behaart, die linealischen, bis 30 mm langen, unterseits filzig behaarten Blätter in gegenständigen Paaren angeordnet und am Rand umgerollt. Sie haben kleine, schmale Nebenblätter. Die gestielten, bis 30 mm großen, weißen Blüten bilden Büschel zu 3–10; aus ihrer gelblichen Mitte wachsen gelbe Staubblätter. Wie bei den meisten Zistrosengewächsen gibt es 5 Kelchblätter, wobei die 2 äußeren wesentlich kleiner sind als die 3 inneren. Die Frucht ist eine Kapsel von der Länge der größeren Kelchblätter.

- **Verbreitung:** Gesamte Region.
- **Habitat:** Trockene, steinige Standorte.
- **Hinweis:** Diese Art gedeiht nordwärts bis Nordfrankreich und Südengland. Eine rosablütige Form ist auf den Balearen heimisch.

Lebensform	Wuchshöhe	Blütezeit
ausdauernd	bis zu 50 cm	März–Juni

Familie	Art	Autor
CISTACEAE	*Helianthemum lavandulifolium*	Miller

LAVENDELBLÄTTRIGES SONNENRÖSCHEN

Im Mittelmeerraum gibt es viele *Helianthemum*-Arten; sie zu unterscheiden, ist nicht einfach. Dieses Sonnenröschen jedoch ist leicht identifizierbar, da es seine Blüten auf eine sehr charakteristische Weise trägt. Der kleine, aufrechte Strauch ist grau filzig behaart und treibt schmal elliptische, bis 50 mm lange Blätter mit spitzen Enden. Die gelben Blüten wachsen in dichten, schneckenförmigen Blütenständen, die sich mit dem Aufblühen aufrollen. Die Kronblätter erreichen 10 mm, die Kelchblätter unterschiedliche Länge. Die Frucht ist eine Kapsel.

- **Verbreitung:** Gesamte Mittelmeerregion außer den Inseln im Westen und ganz im Osten.
- **Habitat:** Garigue, steinige Felder, lichte Wälder.

Lebensform	Wuchshöhe	Blütezeit
ausdauernd	10–50 cm	April–Juni

TAMARISKENGEWÄCHSE

Familie TAMARICACEAE	Art *Tamarix gallica*	Autor L.

FRANZÖSISCHE TAMARISKE

Dieser kleine, fedrige Baum oder Strauch hat eine rötlichbraune Rinde und schlanke, kahle Zweige. Die wechselständigen, blaugrünen, stengelumfassenden Blätter sind 4 mm lang, die rosa-weißen Blüten nur 5 mm, wachsen aber in üppigen, dichten Ähren. Die Samen tragen kurze Haarbüschel.

• **Verbreitung:** Im Südwesten der Region heimisch, aber weithin kultiviert.

• **Habitat:** Feuchte, salzige Standorte; Gärten.

Lebensform ausdauernd	Wuchshöhe 2½–10 m	Blütezeit März–Juli

FRANKENIENGEWÄCHSE

Familie FRANKENIACEAE	Art *Frankenia laevis*	Autor L.

GLATTE FRANKENIE

Mattenbildende Küstenpflanze mit nadelförmigen Blättern, deren reich verzweigte Stengel am Grund verholzt sind. Ungestielte, linealische, bis 5 mm lange Blätter, wachsen in gegenständigen Büscheln, haben umgerollte Ränder und sind mit weißlicher Kruste überzogen. Die becherförmigen Blüten haben 5 blaßrosa Kron-, gelbe Staub- und behaarte Kelchblätter und wachsen einzeln oder in kleinen Knäueln an den oberen Trieben. Die Frucht ist eine kleine Kapsel.

• **Verbreitung:** Westlicher Mittelmeerraum, im Osten bis Italien.

• **Habitat:** Sand oder Kies in Küstennähe.

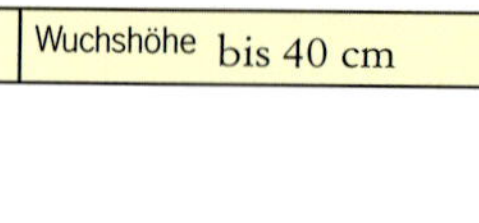

Lebensform ausdauernd	Wuchshöhe bis 40 cm	Blütezeit April–Juli

KÜRBISGEWÄCHSE

Familie CURCUBITACEAE	Art *Ecballium elaterium*	Autor A. Richard

SPRITZGURKE

Sie ist nach ihren ungewöhnlichen Früchten benannt, die im reifen Zustand schon auf leise Berührung regelrecht explodieren und ihre Samen weit von sich schleudern. Die fleischige Pflanze ist borstig behaart, ihre Blätter und Blüten wachsen von niederliegenden Stengeln nach oben. Die gelappten, wechselständigen, etwa dreieckigen Blätter werden 10 cm lang. Die männlichen Blüten (2 cm) wachsen in gestielten Büscheln, die weiblichen (2 cm) meist einzeln. Aus ihnen entwickeln sich die gurkenförmigen, 40 mm langen Früchte.

- **Verbreitung:** Gesamte Mittelmeerregion.
- **Habitat:** Wegränder und Schuttplätze.

Lebensform ausdauernd	Wuchshöhe bis 1 m	Blütezeit März–Sept.

Familie CUCURBITACEAE	Art *Bryonia cretica*	Autor L.

KRETISCHE ZAUNRÜBE

Formenreiche, behaarte Kletterpflanze mit spiraligen Ranken und mattgrünen, bis 10 cm langen fünflappigen Blättern. Die Blüten sind zweihäusig, d.h. die männlichen wachsen in lockeren Trauben auf anderen Pflanzen als die weiblichen, die kompakte Büschel bilden. Beide werden 15 mm groß und bestehen aus blaßgelben Kronblättern mit grünen Nerven. Die Frucht ist eine rote Beere.

- **Verbreitung:** Gesamte Mittelmeerregion.
- **Habitat:** Hecken und Wälder.
- **Verwandte Art:** *Bryonia alba*, die vorwiegend im Osten vorkommt, hat schwarze Beeren.

Lebensform ausdauernd	Wuchshöhe Bis 4 m	Blütezeit Feb.–Juni

KAKTEEN

Familie CACTACEAE	Art *Opuntia maxima*	Autor Miller

OPUNTIA MAXIMA

Opuntien stammen aus Amerika. Sie haben scheibenförmige Stengelglieder und winzige Blätter, die fast unmittelbar abfallen. Viele Arten tragen Dornen. Bei der *Opuntia maxima* werden die Stengelglieder bis 40 cm lang, und die Dornen wachsen in Büscheln zu 4. Aus den bis 10 cm großen, leuchtend gelben Blüten entwickeln sich eiförmige, oben abgeflachte Früchte.

- **Verbreitung:** In der gesamten Region eingebürgert.
- **Habitat:** Trockene Standorte, steinige Hänge.

Lebensform ausdauernd	Wuchshöhe 1–3 m	Blütezeit März–Juli

WEIDERICHGEWÄCHSE

Familie LYTHRACEAE	Art *Lythrum junceum*	Autor Banks & Solander

BINSENARTIGER WEIDERICH

Diese aufrechte, kahle Pflanze verzweigt sich am Grund und hat vierkantige, häufig verzweigte Stengel. Die wechselständigen, ungestielten, elliptischen Blätter werden 22 mm lang und nach oben zunehmend schmäler. Auffällig ist die ausgeprägte Mittelrippe. Die sechszähligen, 15 mm großen Blüten wachsen einzeln ohne Stiel in den Blattachseln. Die Frucht ist eine kleine Kapsel.

- **Verbreitung:** Gesamte Mittelmeerregion.
- **Habitat:** Feuchte Standorte, Flußufer.
- **Hinweis:** Es gibt 3 leicht voneinander abweichende Blütenformen.
- **Verwandte Art:** *Lythrum acutangulum*, verbreitet in Spanien und Frankreich, ist eine einjährige Art mit kleineren, blaßrosa Blüten.

Lebensform meist ausdauernd	Wuchshöhe 20–70 cm	Blütezeit März–Sept.

MYRTENGEWÄCHSE

Familie	Art	Autor
MYRTACEAE	*Myrtus communis*	L.

MYRTE

Der aufrechte, reich verzweigte immergrüne Strauch wird wegen seines Duftes geschätzt. Die ungestielten, elliptischen Blätter werden 30 mm lang, sind oben glänzend mit vertiefter Mittelrippe, unterseits matter und drüsig. Die duftenden Blüten, die auf langen Stielen aus den Blattachseln wachsen, werden 20 mm groß und haben 5 weiße Kronblätter und viele vorstehende Staubblätter. Die Frucht ist eine blauschwarze, 10 mm große Beere.

- **Verbreitung:** Gesamte Region.
- **Habitat:** Feuchte Standorte, Garigue, Maquis.
- **Hinweis:** Myrten haben als Brautschmuck Tradition. Ihr Öl wird in der Medizin und zur Herstellung von Parfum verwendet.

Lebensform	Wuchshöhe	Blütezeit
ausdauernd	1–5 m	April–Aug.

Familie	Art	Autor
MYRTACEAE	*Eucalyptus camaldulensis*	Dehnh.

CAMALDOLI-FIEBERBAUM

Dieser in Australien heimische Eukalyptus wurde Anfang des 19. Jahrhunderts im Mittelmeerraum angesiedelt. Er ist ein rasch wachsender Baum mit glatter, mattweißer Borke. Junge Bäume tragen blaugrüne, kurze, rundliche Blätter, ältere sichelförmige, die bis 22 cm lang werden. Zu 5–10 treiben die gestielten Blütendolden aus den Blattachseln.

- **Verbreitung:** Gesamte Region.
- **Habitat:** Gärten, Küstengegenden.
- **Hinweis:** Im Mittelmeerraum werden viele Eukalyptus-Arten kultiviert.

Lebensform	Wuchshöhe	Blütezeit
ausdauernd	bis 20 m	ganzjährig

GRANATAPFELGEWÄCHSE

Familie PUNICACEAE | Art *Punica granatum* | Autor L.

GRANATAPFELBAUM

Der dornige, sommergrüne Strauch oder Baum hat eine graubraune Rinde und kahle, ledrige, bis 80 mm lange Blätter. Die prächtigen roten Blüten werden 40 mm groß und sitzen in einem fleischigen roten Kelch. Die saftigen Früchte sind eßbar, bis 80 mm groß und enthalten zahlreiche Samen.

- **Verbreitung:** Gesamte Mittelmeerregion.
- **Habitat:** Gärten, Hecken, Dickichte, Maquis.
- **Hinweis:** Der aus Südwestasien stammende Baum wird seit dem Mittelalter in der Region kultiviert.

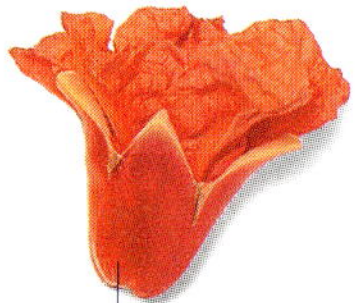

Lebensform ausdauernd | Wuchshöhe 2–7 m | Blütezeit Mai–Sept.

NACHTKERZENGEWÄCHSE

Familie ONAGRACEAE | Art *Oenothera suaveolens* | Autor Pers.

OENOTHERA SUAVEOLENS

Wie die meisten Nachtkerzen-Arten ist auch diese Pflanze am schönsten kurz nach Sonnenuntergang, wenn sie ihre bis 80 mm großen Blüten öffnet. Diese aufrechte, kräftige Art hat behaarte, ungefleckte Stengel und breite, lanzettliche, bis 12 cm lange Blätter. Jede Blüte hält nur eine Nacht und verwelkt am folgenden Morgen. Die Frucht ist eine längliche Kapsel.

- **Verbreitung:** Westlicher und zentraler Mittelmeerraum.
- **Habitat:** Ödland, Dünen, Gärten.
- **Verwandte Arten:** Im Mittelmeerraum sind zahlreiche ähnliche Arten eingebürgert, die alle entweder aus Nordamerika kommen oder von dort heimischen Arten abstammen. Eine davon, *Oenothera erythrosepala*, hat rotgefleckte Stengel und Blätter mit gewelltem Rand.

Lebensform zweijährig | Wuchshöhe 30–150 cm | Blütezeit Mai–Juli

DOLDENBLÜTLER

Familie	Art	Autor
UMBELLIFERAE	*Eryngium maritimum*	L.

STRAND-DISTEL

Typisch für Doldenblütler sind schirmförmige Blütenstände oder Dolden, die meisten haben auch weiche oder fleischige, fiedrig geteilte Blätter. Diese Art und ihre Verwandten weichen von diesem Schema ab. Hier sind die Stengel gerippt und steif, die ganze Pflanze wirkt silbrig-blau. Die harten, dornigen Blätter sind unten gestielt und breit, weiter oben sitzend und weniger geteilt. Die blauen Blüten bilden bis 30 mm große Köpfchen und werden zu schuppigen Früchten.

- **Verbreitung:** Gesamte Region.
- **Habitat:** Sandstrände, Dünen.

Lebensform	Wuchshöhe	Blütezeit
ausdauernd	15–60 cm	Juni–Sept.

Familie	Art	Autor
UMBELLIFERAE	*Eryngium campestre*	L.

FELD-MANNSTREU

Diese Mannstreu Art hat kräftige, gerillte Stengel und ledrige, dornenbesetzte Blätter; die untersten werden bis 20 cm lang. Die winzigen, grünlich-weißen Blüten bilden Köpfchen mit einem Durchmesser von 15 mm. Die Frucht ist geschuppt.

- **Verbreitung:** Gesamte Region.
- **Habitat:** Felder, trockene Standorte.
- **Verwandte Art:** *Eryngium amethystinum*, eine bläulich wirkende Art im Osten der Region, hat dornig gezähnte, schmäler gefiederte Blätter.

Lebensform	Wuchshöhe	Blütezeit
ausdauernd	20–70 cm	Mai–Juli

Familie UMBELLIFERAE	Art *Lagoecia cuminoides*	Autor L.

HASENKÜMMEL

Diese aufrechte, aromatische Pflanze mit ihren schlanken, verzweigten Stengeln wird selten mehr als 30 cm hoch. Ihre ungestielten, bis 70 mm langen, fiederteiligen Blätter tragen winzige wechselständige, tief gelappte und gezähnte Teilblättchen. Die unteren sind in der Regel breiter, die weiter oben sitzenden schmäler. Die kleinen weißen Blüten bilden achselständige, kugelförmige Dolden mit einem Durchmesser von 15 mm. Die Frucht ist kurz behaart.

• **Verbreitung:** Gesamte Mittelmeerregion.

• **Habitat:** Steiniges sowie trockenes Brachland.

Lebensform einjährig	Wuchshöhe 6–30 cm	Blütezeit April–Mai

Familie UMBELLIFERAE	Art *Echinophora spinosa*	Autor L.

STARRE STACHELDOLDE

Diese aufrechte, kräftige Pflanze trägt spitze Dornen. Da sich ihre fleischigen, leicht behaarten Stengel häufig verzweigen, wirkt die Pflanze fast rechteckig. Die stengelumfassenden Blätter sind wechselständig, dick und steif und in schmale, wiederum gefiederte Blättchen geteilt, die in einer dornigen Spitze enden. Die weißen Blüten wachsen in Dolden mit 4–8 behaarten Strahlen mit dornigen Hüllblättern. Die männlichen bilden eine Hülle um die gerillte, ovale Frucht.

• **Verbreitung:** Westlicher und zentraler Mittelmeerraum.

• **Habitat:** Sandstrände.

Lebensform ausdauernd	Wuchshöhe 20–80 cm	Blütezeit Juni–Okt.

Familie UMBELLIFERAE	Art *Scandix pecten-veneris*	Autor L.

ECHTER VENUSKAMM

Diese kleine, formenreiche Pflanze fällt eher wegen ihrer nadelförmigen Früchte als wegen ihrer Blüten auf. Meist aufrecht oder aufsteigend, hat sie gerillte, verzweigte und kurz behaarte Stengel. Die bis 80 mm langen Blätter sind bis zu dreifach gefiedert. Die bis 5 mm großen Blüten bilden Dolden mit maximal 3 Strahlen, ihre äußeren Kronblätter sind oft leicht vergrößert. Die charakteristischen behaarten „Nadeln" wachsen in kleinen Gruppen und werden bis 80 mm lang (bei manchen Formen allerdings nur 15 mm).

- **Verbreitung:** Gesamte Region.
- **Habitat:** Felder, Brachland.

Lebensform einjährig	Wuchshöhe 5–50 cm	Blütezeit April–Juli

Familie UMBELLIFERAE	Art *Smyrnium olusatrum*	Autor L.

GESPENST-GELBDOLDE

Diese aromatische Pflanze mit ihren großen, glänzenden Blättern und cremegelben Blüten treibt kahle, gerillte Stengel, die am Grund von gestielten, doppelt gefiederten, oft über 30 cm langen Blättern umgeben sind. Die oberen Blätter sind dreilappig oder dreifiedrig. Die kleinen Blüten bilden Dolden mit 3–18 Strahlen. Die Frucht ist schwarz und hat Rippen.

- **Verbreitung:** Gesamte Region.
- **Habitat:** Feuchte Standorte, Wegränder.
- **Verwandte Arten:** Bei *Smyrnium perfoliatum* sind die oberen Blätter gekerbt-gesägt; *Smyrnium rotundifolium* hat ganzrandige, ungeteilte Stengelblätter.

Lebensform zweijährig	Wuchshöhe 50–150 cm	Blütezeit Feb.–Juni

Familie UMBELLIFERAE	Art *Crithmum maritimum*	Autor L.

MEER-FENCHEL

Meer-Fenchel gehört zu den wenigen Pflanzen, die häufiges Bespritztwerden mit Salzwasser vertragen. Seine aufsteigenden, am Grund verholzten Stengel sind ebenso wie die wechselständigen, ein- bis zweifach gefiederten Blätter fleischig und graugrün gefärbt. Bis 50 mm lang, wachsen die Teilblättchen wie kleine Geweihe fast senkrecht nach oben. Die blaßgelben Blüten bilden dichte, bis 80 mm große Dolden mit 8–36 Strahlen und entwickeln sich zu gerippten, eiförmigen, bis 6 mm langen Früchten.

• **Verbreitung:** Gesamte Mittelmeerregion.

• **Habitat:** Felsküsten.

Lebensform ausdauernd	Wuchshöhe 10–50 cm	Blütezeit Juni–Okt.

Familie UMBELLIFERAE	Art *Foeniculum vulgare*	Autor Miller

WILDER FENCHEL

Alle Teile der Pflanze, die gerillte, kahle, blaugrüne Stengel treibt, verbreiten einen starken Geruch, wenn man sie zerdrückt. Die Blätter sind dreieckig, aber fein gefiedert mit dünnen, kaum fleischigen, bis 50 mm lange Blättchen. Die kleinen gelben Blüten formen bis 15 cm große, hüllblattlose Dolden mit 4–30 Strahlen. Die Frucht wird 10 mm lang.

• **Verbreitung:** Gesamte Mittelmeerregion.

• **Habitat:** Wegränder, trockene Standorte in Küstennähe. Häufig kultiviert.

Lebensform zweijährig/ausd.	Wuchshöhe bis 2,5 m	Blütezeit April–Sept.

Familie UMBELLIFERAE	Art *Bupleurum fruticosum*	Autor L.

STRAUCHIGES HASENOHR

Im Gegensatz zu den meisten Doldenblütlern haben Hasenohren ungeteilte Blätter. Diese immergrüne Art ist eine der größten der Gattung und treibt reich verzweigte, rötlich braune Stengel, die später verholzen. Die ledrigen, elliptischen, ca. 11 cm langen Blätter sind ungestielt, oben glänzend mit gefurchter Mittelrippe, unten mattgrün und netzadrig. Blüten wachsen in Dolden mit 5–25 Strahlen. Sie haben keine Kron- und 5 winzige Kelchblätter. Umgeben sind die Dolden von 6 zurückgeschlagenen Hüllblättern, die bald abfallen. Die Frucht ist eiförmig, bis 8 mm lang und schmal geflügelt.

• **Verbreitung:** Westlicher und zentraler Mittelmeerraum.

• **Habitat:** Garigue, Felsfluren, meist auf Kalk.

• **Hinweis:** Häufig als Gartenpflanze kultiviert.

• **Verwandte Art:** *Bupleurum gibraltaricum*, heimisch in Spanien, ist etwas kleiner mit schmäleren Blättern.

Lebensform ausdauernd	Wuchshöhe 1–2,5 m	Blütezeit April–Sept.

Familie UMBELLIFERAE	Art *Bupleurum flavum*	Autor Forskål

BUPLEURUM FLAVUM

Dieses zarte Hasenohr treibt aufrechte, schlanke Stengel, die sich gabelig zu Blütenstielen verzweigen. Grasartige, bis 80 mm lange Blätter sind im unteren Teil gestielt, sitzen weiter oben aber direkt am Stengel. Die Blüten bilden bis 20 mm große Dolden mit je einem Quirl aus langen, gelben, spitzen Hüllblättern. Bei Döldchen besteht der Quirl aus breiteren, gelben Hüllblättern mit spitzen Enden und leicht gezähntem Rand. Die Frucht ist gerillt.

• **Verbreitung:** Östlicher Mittelmeerraum.

• **Habitat:** Felsfluren, meist in Küstennähe.

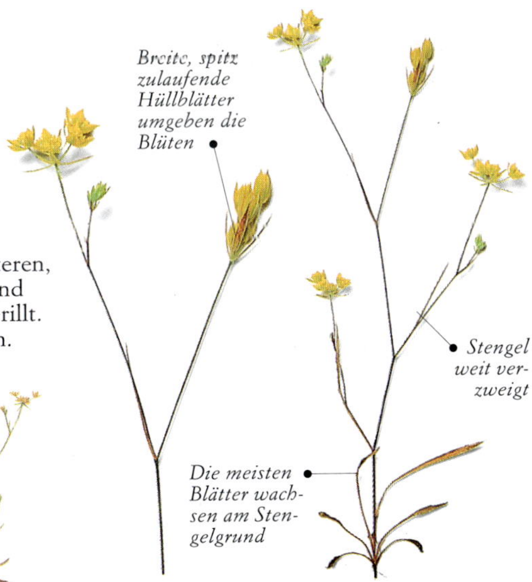

Lebensform einjährig	Wuchshöhe 20–75 cm	Blütezeit April–Juni

Familie UMBELLIFERAE	Art *Ferula communis*	Autor L.

GEMEINES RUTENKRAUT

Was Größe und Kräftigkeit angeht, können es nur wenige krautige Pflanzen der Region mit dieser auch Riesen-Fenchel genannten Art aufnehmen. Seine Blätter verströmen einen typisch sellerieartigen Duft. Die mächtigen, hohlen Stengel können am Grund bis 10 cm dick werden. Die unteren, fächerförmigen und vielgeteilten Blätter erreichen 60 cm Länge. Ihre Fiedern sind flach, bis 50 mm lang und lang gestielt. Bei den oberen, kleineren Blättern umfassen die kürzeren Stiele häufig den Stengel in ballonartigen Scheiden. Die mattgelben Blüten wachsen in Dolden mit bis 40 Strahlen. Oft sind die Dolden so zahlreich, daß sie die ganze obere Stengelhälfte umgeben. Die Frucht ist flachgedrückt und oval mit Rippen und Flügeln.

- **Verbreitung:** Gesamte Region.
- **Habitat:** Trockene Hänge, Brachland.
- **Verwandte Art:** *Ferula tingitana*, in Spanien heimisch, ist ähnlich, aber schlanker mit kleineren Fiedern.

Lebensform ausdauernd	Wuchshöhe 2–5 m	Blütezeit März–Juni

Familie UMBELLIFERAE	Art *Ferulago nodosa*	Autor (L.) Boiss.

FERULAGO NODOSA

Diese aufrechte, kahle Pflanze ist nach ihren charakteristischen verdickten Knoten benannt – den Blattansatzstellen, an denen sich die Stengel häufig verzweigen. Die gerillten Stengel glänzen bläulich grün. Die bis 30 cm langen, gestielten, dreieckigen Blätter sind mehrfach gefiedert mit kurzen, linealischen Teilblättchen. Die gelben Blüten bilden meist zwanzigstrahlige Dolden, die von einem Quirl ovaler, zurückgeschlagener Hochblätter umgeben sind. Die Frucht ist geflügelt und etwa 10 mm lang.

- **Verbreitung:** Ägäischer Raum, Balkan, Sizilien.
- **Habitat:** Olivenhaine.
- **Verwandte Art:** *Ferulago asparagifolia*, heimisch in Kreta und der Türkei, ist ähnlich, wird aber 2,5 m hoch.

Lebensform ausdauernd	Wuchshöhe bis zu 60 cm	Blütezeit Mai–Juni

Familie UMBELLIFERAE	Art *Tordylium officinale*	Autor L.

TORDYLIUM OFFICINALE

Die schlanken, spärlich behaarten, gerillten Stengel dieses aufrechten Zirmets sind hohl. Die untersten Blätter sind gefiedert, die oberen Stengelblätter einfach und gezähnt. Aus den Blüten (2 große Kronblätter mit ungleichen Lappen) entwickeln sich Früchte mit gewelltem Rand.

- **Verbreitung:** Italien, ägäischer Raum.
- **Habitat:** Wegränder, Ackerland.
- **Verwandte Arten:** *T. apulum* hat Dolden mit 3–8 Strahlen; die Früchte von *T. maximum* zeigen keinen gewellten Rand; beide in gesamter Region.

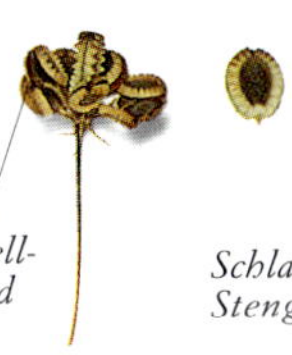

Lebensform einjährig	Wuchshöhe 20–50 cm	Blütezeit März–Juli

Familie UMBELLIFERAE	Art *Thapsia villosa*	Autor L.

BEHAARTE PURGIERDOLDE

Diese aufrechte Pflanze treibt kahle, glänzende, fein gerillte Stengel mit leicht behaarten Blättern. Die unteren, fein gefiederten, gestielten Blätter werden 35 cm lang und zeigen dreieckige Form. Wegen ihrer flachen, gezähnten Blättchen wirken sie farnartig. Die oberen Blätter sind zu pergamentartigen stengelumfassenden Blattscheiden zurückgebildet. Die meist hüllblattlosen, 9–24strahligen Dolden bestehen aus kleinen gelben Blüten und erreichen einen Durchmesser von 12 cm. Die elliptische, bis 15 mm lange Frucht hat oben und unten eingebuchtete seitliche Flügel.

- **Verbreitung:** Spanien, Südfrankreich, Nordwestafrika.
- **Habitat:** Trockene Hänge, in Küstennähe.
- **Verwandte Arten:** *T. maxima*, heimisch in Spanien, ist mehr oder weniger kahl; *T. garganica*, die östlich bis Kreta vorkommt, treibt linealische, oft ungezähnte Blätter.

Lebensform ausdauernd	Wuchshöhe 30–200 cm	Blütezeit Mai–Juni

Familie UMBELLIFERAE	Art *Torilis arvensis*	Autor (Hudson) Link

TORILIS ARVENSIS

Diesen formenreichen, spärlich behaarten Klettenkerbel erkennt man leicht an seiner charakteristischen stacheligen Frucht. Seine Blätter sind normalerweise doppelt gefiedert mit gezähntem Rand, die oberen Stengelblätter häufig dreilappig. Die Blüten bilden 2–12strahlige Dolden mit höchstens 1 Hochblatt, die Döldchen jedoch tragen zahlreiche Hochblättchen. Die Frucht wird 6 mm lang.

- **Verbreitung:** Gesamte Mittelmeerregion.
- **Habitat:** Felder, Wegränder.
- **Hinweis:** Viele bekannte Unterarten.

Lebensform einjährig	Wuchshöhe bis 100 cm	Blütezeit Mai–Sept.

Familie UMBELLIFERAE	Art *Daucus carota*	Autor L.

WILDE MÖHRE

Diese Art kann kurz und gedrungen, aber auch hoch und ausgreifend wachsen. Ihre Stengel sind kahl oder behaart, oft gefurcht, die Blätter zwei- bis dreifach gefiedert mit lanzettlichen Teilblättchen. Am Grund können sie bis 35 cm lang werden, weiter oben sind sie wesentlich kürzer. Die mittlere Blüte der Dolde ist oft dunkelpurpurn, alle übrigen weiß. Nach der Blüte schließen sich die Dolden, manchmal sogar zu einer Kugel, und produzieren stachelige, gerillte, eiförmige Früchte, die bis 4 mm lang werden.

- **Verbreitung:** Gesamte Mittelmeerregion.
- **Habitat:** Küsten, trockene Standorte.

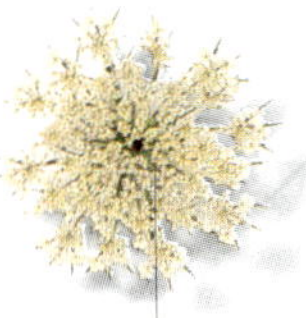

Lebensform ein-/zweijährig	Wuchshöhe 10–150 cm	Blütezeit März–Sept.

HEIDEKRAUTGEWÄCHSE

Familie ERICACEAE	Art *Erica cinerea*	Autor L.

GRAU-HEIDE

Bei diesem Zwergstrauch sind nur die jungen Triebe behaart. Seine schmalen, dunkelgrünen, bis 6 mm langen Blätter wachsen quirlständig zu 3. Glockig verwachsene Blütenkronen, aus denen lediglich die Narbe hervorragt, bilden endständige, kompakte Büschel. Die Frucht ist eine kleine Kapsel.

- **Verbreitung:** Nordwestliche Region, im Osten bis Italien; auch in Nordwesteuropa.
- **Habitat:** Trockene Heiden, Maquis, Wälder, meist auf saurem Boden.
- **Hinweis:** Es gibt viele weitere *Erica*-Arten in der Region; viele bevorzugen feuchte Standorte.

Lebensform ausdauernd	Wuchshöhe 15–75 cm	Blütezeit Juni–Sept.

Familie ERICACEAE	Art *Erica arborea*	Autor L.

BAUM-HEIDE

Diese Art gehört zu den größten europäischen Vertretern ihrer Gattung. Die älteren Stämme des dicht verzweigten, immergrünen Baumes sind verholzt und glatt, seine jüngeren Triebe filzig behaart. Die nadelförmigen Blätter, bis 5 mm lang, wachsen quirlständig zu 3 oder 4. Sie sind kahl und am Rand so stark umgerollt, daß die Unterseite kaum sichtbar ist. Die winzigen, duftenden, glockenförmigen Blüten bilden dichte Büschel. Aufgrund der dunkel braunroten Staubbeutel wirken sie aus der Entfernung recht düster. Die Frucht ist eine kleine Kapsel.

- **Verbreitung:** Gesamte Mittelmeerregion, nicht ganz im Osten.
- **Habitat:** Immergrüne Wälder, Maquis; bevorzugt saure Böden.

Lebensform ausdauernd	Wuchshöhe 1–4 m	Blütezeit Feb.–Aug.

Familie ERICACEAE	Art *Calluna vulgaris*	Autor (L.) Hull

HEIDEKRAUT

Heidekraut wird oft mit der verwandten Gattung *Erica* verwechselt, läßt sich aber anhand von Form und Anordnung seiner Blätter leicht bestimmen. Der immergrüne Zwergstrauch hat rötlich braune Stengel und bis 2 mm lange, paarig angeordnete Blätter. Die Blüten werden 4 mm groß, die äußersten „Kronblätter" sind Kelchblätter, die die echten Kronblätter an Länge übertreffen. Die Frucht ist eine kleine Kapsel.

- **Verbreitung:** Westlicher Mittelmeerraum.
- **Habitat:** Berghänge und Böschungen.

Lebensform ausdauernd	Wuchshöhe 15–80 m	Blütezeit Mai–Juli

milie ERICACEAE	Art *Arbutus unedo*	Autor L.

Westlicher Erdbeerbaum

In vielen Teilen der Region ist diese Art wesentlicher Bestandteil immergrüner Wälder. Der Baum mit rissiger, matter, rötlich-brauner Borke treibt wechselständige, bis 11 cm lange gestielte, elliptische Blätter. Seine glockenförmigen 8 mm großen Blüten sind grünlich weiß oder rosa. Die erdbeerähnlichen Früchte werden später rot.
- **Verbreitung:** Gesamte Mittelmeerregion.
- **Habitat:** Maquis, Waldränder, steinige Hänge.

ebensform ausdauernd	Wuchshöhe 1,5–10 m	Blütezeit Okt.–April

milie ERICACEAE	Art *Arbutus andrachne*	Autor L.

Östlicher Erdbeerbaum

Im Gegensatz zu seinem weiter verbreiteten Verwandten (oben) hat der Östliche Erdbeerbaum tief dunkelbraune Rinde, die sich in Streifen ablöst. Seine normalerweise glattrandigen Blätter werden 10 cm lang, die urnenförmigen, 6 mm großen Blüten wachsen in dichten Rispen an aufrechten Stengeln. Die Frucht ähnelt dem des Westlichen Erdbeerbaums, ist aber eher orange als rot und mehr gerillt als genarbt.
- **Verbreitung:** Östlicher Mittelmeerraum; im Westen bis Griechenland.
- **Habitat:** Felsige Hänge.
- **Hinweis:** Ein natürlicher Hybrid, *Arbutus x andrachnoides*, kommt gelgentlich an Stellen vor, wo *A. unedo* und *A. andrachne* nahe beisammen wachsen.

ebensform ausdauernd	Wuchshöhe bis 5 m	Blütezeit Feb.–April

PRIMELGEWÄCHSE

Familie PRIMULACEAE | Art *Cyclamen balearicum* | Autor Willk.

BALEAREN-ALPENVEILCHEN

Wie alle Alpenveilchen treibt diese frühblühende Art aus einer Knolle, die in diesem Fall 25 mm groß ist und vom Grund aus wurzelt. Es gibt keinen sichtbaren Stengel, Blätter und Blüten wachsen direkt aus der Knolle. Die Blätter, bis 90 mm lang, sind häufig leicht gelappt mit gewelltem Rand. Die Blüten haben weiße Kronblätter, während der Fruchtbildung rollt sich der Blütenstiel auf.

- **Verbreitung:** Balearen und Frankreich.
- **Habitat:** Schattige, steinige Standorte; meist auf Kalk.
- **Hinweis:** Alpenveilchen stehen fast überall unter Naturschutz.

Lebensform ausdauernd | Wuchshöhe 5–10 cm | Blütezeit Feb.–April

Familie PRIMULACEAE | Art *Cyclamen hederifolium* | Autor Aiton

NEAPOLITANISCHES ALPENVEILCHEN

Diese Art wächst aus einer Knolle, die von der Oberseite aus wurzelt. Die im Herbst treibenden Blüten sind rosa oder weiß, die zurückgeschlagenen Kronlappen werden bis 20 mm lang. Während der Fruchtbildung rollen sich die Blütenstiele auf. Die herzförmigen, bis 14 cm großen Blätter erscheinen nach der Blüte. Unterseits grün oder purpurn, haben sie gezähnte Ränder und grün marmorierte Oberseiten.

- **Verbreitung:** Von Frankreich ostwärts bis zum Balkan.
- **Habitat:** Kühle, sommergrüne Wälder, schattige Standorte.
- **Hinweis:** Oft kultiviert. Wie bei anderen Arten besorgen Ameisen die Verbreitung der Samen, die einen süßlichen Überzug tragen.

Lebensform ausdauernd | Wuchshöhe 5–10 cm | Blütezeit Sept.–Nov.

Familie PRIMULACEAE	Art *Cyclamen persicum*	Autor Miller

PERSISCHES ALPENVEILCHEN

Diese Pflanze ist Stammutter vieler kultivierter Alpenveilchen-Arten. Sie treibt aus einer bis 16 cm großen, am Grund wurzelnden Knolle und hat herzförmige, bis 14 cm große Blätter mit verdickten, grob gezähntem Rand und marmorierter Oberseite. Die Blüten sind weiß oder blaßrosa mit purpurnem Schlund. Die zurückgeschlagenen Kronlappen werden 45 mm lang. Während der Fruchtzeit biegen sich die Blütenstiele, rollen sich aber nicht auf.

- **Verbreitung:** Ägäischer Raum, Nordafrika.
- **Habitat:** Steinige Hänge, Gebüsche, lichte Wälder.
- **Hinweis:** *Cyclamen persicum*, auch Persische Erdscheibe genannt, ist sehr selten geworden.

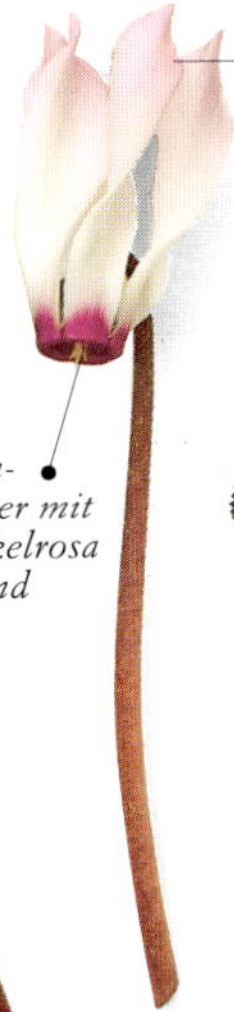

Lebensform ausdauernd	Wuchshöhe 5–15 cm	Blütezeit Jan.–Mai

Familie PRIMULACEAE	Art *Cyclamen repandum*	Autor Sibth.& Sm.

GESCHWEIFTBLÄTTRIGES ALPENVEILCHEN

Herzförmige, bis 13 cm lange Blätter wachsen aus einer bis 60 mm großen, am Grund wurzelnden Knolle. Sie können in der Form stark variieren, sind oberseits einfarbig grün oder marmoriert. Die zart duftenden Blüten sitzen auf langen Stielen und sind rosarot mit dunklem Schlund und vorstehendem Griffel. Die gedrehten zurückgeschlagenen Kronlappen werden 30 mm lang. Während der Fruchtbildung rollen sich die Blütenstiele spiralig ein.

- **Verbreitung:** Von Frankreich ostwärts bis in den Ägäischen Raum.
- **Habitat:** Schattige Standorte in Wäldern.
- **Verwandte Art:** *Cyclamen creticum*, vorwiegend auf Kreta, ist sehr ähnlich, hat aber weiße Blüten.

Lebensform ausdauernd	Wuchshöhe 6–13 cm	Blütezeit März–Mai

Familie PRIMULACEAE	Art *Anagallis foemina*	Autor Miller

ANAGALLIS FOEMINA

Dieser Gauchheil ist eine niederliegende, aufsteigende oder aufrechte Pflanze mit kahlen, vierkantigen Stengeln. Meist in gegenständigen Paaren angeordnet, werden die ungestielten Blätter 25 mm lang. Sie variieren in der Form zwischen oval (am Grund) und lanzettlich (im oberen Teil) und haben ungezähnte Ränder. Die bis 10 mm großen, gestielten Einzelblüten wachsen aus den Blattachseln. Zwischen den sich nicht deckenden Kronblättern lugen lanzettliche Kelchblätter hervor. Die Frucht ist eine bis 6 mm große Kapsel.

- **Verbreitung:** Gesamte Mittelmeerregion.
- **Habitat:** Kultur- oder Brachland, Garigue, Sandböden in Küstennähe.
- **Verwandte Art:** *Anagallis arvensis* ist sehr ähnlich, hat aber blaue oder rote Blüten und Kronblätter mit behaartem Rand.

Lebensform ein-/zweijährig	Wuchshöhe 5–50 cm	Blütezeit März–Okt.

Familie PRIMULACEAE	Art *Coris monspeliensis*	Autor L.

STACHELTRÄUBCHEN

Aus der Entfernung ähnelt diese Pflanze einigen Thymian-Arten, doch sind ihre Blüten nicht zweilippig. Ihre aufrechten oder aufsteigenden, am Grund verholzenden Stengel sind dicht von ledrigen, linealischen, bis 20 mm langen Blättern umkleidet. Wechselständig angeordnet und kahl oder behaart, sind die obersten häufig fein gezähnt. Die Blüten – rosa oder blau – wachsen in kurzen, ährenähnlichen Büscheln. Jede wird bis 12 mm groß und hat schmale, weit ausgebreitete Kronblätter. Der glockenförmige Kelch trägt bis zu 20 stachelige Zähne. Die kugelige Kapsel wird 2 mm groß.

- **Verbreitung:** Westlicher und zentraler Mittelmeerraum, auch Nordwestafrika.
- **Habitat:** Trockene Küstenstriche.

Lebensform zweij./ausd.	Wuchshöhe 10–30 cm	Blütezeit April–Juli

BLEIWURZGEWÄCHSE

Familie PLUMBAGINACEAE | Art *Limonium vulgare* | Autor Miller

STRAND-NELKE

Die Stengel dieser kahlen Pflanze treiben aus verholzten Basis und sind von einer Rosette breiter, bis 15 cm langer, löffelförmiger Blätter umgeben. Pergamentartige Blüten bilden auf den unbelaubten, verzweigten Stengeln kleine Ähren. Bei der im Mittelmeerraum weitverbreiteten Unterart *serotinum* sind die langen Zweige zuweilen nach unten gebogen.

- **Verbreitung:** Gesamte Mittelmeerregion.
- **Habitat:** Salzsümpfe.
- **Hinweis:** In der Mittelmeeregion gedeihen viele *Limonium*-Arten; die Strand-Nelke ist die häufigste.

Lebensform ausdauernd | Wuchshöhe 30–70 cm | Blütezeit Juli–Okt.

Familie PLUMBAGINACEAE | Art *Limonium articulatum* | Autor (Loisel.) O. Kuntze

LIMONIUM ARTICULATUM

Im Gegensatz zur Strand-Nelke (oben) wächst diese kräftige Art nicht im Marschland, sondern auf Felsen in Küstennähe. Die kahlen Stengel tragen linealische oder löffelförmige, bis 35 mm lange Blätter, die verwelken, bevor die ersten Blüten erscheinen. Die charakteristischen, nahe am Grund verzweigten Blütenstengel zeigen kurze, ca. 5 mm lange Glieder, deren Anordnung der ganzen Pflanze ein „verwinkeltes“ Aussehen verleiht. Die Blüten selbst werden 5 mm lang und wachsen einzeln oder in Paaren an den Seitenästen.

- **Verbreitung:** Korsika und Sardinien.
- **Habitat:** Küstenfelsen.
- **Hinweis:** Viele andere *Limonium*-Arten sind ähnlich regional beschränkt. Einige gedeihen in manchen Regionen am Festland, andere kommen auf Inselgruppen oder sogar nur auf einer einzigen Insel vor.

Lebensform ausdauernd | Wuchshöhe 5–15 cm | Blütezeit Juni–Sept.

Familie PLUMBAGINACEAE	Art *Limonium sinuatum*	Autor (L.) Miller

GEFLÜGELTER STRANDFLIEDER

Diese Pflanze erkennt man an ihren Blüten und den 3–4 schmalen Flügeln ihrer Blütenstiele. Die behaarten, gelappten, bis 20 cm langen Blätter stehen in einer Rosette. Die rund 15 mm großen Blüten kennzeichnet ein papierartiger, gewöhnlich blauvioletter Kelch, dessen verwachsene Kelchblätter einen becherförmigen Rand bilden. Die Kronblätter sind gelblich-weiß oder rosa. Die Blüten formen kompakt verzweigte Köpfchen aus Gruppen von je 2–3.

- **Verbreitung:** Gesamte Region.
- **Habitat:** Trockene, sandige Böden, meist in Küstennähe.
- **Hinweis:** Geflügelter Strandflieder wird oft für Trockensträuße kultiviert.

Lebensform ausdauernd	Wuchshöhe 20–40 cm	Blütezeit April–Sept.

STYRAXBAUMGEWÄCHSE

Familie STYRACACEAE	Art *Styrax officinalis*	Autor L.

ECHTER STYRAXBAUM

Dieser laubabwerfende Baum ist das einzige mediterrane Mitglied einer Pflanzenfamilie, die meist in Mittelamerika und Ostasien vorkommt. Seine wechselständigen, ovalen, bis 60 mm langen Blätter sind oben leuchtend grün, unten graugrün und sitzen auf ca. 10 mm langen Stielen. 3–6 der 20 mm großen, duftenden Blüten bilden Trauben. Jede Blüte hat 5–7 am Grund verwachsene Kronblätter und einen behaarten, glockenförmigen, oft ungezähnten Kelch. Die einsamige Frucht ist behaart. Früher gewann man durch Einschneiden der Rinde Balsamharz.

- **Verbreitung:** Östlicher Mittelmeerraum, im Westen bis Italien.
- **Habitat:** Wälder, Wegränder, manchmal kultiviert.

Lebensform ausdauernd	Wuchshöhe bis 7 m	Blütezeit April–Mai

ÖLBAUMGEWÄCHSE

Familie OLEACEAE	Art *Olea europaea*	Autor L.

ÖLBAUM

Dieser niedrige Baum, der sehr alt werden kann, ist der „Repräsentant“ mediterraner Flora schlechthin. Seine graue Borke wird mit dem Alter rissig, und die ledrigen, bis 80 mm langen, oberseits graugrünen Blätter schimmern auf der behaarten Unterseite silbrig. Die unscheinbaren Blüten sind cremefarben mit becherförmigem Kelch und 4 weit geöffneten Kronblättern. Die eßbaren, fleischigen Steinfrüchte enthalten viel Öl.

- **Verbreitung:** Gesamte Region.
- **Habitat:** Wälder, Olivenhaine.

Lebensform ausdauernd	Wuchshöhe bis 15 m	Blütezeit Mai–Juni

Familie OLEACEAE	Art *Phillyrea angustifolia*	Autor L.

SCHMALBLÄTTRIGE STEINLINDE

Der immergrüne Strauch mit grauer Borke und aufwärts gerichteten Zweigen trägt lanzettliche, leuchtend grüne gegenständige Blätter, die bis 80 mm lang werden und meist ungezähnt sind. Nur 5 mm groß, wachsen die Blüten in kurzen Büscheln aus den Blattachseln. Sie bestehen aus 4 kurzen Kronblättern und einem untersetzten bräunlichen Kelch. Die einsamige, fleischige Frucht wird mit der Reife blauschwarz.

- **Verbreitung:** Westlicher und zentraler Mittelmeerraum.
- **Habitat:** Maquis, Wälder.
- **Verwandte Art:** *P. latifolia* ist ein höherer Baum mit 2 Blattformen: Junge Pflanzen treiben ovale, ältere lanzettliche Blätter.

Lebensform ausdauernd	Wuchshöhe bis 2,5 m	Blütezeit März–Mai

ENZIANGEWÄCHSE

Familie GENTIANACEAE	Art *Blackstonia perfoliata*	Autor (L.) Hudson

DURCHWACHSENBLÄTTRIGER BITTERLING

Diese Enzian-Art ist eine formenreiche Pflanze mit aufrechten, kahlen Stengeln und ungestielten, häufig zusammengewachsenen oberen Blättern. Stengel und Blätter wirken meist graugrün und wachsig. Die untersten, bis 30 mm langen Blätter sind oval und bilden eine Rosette. Die Stengelblätter sind am Grund breiter und entweder ohne merklichen Einschnitt oder mit einer leichten Einbuchtung an der Nahtstelle verwachsen. Die Blüten, selten bis 35 mm lang, formen aufrechte Büschel. Ihre Kronblätter sind von einem charakteristischen Kelch mit schmalen Kelchzähnen umgeben. Die Frucht ist eine zweiteilige Kapsel.

- **Verbreitung:** Gesamte Mittelmeerregion.
- **Habitat:** Wegränder, Wälder; sandige Böden.

Lebensform einjährig	Wuchshöhe 10–60 cm	Blütezeit April–Sept.

Familie GENTIANACEAE	Art *Centaurium erythraea*	Autor Rafn

ECHTES TAUSENDGÜLDENKRAUT

Diese niedrige, formenreiche Pflanze fällt am meisten bei Sonnenschein auf, wenn ihre rosanen oder karminroten Blüten weit geöffnet sind. Meist treibt sie einen einzelnen kahlen Stengel, der sich oberhalb der Mitte öfters verzweigt, manche Formen verästeln sich jedoch schon weiter unter. Die untersten, ovalen oder elliptischen, 50 mm langen Blätter bilden eine Rosette, die schmäleren Stengelblätter wachsen in Paaren und zeigen 3 Nerven. Die 12 mm großen Blüten haben 5 am Grund verwachsene Kronblätter; die schmalen Kelchblätter reichen mindestens bis zur Mitte der Röhre. Die Frucht ist eine Kapsel.

- **Verbreitung:** Gesamte Region.
- **Habitat:** Grasfluren und Straßenränder.
- **Verwandte Art:** *C. pulchellum*, in weiten Teilen Europas verbreitet, ist kleiner, einjährig und treibt keine Rosette.

Lebensform zweijährig	Wuchshöhe 10–50 cm	Blütezeit Mai–Juli

HUNDSGIFTGEWÄCHSE

Familie APOCYNACEAE	Art *Nerium oleander*	Autor L.

GEMEINER OLEANDER

Der Oleander blüht im Hochsommer, wenn die meisten mediterranen Pflanzen längst bei der Fruchtbildung sind. An seinen grünen, fast kahlen Stengeln wachsen quirlständige, schmale, ledrige Blätter. Ihr spitzwinkliger Ansatz gibt dem ganzen Strauch einen aufwärtsstrebenden Charakter. Aus den bis 40 mm großen, endständigen Blütenbüscheln entwickeln sich filzige Balgfrüchte mit vielen rotschopfigen Samen.

• **Verbreitung:** Gesamte Mittelmeerregion.

• **Habitat:** Felsige Bachläufe; häufig als Zierpflanze in Gärten und an Straßenrändern.

• **Hinweis:** Der Milchsaft der Pflanze ist extrem **giftig**!

Lebensform ausdauernd	Wuchshöhe bis 4 m	Blütezeit Juni–Sept.

Familie APOCYNACEAE	Art *Vinca difformis*	Autor Pourret

MITTLERES IMMERGRÜN

Die zarten, blaßblauen Blüten dieser Kriechpflanze sitzen auf kurzen, aufrechten Stielen. Die glänzenden Blätter wachsen in Paaren und sind im Gegensatz zu denen von *Vinca major* (siehe S. 176) nicht bewimpert. Aus den bis 45 mm großen Blüten entwickeln sich Balgfrüchte, in denen kahle Samen reifen.

• **Verbreitung:** Südwestlicher Mittelmeerraum mit Nordwestafrika; im Osten bis Italien.

• **Habitat:** Hecken, feuchte, schattige Standorte, Straßenränder, Wälder.

• **Verwandte Art:** *Vinca herbacea* ist ähnlich, aber nicht immergrün. Es gedeiht im westlichen und zentralen Mittelmeerraum.

Lebensform ausdauernd	Wuchshöhe bis 2 m	Blütezeit Feb.–Mai

Familie Apocynaceae	Art *Vinca major*	Autor L.

Grosses Immergrün

Wie das Mittlere Immergrün (S. 175) trägt diese Kriechpflanze Blüten auf kurzen, aufrechten Stengeln. Die breiten, stumpfgrundigen Blätter sind bewimpert. Auch die Kelchblätter der blauvioletten Blüten tragen am Rand feine Härchen.

• **Verbreitung:** Gesamte Region; im Osten eingebürgert.

• **Habitat:** Feuchte, schattige Standorte.

Blütenstengel bis 30 cm hoch

Blüten blauviolett mit ungleichseitigen Kronblattspitzen

Glänzende, bis 60 mm große Blätter

Lebensform ausdauernd	Wuchshöhe bis 100 cm	Blütezeit Feb.–Mai

Seidenpflanzengewächse

Familie Asclepiadaceae	Art *Gomphocarpus fruticosus*	Autor (L.) Aiton fil.

Strauchige Seidenpflanze

Diese aus Südafrika stammende, inzwischen im gesamten Mittelmeerraum eingebürgerte Zierpflanze ist im Spätsommer am schönsten, wenn ihre aufgeblasenen Früchte orange-gelb leuchten. Ihre aufrechten, am Grund verholzten, milchsafthaltigen Stengel tragen schmale, aufwärts gerichtete, bis 10 cm lange Blätter, die in gegenständigen Paaren oder quirlständig zu dritt wachsen. Aus den bis 15 mm großen, fünfzähligen Blüten, die in Nähe der Stengelspitze doldenartige, überhängende Gruppen bilden, entwickeln sich borstig behaarte Früchte.

• **Verbreitung:** Gesamte Region.

• **Habitat:** Ödland, felsige Bachläufe.

Schmale, kahle Blätter

Kronblätter mit fein gewimpertem Rand

Frucht bis 60 mm lang

Blätter mit vorstehendem Mittelnerv

Lebensform ausdauernd	Wuchshöhe bis 2 m	Blütezeit Mai–Aug.

milie ASCLEPIADACEAE | Art *Vincetoxicum hirundinaria* | Autor Medicus

GEBRÄUCHLICHE SCHWALBENWURZ

Diese **giftige**, formenreiche Pflanze treibt aufrechte, unverzweigte Stengel mit bis 20 cm großen, herz- oder spießförmigen Blättern, die in gegenständigen Paaren wachsen und vor allem an Adern und Rändern kurz behaart sind. Die Blüten erreichen einen Durchmesser von 10 mm und haben 5 weiße oder gelbe Kronblätter. Die paarigen Balgfrüchte werden 60 mm groß, bevor sie die beschopften Samen freigeben.

- **Verbreitung:** Gesamte Region.
- **Habitat:** Grasfluren, schattige Waldränder.

ebensform ausdauernd | Wuchshöhe bis 120 cm | Blütezeit Mai–Sept.

RÖTEGEWÄCHSE

amilie RUBIACEAE | Art *Cruciata laevipes* | Autor Opiz

KREUZLABKRAUT

Rötegewächse sind eine der größten Blühpflanzen-Familien; die meisten Arten kommen in den Tropen und Subtropen vor, und nur wenige sind in gemäßigten Zonen heimisch. Das Kreuzlabkraut mit flaumig behaarten, in Grundnähe verzweigten Stengeln und bis 20 mm langen Blättern in Quirlen zu viert ist ein typischer Vertreter der Familie. Die winzigen Blüten (3 mm) haben 4 Kronblätter. Sie bilden in den Blattachseln dichte Büschel. Rundliche, schwarze Früchte sitzen auf nach unten gebogenen Stielen.

- **Verbreitung:** Gesamte Region, einige Inseln ausgenommen.
- **Habitat:** Grasfluren, Straßenränder.
- **Verwandte Arten:** Arten der Gattung *Galium* sind ähnlich, haben jedoch meist weiße oder gelbe Blüten und bis zu 12 Blätter pro Quirl. Viele tragen Früchte mit hakigen Borsten. Eine der häufigsten ist *Cruciata verum* (Echtes Labkraut), dessen gelbe Blüten dichte Rispen formen.

Lebensform ausdauernd | Wuchshöhe 20–60 cm | Blütezeit April–Juni

Familie RUBIACEAE	Art *Rubia peregrina*	Autor L.

KLETTEN-KRAPP

Diese immergrüne Kletter- oder Kriechpflanze mit vierkantigen, am Grund verholzten Stengeln treibt bis 60 mm lange Blätter in Quirlen zu 4–8. Blattränder, Mittelnerven und Stengel tragen scharfe, rückwärts gerichtete Stacheln, die der Pflanze zur Verankerung dienen. Die 6 mm großen Blüten bilden dichte Gruppen. Sie haben 5 spitze gelbgrüne Kronblätter und entwickeln sich zu schwarzen, bis 6 mm großen Beeren.

• **Verbreitung:** Westlicher und zentraler Mittelmeerraum.
• **Habitat:** Lichte Wälder, Felsfluren, Feldränder.
• **Verwandte Art:** *R. tinctoria*, aus dem das Farbpigment gewonnen wird, ist eine zartere Pflanze mit helleren, eher runden Kronblättern.

Lebensform ausdauernd	Wuchshöhe bis 2,5 m	Blütezeit April–Aug.

WINDENGEWÄCHSE

Familie CONVOLVULACEAE	Art *Cuscuta epithymum*	Autor (L.) L.

THYMIANSEIDE

Kleeseiden (Gattung *Cuscuta*) sind Schmarotzer, die anderen Pflanzen Wasser und Nährstoffe entziehen. Diese Art lebt auf verschiedenen Wirtspflanzen der Region, häufig auf *Erica*-Arten und Hülsenfrüchtlern. Sie überzieht ihren Wirt mit einem Gewirr roter oder gelblicher Stengel, die in das Gewebe der Wirtspflanze eindringen. Ihre rosafarbenen, fast durchscheinenden Blüten werden 2 mm groß und haben 5 Kronlappen und kurze Staubblätter. Die Frucht ist eine Kapsel. Sobald ein Samen gekeimt und einen Wirt entdeckt hat, sterben die Wurzeln des Keimlings ab.

• **Verbreitung:** Gesamte Mittelmeerregion.
• **Habitat:** Offene Flächen mit Sträuchern.

Lebensform einjährig	Wuchshöhe bis 60 cm	Blütezeit Juni–Sept.

Familie CONVOLVULACEAE	Art *Calystegia soldanella*	Autor L.

STRAND-WINDE

Diese Winde ist oft an Sandstränden und auf Dünen anzutreffen. Ihre kahlen Stengel treiben aus einem Rhizom und kriechen im oder über den Sand. Die Blätter werden doppelt so breit wie lang. Die Kelchblätter der gestreiften, bis 40 mm großen Blüten liegen zum Teil unter einem Paar pergamentartiger Vorblätter, was diese Pflanze und ihre Verwandten von Winden der Gattung *Convolvulus* unterscheidet. Die Frucht ist eine Kapsel.

- **Verbreitung:** Gesamte Mittelmeerregion.
- **Habitat:** Küstensand.
- **Hinweise:** Diese sehr weit verbreitete Pflanze findet man an Sandstränden in fast ganz Europa.

Lebensform ausdauernd	Wuchshöhe bis 100 cm	Blütezeit Mai–Sept.

Familie CONVOLVULACEAE	Art *Convolvulus althaeoides*	Autor L.

EIBISCHBLÄTTRIGE WINDE

Auch diese Winde besticht durch auffällige, großen Blüten, die vormittags ihre Pracht am schönsten entfalten. Kurzbehaarte Stengel wachsen kriechend oder winden sich an Stützen empor. Behaart sind auch die Blätter. Am Grund herzförmig mit gelapptem Rand, werden sie zur Spitze hin dreieckig und tief eingeschnitten. Tiefrosa, im Zentrum dunklere Blüten erreichen einen Durchmesser von 60 mm. Die Frucht ist eine Kapsel.

- **Verbreitung:** Gesamte Region.
- **Habitat:** Trockene, sandige Standorte; Wegränder.
- **Hinweis:** Man kennt zwei Unterarten: Bei der Subsp. *althaeoides* ist die Blattlappung relativ gering, bei der Subsp. *tenuissimus* kann sie bis zum Mittelnerv reichen.

Lebensform ausdauernd	Wuchshöhe bis 100 cm	Blütezeit April–Juli

Familie CONVOLVULACEAE	Art *Convolvulus arvensis*	Autor L.

ACKER-WINDE

Sie ist ein weitverbreitetes Unkraut, das über den Boden kriecht und dabei andere Pflanzen überwuchert. Sie hat schlanke, fast kahle Stengel und gestielte, bis 40 mm lange, meist pfeilförmige Blätter. Die Blüten sind rosa, weiß oder gestreift und entwickeln sich zu rundlichen Kapseln.

• **Verbreitung:** Gesamte Region.
• **Habitat:** Brach- und Grasland.

Lebensform ausdauernd	Wuchshöhe bis 2 m	Blütezeit April–Aug.

Familie CONVOLVULACEAE	Art *Convolvulus lanuginosus*	Autor Desr.

CONVOLVULUS LANUGINOSUS

Dies ist eine nicht-kletternde, kompakte Winde mit aufrechten, am Grund verholzenden Stengeln. Blätter und Stengel sind mit seidigen Haaren bedeckt, so daß die Pflanze silbrig schimmert. Die lanzettlichen Blätter mit vorstehendem Mittelnerv werden 30 mm lang. Die weißen oder blaßrosa Blüten sitzen in dichten Büscheln auf langen Stielen und entwickeln sich zu kahlen Kapseln.

• **Verbreitung:** Mediterranes Spanien und Frankreich, Nordafrika.
• **Habitat:** Trockene Felsfluren.

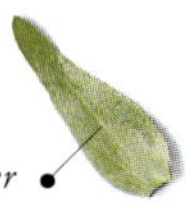

Lebensform ausdauernd	Wuchshöhe 5–30 cm	Blütezeit März–Juli

Familie CONVOLVULACEAE	Art *Convolvulus oleifolius*	Autor Desr.

ÖLBAUMBLÄTTRIGE WINDE

Wie *Convolvulus lanuginosus* ist diese, am Grund verholzte Winde mit seidigen Haaren bedeckt, die sie vor Sonne und Wind schützen. Sie hat aufrechte Stengel, die sich am Grund verzweigen. Die schmalen Blätter werden 30 mm lang, die Blüten bilden dichte, verzweigte Köpfchen. Die Frucht ist eine behaarte Kapsel.

• **Verbreitung:** Griechenland, ägäischer Raum, Malta.
• **Habitat:** Kalkfelsen in Küstennähe.
• **Verwandte Art:** *C. cneorum* (westl. Region) ist robuster und zeigt keine sichtbare Verzweigung in den Blütenständen.

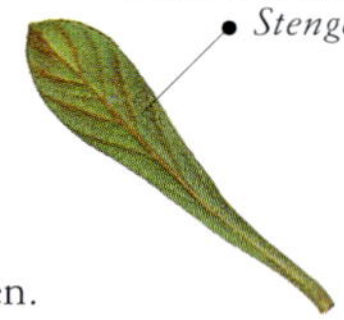

Lebensform ausdauernd	Wuchshöhe 10–50 cm	Blütezeit März–Mai

RAUHBLATTGEWÄCHSE

Familie	Art	Autor
BORAGINACEAE	*Heliotropium europaeum*	L.

EUROPÄISCHE SONNENWENDE

Diese kleine Pflanze ist ein formenreiches Mitglied der Familie der Rauhblattgewächse, die meist dichte, zuweilen borstige, nicht aber stachelige Behaarung tragen. Ihre elliptischen, bis 60 mm großen, langgestielten Blätter zeigen deutliche Aderung. Ihre Blütenstände sind – typisch für diese Familie – wickelig und rollen sich erst mit dem Aufblühen der Einzelknospen auf. Jede Blüte hat 5 Kronblätter und wird bis 4 mm groß. Die Frucht besteht aus insgesamt 4 Nüßchen.

- **Verbreitung:** Gesamte Mittelmeerregion.
- **Habitat:** Schuttplätze und Felder.

Lebensform	Wuchshöhe	Blütezeit
einjährig	5–40 cm	April–Okt.

Familie	Art	Autor
BORAGINACEAE	*Lithodora fruticosa*	(L.) Griseb.

STRAUCHIGER STEINSAME

Dieser kleine, reich verzweigte Strauch treibt aufrechte Stengel, die anfangs weiß behaart sind, später aber eine graue Borke tragen und knorrig werden. Die bis 25 mm langen Blätter sind ebenfalls behaart und entwickeln mit zunehmendem Alter – vor allem am Rand – kleine Höcker oder Knöllchen. Die rund 15 mm großen Blüten sind violett oder leuchtend blau und haben eine lange Kronröhre und 5 am Grund verwachsene, behaarte Kelchlappen. Die Nüßchen werden 4 mm lang.

- **Verbreitung:** Spanien, Frankreich.
- **Habitat:** Trockene Standorte; bevorzugt auf kalkhaltigen Böden.

Lebensform	Wuchshöhe	Blütezeit
ausdauernd	15–60 cm	März–Mai

Familie	Art	Autor
BORAGINACEAE	*Lithodora hispidula*	(Sibth. & Sm.) Griseb.

BORSTIGER STEINSAME

Im Frühling ist dieser polsterbildende, sonst eher unauffällige Strauch mit blauen Blüten übersät. Wie beim Strauchigen Steinsamen (S. 181) wird der verholzte Teil knorrig mit rissiger Borke, während junge Triebe flaumige Behaarung tragen. Die elliptischen, bis 15 mm langen Blätter haben gerade oder eingerollte Ränder, angedrückte Härchen und kräftige Borsten. Trichterförmige Blüten wachsen in Büscheln bis vier. Jeder Blütenstand ist von kurzen Blättern umgeben. Die Frucht ist ein dreiseitiges Nüßchen.
- **Verbreitung:** Kreta, Türkei
- **Habitat:** Trockene und felsige Hänge.

Lebensform	Wuchshöhe	Blütezeit
ausdauernd	10–35 cm	März–Mai

Familie	Art	Autor
BORAGINACEAE	*Onosma taurica*	Willd.

ONOSMA TAURICA

Es gibt mehr als ein Dutzend Lotwurz-Arten (*Onosma*), die alle dieselben charakteristischen Blüten aufweisen, bei denen die Kronblätter zur Röhre verwachsen sind. *Onosma taurica* ist eine aufrechte Art mit borstig behaarten Blütenstengeln. Die untersten, bis 12 cm langen Blätter verwelken oft vor der Blütezeit. Aus den blaßgelben, un- oder kurzgestielten Blüten entwickeln sich glänzende Nüßchen.
- **Verbreitung:** Balkan, Türkei.
- **Habitat:** Trockene Felsfluren; meist in Höhenlage.
- **Verwandte Arten**: *O. erecta* (Griechenland) trägt die Blüten auf längeren Stielen; *O. frutescens*, aus derselben Gegend stammend, treibt Blüten

Lebensform	Wuchshöhe	Blütezeit
ausdauernd	10–40 cm	Mai–Juli

milie BORAGINACEAE | Art *Cerinthe major* | Autor L.

GROSSE WACHSBLUME

Diese blaugrüne Art treibt fleischige, fast kahle Stengel und oft weiß gefleckte Blätter. Die unteren sind gestielt und löffelförmig, die oberen ungestielt und stengelumfassend. Aus den röhrenförmigen, von Tragblättern flankierten Blüten entwickeln sich glänzende schwarze Nüßchen.

- **Verbreitung:** Gesamte Mittelmeerregion.
- **Habitat:** Wegränder, feuchte Standorte.

ebensform einjährig | Wuchshöhe 15–60 cm | Blütezeit März–Juni

amilie BORAGINACEAE | Art *Alkanna sartoriana* | Autor Boiss. & Heldr.

ALKANNA SARTORIANA

Mitglieder der Gattung *Alkanna* sind meist niedere Pflanzen mit dichten Büscheln blauer oder gelber Blüten. Diese Art, die man nur in Griechenland antrifft, hat borstig behaarte Stengel und behaarte, etwas längliche Blätter, die bis 12 mm groß werden. Die blaßgelben, 10 mm großen Blüten produzieren kleine, warzige Nüßchen.

- **Verbreitung:** Südgriechenland.
- **Habitat:** Trockene Felsfluren.

Lebensform ausdauernd | Wuchshöhe 10–30 cm | Blütezeit April–Juni

Familie BORAGINACEAE | Art *Alkanna tinctoria* | Autor (L.) Tausch

FÄRBER-ALKANNE

Sie treibt niederliegende oder aufsteigende behaarte Stengel. Ihre unteren, bis 15 cm langen Blätter sind lanzettlich und gestielt, die oberen, kürzeren, linealischen sitzen direkt am Stengel. Die Blüten, deren Kronröhre fast vollständig vom Kelch umgeben ist, wachsen in Büscheln. Die Wurzelrinde wurde früher zum Färben verwendet. Die Frucht ist ein Nüßchen.

- **Verbreitung:** Gesamte Region.
- **Habitat:** Sandige oder felsige Standorte, oft in Küstennähe.

Lebensform ausdauernd | Wuchshöhe 10–30 cm | Blütezeit Feb.–Juni

Familie	Art	Autor
BORAGINACEAE	*Echium asperrimum*	Lam.

ECHIUM ASPERRIMUM

Natternköpfe – Gattung *Echium* – sind meist steife, aufrechte Pflanzen mit borstigen Haaren oder Stacheln. Diese Art treibt dekorativ verzweigte Stengel mit vielen Stacheln. Ihre untersten Blätter sind lanzettlich, bis 25 cm lang, die Stengelblätter schmäler und kürzer. Aus den fleischfarbenen, bis 18 mm großen Blüten mit herausragenden Staubblättern werden dreiseitige Nüßchen.

- **Verbreitung:** Westlicher Mittelmeerraum einschließlich Italien.
- **Habitat:** Trockene Standorte, Wegränder.

Lebensform	Wuchshöhe	Blütezeit
zweijährig	bis 100 cm	April–Juli

Familie	Art	Autor
BORAGINACEAE	*Echium angustifolium*	Miller

SCHMALBLÄTTRIGER NATTERNKOPF

Diese formenreiche, rot blühende Pflanze wirkt dank ihrer dichten Behaarung graugrün. Die zahlreichen aufrechten Stengel tragen schmale, lanzettliche, bis 60 mm lange Blätter und einzelne Büschel roter oder rötlicher, bis 22 mm großer Blüten mit breitem Schlund.

- **Verbreitung:** Griechenland, Kreta, Türkei.
- **Habitat:** Ödland.
- **Verwandte Art:** E. creticum, im westlichen Mittelmeerraum weit verbreitet, treibt ebenfalls rote Blüten.

Lebensform	Wuchshöhe	Blütezeit
ausdauernd	25–40 cm	April–Juli

Familie	Art	Autor
BORAGINACEAE	*Echium italicum*	L.

ITALIENISCHER NATTERNKOPF

Wegen seines fast pyramidenförmigen Blütenstands wirkt diese verbreitete, teils borstig, teils seidig behaarte Pflanze konisch. Die Blätter am Stengelgrund sind lanzettlich und bis 35 cm lang, die Stengelblätter schmäler und wesentlich kürzer. Die Blüten mit den herausragenden Staubblättern werden bis 12 mm groß. Der kräftige Blütenstiel bleibt häufig nach dem Absterben der Pflanze stehen.

- **Verbreitung:** Gesamte Region.
- **Habitat:** Wegränder, Brach- und Kulturland.

Lebensform	Wuchshöhe	Blütezeit
zweijährig	bis 100 cm	April–Aug.

Familie BORAGINACEAE	Art *Echium plantagineum*	Autor L.

WEGERICHBLÄTTRIGER NATTERNKOPF

Diesen Natternkopf trifft man im gesamten Mittelmeerraum auf Feldern und Brachland an. Seine aufrechten Stengel fühlen sich weicher an als die der meisten Rauhblattgewächse. Die untersten, bis 14 cm langen, ovalen Blätter zeigen Aderung, sind zur Blütezeit aber oft bereits verwelkt. Länger halten die kleineren, am Grund herzförmigen Stengelblätter. Bis 30 mm groß, treiben die Blüten in wickeligen Blütenständen auf kurzen Seitentrieben. Auffällig sind die 2 herausragenden Staubblätter. Anfangs rot, verfärben sich die Blüten später blauviolett. Die Frucht ist ein dreiseitiges Nüßchen.

- **Verbreitung:** Gesamte Region.
- **Habitat:** Felder, sandige Böden in Küstennähe.
- **Verwandte Art:** *Echium vulgare*, ebenfalls in der ganzen Region heimisch, ist eine borstige Pflanze mit kompakteren Blütenständen ohne sichtbare Verzweigung und hat lanzettliche Stengelblätter ohne herzförmigen Grund.

Lebensform ein-/zweijährig	Wuchshöhe 20–60 cm	Blütezeit April–Juli

Familie BORAGINACEAE	Art *Symphytum tuberosum*	Autor L.

SYMPHYTUM TUBEROSUM

Pflanzen der Gattung Schwarzwurz (*Symphytum*) haben meist unterirdisch kriechende Stengel. Diese niedere Art hat kurze, behaarte Triebe fast ohne Verzweigungen. Wenn die bis 19 mm großen Blüten in den wickeligen Blütenständen erscheinen, sind die untersten, bis 10 cm langen Blätter bereits verwelkt. Die Frucht ist ein ovales Nüßchen.

- **Verbreitung:** Gesamte Region, nicht jedoch in Trockenzonen.
- **Habitat:** Feuchte, schattige Standorte.

Lebensform ausdauernd	Wuchshöhe 15–40 cm	Blütezeit April–Juni

Familie BORAGINACEAE	Art *Anchusa azurea*	Autor Miller

ITALIENISCHE OCHSENZUNGE

Pflanzen der Gattung *Anchusa* (Ochsenzunge) sind im Mittelmeerraum weit verbreitet. Diese Art – sie zählt zu den größten und schönsten – treibt kräftige, aufrechte, borstige Stengel, die sich auf ihrer gesamten Länge verzweigen. Die untersten Blätter sind riemenförmig und bis 30 cm lang, die Stengelblätter dagegen kürzer, schmäler und ungestielt. Die Blüten sind purpurn oder leuchtend blau und 20 mm groß mit borstig behaartem, langgezähntem Kelch. Aus ihnen entwickeln sich bis 10 mm lange, meist in Gruppen zu 4 zusammenstehende ovale Nüßchen.

- **Verbreitung:** Gesamte Region.
- **Habitat:** Felder, Wegränder, Gärten.
- **Hinweis:** Die Italienische Ochsenzunge ist eine beliebte Zierpflanze.
- **Verwandte Arten:** *A. officinalis*, ähnlich weit, im Norden bis Skandinavien verbreitet, hat aufrechte, unverzweigte, borstige Stengel mit lockeren, wickeligen Blütenständen in blau oder violett; *A. arvensis*, gewöhnlich eher niedrig und wuchernd, trägt extrem rauhborstige Blätter. In ganz Europa heimisch. Viele andere Arten kommen regional begrenzt vor.

Lebensform ausdauernd	Wuchshöhe 20–150 cm	Blütezeit März–Aug.

Familie BORAGINACEAE	Art *Anchusa undulata*	Autor L.

ANCHUSA UNDULATA

Im Gegensatz zur Italienischen (oben) ist diese formenreiche, aufrechte Ochsenzunge gewöhnlich seidig behaart. Ihre bis 15 cm langen Blätter sind oval oder lanzettlich, die Blüten treiben auf paarigen, v-förmig verzweigten Ästen. Die Nüßchen werden 4 mm lang.

- **Verbreitung:** Gesamte Region.
- **Habitat:** Kulturland, Wegränder, Weinberge.

Lebensform zweijährig/ausd.	Wuchshöhe 10–50 cm	Blütezeit März–Juni

Familie BORAGINACEAE	Art *Anchusa variegata*	Autor (L.) Lehm.

BUNTE OCHSENZUNGE

Diese Pflanze treibt niederliegende Stengel mit gesprenkelten Blättern und ist mit Höckern und Borsten besetzt. Sie verzweigt am Grund, und die warzigen, bis 10 cm langen Blätter sind oft gezähnt. Die Blüten, rund 10 mm groß, haben gestreifte Kronblätter; die Kronröhre zeigt einen Knick. Die Nüßchen wachsen in Vierergruppen.

- **Verbreitung:** Südgriechenland, Kreta, Türkei.
- **Habitat:** Kulturland, Wegränder, Trokkenmauern, sandige Böden in Küstennähe.
- **Verwandte Art:** *A. cretica* (Italien, Balkan, Türkei) wird dank aufrechter oder aufsteigender Stengel 50 cm hoch.

Lebensform einjährig	Wuchshöhe bis 30 cm	Blütezeit Feb.–Juni

Familie BORAGINACEAE	Art *Borago officinalis*	Autor L.

BORRETSCH

Seit langem als Küchenkraut kultiviert, ist Borretsch im Mittelmeerraum auch als Wildpflanze weit verbreitet. Er hat dicke, borstig behaarte, aufrechte Stengel mit elliptischen, bis 20 cm langen Blättern. Die leuchtend blauen, sternartigen, bis 20 mm großen Blüten sitzen in lockeren Büscheln auf langen, borstigen Stielen. Die schwarzen Nüßchen werden bis 10 mm lang.

- **Verbreitung:** Gesamte Region.
- **Habitat:** Wegränder, Kulturland; häufig verwilderte Gartenpflanzen.
- **Verwandte Art:** *Borago pygmaea*, heimisch auf Korsika und Sardinien, ist eine wesentlich kleinere, zartere Pflanze mit nikkenden glockenförmigen Blüten. Sie wächst auf feuchten Böden, oft in der Nähe von Quellen und Bachläufen.

Lebensform ausdauernd	Wuchshöhe bis 75 cm	Blütezeit April–Sept.

Familie	Art	Autor
BORAGINACEAE	*Cynoglossum columnae*	Ten.

COLONNAS-HUNDSZUNGE

Diese aufrechte, weich behaarte Pflanze fällt weniger durch ihre Blüten als wegen ihrer Früchte auf, die, mit kleinen Widerhaken versehen, an der Kleidung hängenbleiben. Die flaumig behaarten Blätter haben Zungenform (daher der Name der Gattung) und werden bis 15 cm lang. Bei den rötlich blauen, kaum 7 mm großen Blüten sind die Kelchblätter ebenso lang wie die Kronblätter.
Die Frucht besteht aus 4 braunen Nüßchen mit verdicktem, hakig bestacheltem Rand.

- **Verbreitung:** Zentr. und östl. Mittelmeerraum.
- **Habitat:** Felder; trockene, steinige Standorte.

Lebensform	Wuchshöhe	Blütezeit
einjährig	25–45 cm	März–Juli

Familie	Art	Autor
BORAGINACEAE	*Cynoglossum creticum*	Miller

KRETISCHE HUNDSZUNGE

Wer im Sommer durch mediterranes Hinterland streift, wird kaum umhinkommen, mit dieser Pflanze Bekanntschaft zu schließen – und sei es nur als ahnungsloser Verbreiter ihrer extrem anhänglichen Samen. An den aufrechten, filzig behaarten Stengeln wachsen weiche, bis 20 cm lange Blätter. Ihre Blüten, bis 10 cm groß, sind anfangs rot oder rosa, später blau. Charakteristisches Merkmal der Kronblätter ist ihre netznervige Aderung, einen Ton dunkler als die Grundfarbe. Die Frucht besteht aus rundlichen Nüßchen, die bis 7 mm groß werden, in Vierergruppen wachsen und mit widerhakigen Stacheln besetzt sind.

- **Verbreitung:** Gesamte Region.
- **Habitat:** Trockene Standorte, Straßenränder.
- **Verwandte Art:** *C. cheirifolium* (westl. Mittelmeerraum hat gräuliche, dicht behaarte Stengel und Blätter und purpurne oder violette Blüten ohne sichtbare Aderung.

Lebensform	Wuchshöhe	Blütezeit
zweijährig	20–60 cm hoch	März–Juli

EISENKRAUTGEWÄCHSE

Familie VERBENACEAE	Art *Vitex agnus-castus*	Autor L.

KEUSCHBAUM

Keuschbaum und Eisenkraut (unten) zählen zu den wenigen mediterranen Vertretern einer vorwiegend in den Tropen heimischen Pflanzenfamilie. Dieser laubabwerfende Strauch (kein Baum) hat vierkantige Stengel und handförmig gefiederte Blätter mit lanzettlichen, bis 10 cm langen Teilblättchen, die unten filzig behaart sind. Die duftenden, zweilippigen, quirlständigen Blüten bilden lange, lockere Ähren. Die Frucht ist fleischig, schwarz oder rötlich und etwa 2 mm lang.

- **Verbreitung:** Gesamte Region.
- **Habitat:** Feuchte Standorte, Straßenränder, Gärten.
- **Hinweis:** Der Name hängt damit zusammen, daß seine Früchte als Anaphrodisiakum gelten und früher von Priestern und Mönchen verzehrt wurden. Die Pflanze wird noch heute pharmazeutisch genutzt.

Lebensform ausdauernd	Wuchshöhe 1–6 m	Blütezeit Juni–Nov.

Familie VERBENACEAE	Art *Verbena officinalis*	Autor L.

EISENKRAUT

An den vierkantigen, schlanken, rauhbehaarten Blättern dieser aufrechten Pflanze treiben bis 75 mm lange, meist lanzettliche und gelappte Blätter, wobei die oberen Stengelblätter weniger tief eingeschnitten sind als die unteren. Die Blüten sind klein – nur 4 mm im Durchmesser – und bilden hohe Ähren. Die fünfblättrigen Blütenkronen sind von einem behaarten Kelch umschlossen. Die Frucht teilt sich in 4 einsamige, bis 2 mm große Nüßchen.

- **Verbreitung:** Gesamte Mittelmeerregion.
- **Habitat:** Wegränder, Kiesfluren.

Lebensform ausdauernd	Wuchshöhe 30–60 cm	Blütezeit Mai–Sept.

LIPPENBLÜTLER

Familie LABIATAE	Art *Ajuga chamaepitys*	Autor (L.) Schreber

GELBER GÜNSEL

Er hat kreuzgegenständige Blätter und zweilippige Blüten. Die vierkantigen meist behaarten Stengel verzweigen sich am Grund. Zerdrückt, verströmt die Pflanze einen kiefernartigen Geruch. Aus den bis 15 mm großen Blüten werden Früchte mit 4 Nüßchen.
- **Verbreitung:** Gesamte Region.
- **Habitat:** Felder, Weinberge, kalkige Hügel.

Lebensform einjährig/ausd.	Wuchshöhe 5–30 cm	Blütezeit Feb.–Aug.

Familie LABIATAE	Art *Ajuga iva*	Autor (L.) Schreber

MOSCHUS-GÜNSEL

Diese niederliegende oder aufsteigende, dicht behaarte Pflanze ist am Grund verholzt. Im Gegensatz zum Gelben Günsel (oben) sind ihre 15 mm langen Blätter nicht geteilt. Die bis 20 mm großen Blüten stehen zu 2–4 zusammen. Ihre Farbe ist unterschiedlich, am häufigsten sind purpurne und rosa Formen. Die Pflanze riecht nach Moschus.
- **Verbreitung:** Gesamte Mittelmeerregion.
- **Habitat:** Grasfluren, steinige Standorte, Felder.

Lebensform ausdauernd	Wuchshöhe 5–20 cm	Blütezeit April–Okt.

Familie LABIATAE	Art *Teucrium divaricatum*	Autor Sieber ex Boiss.

TEUCRIUM DIVARICATUM

Pflanzen der Gattung *Teucrium* – Gamander genannt –, treiben Blüten mit fünfzipfeliger Unter-, aber ohne Oberlippe. Diese formenreiche, strauchige Art hat behaarte junge Triebe und bis 25 mm lange, ovale Blätter mit leichter Lappung oder Zähnung. Die rosa bis purpurnen Blüten mit auffälligen Staubblättern werden 10 mm groß. Wie bei allen Gamandern besteht die Frucht aus 4 Nüßchen.
- **Verbreitung:** Ägäischer Raum.
- **Habitat:** Felsfluren und trockene, offene Standorte; häufig in Küstennähe.

Lebensform ausdauernd	Wuchshöhe 10–30 cm	Blütezeit April–Juli

amilie LABIATAE	Art *Teucrium fructicans*	Autor L.

STRAUCHIGER GAMANDER

Dieser Strauch gedeiht im westlichen Mittelmeerraum häufig wild, wird aber auch oft kultiviert und zu Hecken gestutzt. Seine jungen Triebe sind vierkantig und filzig behaart, ältere werden eher rund und bekommen eine gräuliche Borke. Die elliptischen, 30 mm langen Blätter glänzen an der Oberseite, sind unten aber dicht behaart. Die blaßblauen Blüten bestehen aus einer geschwungenen, bis 25 mm langen Lippe mit deutlich vorstehenden Staubblättern und Griffel. Der filzige Kelch hat Glockenform.

- **Verbreitung:** Westlicher Mittelmeerraum; im Westen bis zur Adria; nicht auf manchen Inseln.
- **Habitat:** Waldgebiete in Küstennähe.
- **Hinweis:** Wie bei vielen Lippenblütlern werden die Pollen durch Insekten von einem Strauch zum anderen transportiert.
- **Verwandte Art:** *Teucrium brevifolium*, im ägäischen Raum heimisch, ist ähnlich, aber kleiner (bis 60 cm hoch und mit 10 mm großen Blüten).

Lebensform ausdauernd	Wuchshöhe bis 150 cm	Blütezeit Feb.–Juni

Familie LABIATAE	Art *Teucrium polium*	Autor L.

KOPFIGER GAMANDER

Diese aufrechte, niedere, am Grund verholzte Pflanze ist dicht mit weißen oder goldenen Härchen umkleidet. Ihre bis 25 mm langen Blätter haben gekerbte Ränder. Die einlippigen Blüten sind sehr klein. Weiß oder rot, bilden sie köpfchenförmige Blütenstände von unterschiedlicher Größe.

- **Verbreitung:** Gesamte Region.
- **Habitat:** Felsige, sandige Standorte; häufig in exponierter Lage in Küstennähe.

Lebensform ausdauernd	Wuchshöhe bis 30 cm	Blütezeit Mai–Aug.

Familie LABIATAE	Art *Scutellaria columnae*	Autor All.

SCUTELLARIA COLUMNAE

Pflanzen der Gattung *Scutellaria* (Helmkraut) tragen meist aufrechte Blüten, deren Kelch auf dem Rücken einen charakteristischen helmförmigen Höcker ausbildet. *S. columnae* ist eine aufrechte Art, manchmal mit verzweigten Stengeln und bis 80 mm langen, ovalen Blättern mit herzförmigem Grund. Ihre von kleinen Hochblättern flankierten, bis 22 mm langen Blüten wachsen in gegenständigen Paaren und haben purpurne Ober- und hellrosafarbene Unterlippen.

- **Verbreitung:** Korsika, Italien, Balkan.
- **Habitat:** Wälder, schattige Standorte.
- **Verwandte Art:** S. *galericulata* ist eine weit verbreitete, kleinere Pflanze mit blauen Blüten. Die Blütenpaare sitzen weit auseinander, und Hochblätter und Blätter sind anders als bei obiger Art ähnlich.

Lebensform ausdauernd	Wuchshöhe 30–100 cm	Blütezeit Mai–Juli

Familie LABIATAE	Art *Prasium majus*	Autor L.

GROSSER KLIPPENZIEST

Dieser kleine, dicht verzweigte Strauch ist an seinen dunkelgrün glänzenden Blättern zu erkennen. Die kahlen Stengel bekommen mit den Jahren eine graue Borke, und die ebenfalls meist kahlen, paarigen, gezähnten Blätter mit herzförmigem Grund werden bis 50 mm groß. Bei den endständigen Blüten fällt der glockenförmige, zweilippige Kelch mit zweizipfeliger Ober- und dreizipfeliger Unterlippe auf. Die Nüßchen werden mit der Reife schwarz.

- **Verbreitung:** Gesamte Mittelmeerregion außer Frankreich und einigen Inseln.
- **Habitat:** Felsfluren, Trockenmauern, Hecken; meist in Küstennähe.

Lebensform ausdauernd	Wuchshöhe bis 100 cm	Blütezeit Feb.–Juni

ilie LABIATAE	Art *Phlomis fruticosa*	Autor L.

;TRAUCHIGES BRANDKRAUT

ꟼflanzen der Gattung *Phlomis* sind durch ihre ;roßen, gekrümmten Blüten mit helmförmiger Ͻberlippe und gleichlangen Kelchblättern ;ekennzeichnet. Diese Art ist ein reich ver- weigter, kräftiger Strauch mit aufrechten ;tengeln, die anfangs filzig behaart sind. Die ›aarigen, bis 90 mm langen, elliptischen oder anzettlichen Blätter werden am Grund ;chmäler; auf der behaarten Unterseite reten die Nerven sichtbar hervor. Die gelben Blüten formen weit auseinanderste- ıende, von spitzen Hochblättern umgebene Wirtel. Bis 35 mm groß, besteht jede Blüte aus ıelmförmiger Oberlippe und ausgebreiteter Unterlippe. Die abgestorbenen Blütenstände bleiben bis ins folgende Jahr stehen. Die Frucht enthält 4 dreiseitige Nüßchen.

• **Verbreitung:** Östlicher Mittelmeerraum; im Westen bis Sardinien.
• **Habitat:** Trockene, sonnige Südhänge.
• **Hinweis:** Im Westen und auch außerhalb der Region häufig kultiviert.

ebensform ausdauernd	Wuchshöhe bis 125 cm	Blütezeit April–Juni

imilie LABIATAE	Art *Phlomis lanata*	Autor Willd.

WOLLIGES BRANDKRAUT

Dieses Brandkraut ist niedriger als die oben beschriebene Art und treibt rundliche Blätter. Abgesehen von den älteren, verholzten Teilen ist die ganze Pflanze filzig behaart. Die paarigen Blätter werden bis 25 mm lang, die 20 mm großen Blüten wachsen in Quirlen zu 2–10.

• **Verbreitung:** Kreta.
• **Habitat:** Steinige, offene Standorte; nicht in großer Höhe.

ebensform ausdauernd	Wuchshöhe bis 55 cm	Blütezeit März bis Mai

Familie LABIATAE	Art *Phlomis herba-venti*	Autor L.

WINDKRAUT

Im Gegensatz zu den meisten ihrer mediterranen Verwandten ist diese *Phlomis*-Art eher eine polsterbildende, krautige Staude als ein Strauch. Ihre aufrechten Stengel tragen Paare ledriger, ovaler oder spitzer, bis 15 mm langer Blätter mit gesägtem Rand. Purpurn oder rosa, wachsen die bis 20 mm großen Blüten in Quirlen zu 2–14. Die Kelchzähne sind schmal, die Frucht enthält 4 Nüsse.

- **Verbreitung:** Gesamte Region.
- **Habitat:** Trockene Grasfluren.
- **Verwandte Art:** *P. purpurea*, in Spanien heimisch, ist ein bis 2 m hoher Strauch mit gleichfalls purpurnen Blüten und unterseits filzig behaarten Blättern.

Lebensform ausdauernd	Wuchshöhe bis 70 cm	Blütezeit Mai–Juli

Familie LABIATAE	Art *Phlomis lychnitis*	Autor L.

FILZIGES BRANDKRAUT

Die kurzbehaarten Blätter dieser kleinen, strauchigen Pflanze sind aufrecht, aber nicht sehr kräftig und tragen sehr schmale, bis 10 cm lange Blätter in Paaren. Ihre Blüten werden 25 mm lang und bilden Quirle zu 4–10, die jeweils von einem Paar breitgrundiger Hochblätter umschlossen sind. Die Unterseiten der Hochblätter sind seidig behaart. Die Frucht enthält 4 Nüßchen.

- **Verbreitung:** Spanien und Frankreich.
- **Habitat:** Garigue, trockene Fels- und Grasfluren.
- **Verwandte Art:** *P. crinata*, im spanischen Bergland heimisch, wird höher und hat breitere Blätter.

Lebensform ausdauernd	Wuchshöhe 25–65 cm	Blütezeit Mai–Juli

amilie Labiatae	Art *Lamium amplexicaule*	Autor L.

Stengelumfassende Taubnessel

Dieses auf Kulturland weitverbreitete „Unkraut“ treibt aufrechte, behaarte Stengel, die sich am Grund verzweigen. Die unteren, bis 25 mm langen Blätter sind rundlich, grobgezähnt und gestielt. Die oberen stiellosen Stengelbätter zeigen ähnliche Zahnung, haben aber keine Stiele, sondern umfassen den Stengel in charakteristischer Kragenmanier. Aus den rosa-purpurnen Blüten mit langer Kronröhre und sackförmiger Unterlippe entwickeln sich die Früchte mit 4 dreiseitigen Nüßchen.

- **Verbreitung:** Gesamte Region.
- **Habitat:** Felder, Gärten, Wegränder.
- **Verwandte Art:** *L. maculatum* ist höher und treibt rosa oder weiße Blüten.

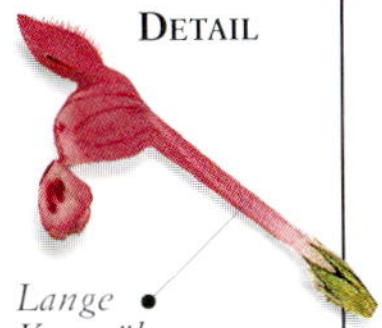

Lebensform einjährig	Wuchshöhe bis 30 cm	Blütezeit Jan.–Juli

amilie Labiatae	Art *Ballota acetabulosa*	Autor (L.) Bentham

Napf-Schwarznessel

Dieses höchst ungewöhnliche Mitglied der Lippenblütler-Familie hat aufrechte, am Grund verholzende Stengel, die vollständig mit filzig-wolligen Haaren bedeckt sind. Die paarigen, herzförmigen, kurzgestielten Blätter mit gekerbtem Rand werden 50 mm lang. 6–12 Blüten bilden einen Blütenquirl. Auffälligstes Merkmal dieser Quirle, von denen bis zu 12 an einem Stengel sitzen können, sind die dichten Kelche, die sich weit trichterförmig ausbreiten. Anfangs klein und kompakt, wächst jeder Kelch mit dem Öffnen und Verwelken der Blüte, bis er – zur Zeit der Samenbildung – einen Durchmesser von 20 mm erreicht hat. Die relativ unscheinbaren Kronblätter sind weiß mit purpur gestreiften Lippen. Die Frucht enthält 4 dreiseitige Nüßchen.

- **Verbreitung:** Griechenland und ägäischer Raum.
- **Habitat:** Felsfluren in voller Sonne.
- **Hinweis:** Früher benutzte man die Napf-Schwarznessel als Docht für Öllämpchen.

Lebensform ausdauernd	Wuchshöhe bis 60 cm	Blütezeit April–Juni

Familie LABIATAE	Art *Stachys cretica*	Autor L.

KRETISCHER ZIEST

Die Gattung *Stachys* (Ziest), zu der diese aufrechte, weißfilzige Staude gehört, ist im Mittelmeerraum und Nordeuropa weit verbreitet. Ihre unteren Blätter sind oval mit keilförmigem Grund und bis 10 cm lang, die oberen dagegen kürzer und schmäler. Die Blüten, bis 20 mm groß und mit 5 ungleichen Kelchzähnen, bilden einzelne Gruppen. Die Frucht besteht aus 4 rundlichen Nüßchen.

- **Verbreitung:** Zentraler und östlicher Mittelmeerraum.
- **Habitat:** Stein- und Grasfluren sowie Olivenhaine.
- **Verwandte Art:** *Stachys germanica* ist eine formenreiche Art, die man im Gegensatz zu *S. cretica* allerdings nicht auf Kreta antrifft. Ihre unteren Blätter sind am Grund herzförmig. Viele andere Ziest-Arten gedeihen in der Region, häufig auf Hügeln und Felsen.

Lebensform ausdauernd	Wuchshöhe 20–80 cm	Blütezeit April–Juli

Familie LABIATAE	Art *Prunella vulgaris*	Autor L.

KLEINE BRUNELLE

Diese aufrechte, behaarte Pflanze findet man an Wegrändern in fast ganz Europa. Sie treibt elliptische, bis 5 cm lange, gestielte, meist ganzrandige Blätter mit keilförmigem Grund. Die endständigen Blüten bilden dichte, von einem Blätterpaar umschlossene Köpfchen. Bis zu 15 mm groß, sind die Blüten blauviolett, manchmal auch weiß, und haben einen gebogenen Kelch mit 5 spitzen Zähnen. Die Frucht enthält 4 Nüßchen.

- **Verbreitung:** Gesamte Mittelmeerregion.
- **Habitat:** Grasfluren, Weg- und Waldränder.
- **Verwandte Art:** Die ebenso weit verbreitete, etwas kleinere *Prunella laciniata* trägt gewöhnlich weiße Blüten und tief gelappte Blätter.

Lebensform ausdauernd	Wuchshöhe 10–50 cm	Blütezeit Mai–Aug.

Familie LABIATAE	Art *Satureja montana*	Autor L.

KARST-BERGMINZE

Dieser aromatische, auch Winter-Bohnenkraut genannte Zwergstrauch treibt behaarte oder kahle Stengel und schmale, bis 30 mm lange, lanzettliche Blätter mit scharfen Spitzen. Die Blüten – sie sind weiß, rosa oder purpurn, bis 12 mm groß und haben einen glockenförmigen, spitzgezähnten Kelch – bilden dichte Quirle. Im Kelch reifen 4 Nüßchen.

• **Verbreitung:** Gesamte Region, aber nicht auf den meisten Inseln.

• **Habitat:** Fels- und Grasfluren.

Lebensform ausdauernd	Wuchshöhe 10–40 cm	Blütezeit Juni–Sept.

Familie LABIATAE	Art *Clinopodium vulgare*	Autor L.

WIRBELDOST

Kennzeichnend für diese aufrechte Pflanze sind die weit auseinandersitzenden purpurnrosanen Blütenquirle. Der Stengel ist behaart, die ovalen, kurzgestielten, fein gezähnten Blätter werden 65 mm lang. Die bis 22 mm großen Blüten haben gekrümmte Kelche mit langen Zähnen, an deren Grund 4 kleine Nüßchen reifen.

• **Verbreitung:** Gesamte Region.

• **Habitat:** Grasfluren, Wegränder, gewöhnlich auf Kalkstein.

Lebensform ausdauernd	Wuchshöhe 30–80 cm	Blütezeit Mai–Sept.

Familie LABIATAE	Art *Origanum onites*	Autor L.

ORIGANUM ONITES

Dieser als Küchenkraut beliebte Oregano ist ein niederer, stark aromatischer Strauch mit behaarten Stengeln. Seine mittelgrünen, bis 22 mm langen, ovalen oder herzförmigen Blätter sind manchmal am Rand gezähnt. Die weißen oder rosa, bis 5 mm großen Blüten wachsen in flachen, von zahlreichen Hochblättern umgebenen Büscheln und bilden längliche Nüßchen aus.

• **Verbreitung:** Sizilien, Balkan, Ägäische Inseln.

• **Habitat:** Gebüsche; trockene, felsige Standorte.

Lebensform ausdauernd	Wuchshöhe bis 60cm	Blütezeit Mai–Sept.

Familie LABIATAE	Art *Thymus capitatus*	Autor (L.) Hoffmanns.& Link

KOPFIGER THYMIAN

In der Mittelmeerregion gedeihen mehr als 30 Thymian-Arten, von denen jedoch nur diese schon aus der Entfernung zu erkennen ist. Der niedere, aromatische Strauch treibt steife, aufrechte oder aufsteigende Stengel. Junge Triebe sind weißlich behaart. Die schmalen Blätter gibt es in zwei Größen: Aus den Achseln der längeren, die leicht 10 mm erreichen, wachsen Büschel wesentlich kürzerer, die bis in den Hochsommer hinein erhalten bleiben, während die langen vorzeitig welken. Die charakteristischen Blütenköpfchen bestehen aus leuchtend rosaroten, bis 10 mm langen Blüten mit flachen, zweilippigen Kelchen. Die Frucht enthält 4 Nüßchen.

• **Verbreitung:** Gesamte Mittelmeerregion außer Frankreich

• **Habitat:** Felsige, exponierte Standorte; gewöhnlich auf Kalkstein.

Lebensform ausdauernd	Wuchshöhe 20–50 cm	Blütezeit Mai–Sept.

Familie LABIATAE	Art *Thymus vulgaris*	Autor L.

ECHTER THYMIAN

Diese Gewürzpflanze ist ein aromatischer Zwergstrauch mit steifen, zur Spitze hin behaarten Stengeln und schmalen, bis 8 mm langen, unten behaarten Blättern mit umgerolltem Blattrand. Die Blüten sind blaßviolett bis weiß. Wie bei anderen Thymian-Arten auch sind sie zweilippig mit gerader Kronröhre und herausragenden Staubblättern. Der glockenförmige Kelch weist oben kurze und breite Zähne auf und umschließt die Frucht (4 Nüßchen).

• **Verbreitung:** Westlicher Mittelmeerraum, im Osten bis Italien.

• **Habitat:** Felsfluren; vollsonnige Lagen auf Kalkstein.

DETAIL

Lebensform ausdauernd	Wuchshöhe 10–30 cm	Blütezeit April–Juli

milie Labiatae	Art *Rosmarinus officinalis*	Autor L.

Rosmarin

Den meisten als Küchenkraut bekannt, behält dieser aromatische Strauch das ganze Jahr über seine dunkelgrüne Farbe. Seine Blätter sind schmal, bis 35 mm lang und am Rand so weit umgerollt, daß von der weißfilzigen Unterseite nur ein schmaler Strich zu sehen ist. Die blau- oder violettfarbenen, bis 20 mm großen Blüten bilden kleine Büschel und wirken aus der Entfernung wie wahllos über den oberen Stengelteil verstreut. Sie haben zweilippige Kelche, schmale Ober- und dreizipfelige Unterlippen. Die Frucht enthält 4 braune Nüßchen.

- **Verbreitung:** Gesamte Mittelmeerregion.
- **Habitat:** Trockene, felsige Standorte.
- **Verwandte Art:** *Rosmarinus eriocalyx*, heimisch in Südspanien, ist ein niederliegender oder aufsteigender Strauch mit kürzeren Blättern.

ebensform ausdauernd	Wuchshöhe bis 1,50 m	Blütezeit Jan.–Juni

amilie Labiatae	Art *Lavandula angustifolia*	Autor Miller

Echter Lavendel

Lavendel sind kleine oder mittelgroße aromatische Sträucher, deren Blüten an den Stengelenden meist dichte Scheinähren bilden. Diese Art ist dicht verzweigt mit aufrechten Blütenstengeln und schmalen, bis 40 mm langen, ungezähnten Blättern mit umgerolltem Rand. Jung sind sie weiß und filzig behaart, später aber kahl. Die selten bis 50 mm langen Blütenstände haben lange Stengel. Bis 12 mm lang, sind die Kronblätter bläulich violett, die Kelchblätter dunkler. 4 braune Nüßchen bilden die Frucht.

- **Verbreitung:** Gesamte Mittelmeerregion.
- **Habitat:** Garigue, steinige Böden; meist auf Kalkstein.
- **Hinweis:** Das aus Echtem Lavendel gewonnene Lavendelöl ist ein wichtiger Bestandteil vieler Parfums.

Lebensform ausdauernd	Wuchshöhe bis 1 m	Blütezeit Juni–Aug.

Familie LABIATAE	Art *Lavandula dentata*	Autor L.

GEZÄHNTER LAVENDEL

Dieser immergrüne aromatische Strauch treibt kurzbehaarte Stengel und ist an schmalen, gleichmäßig gekerbten Blättern zu erkennen. Die blaßvioletten, 8 mm großen Blüten bilden dichte Köpfchen. Wie bei anderen Lavendel-Arten auch wird jede Blüte von einem spitzen, schuppenartigen Hochblatt umschlossen. Am Ende des Blütenstandes formen die hier auffälligen, bis 15 mm langen Hochblätter eine Krone.

- **Verbreitung:** Nordwestafrika, Südostspanien, Balearen. In anderen Regionen oft kultiviert.
- **Habitat:** Steinige Standorte; gewöhnlich auf Kalkstein.
- **Verwandte Art:** *Lavandula multifida* (Spanien, Süditalien) trägt doppelt gefiederte Blätter und größere, violette Blüten. Sie hat keine Krone aus bunten Hochblättern und ist auch weniger aromatisch.

DETAIL

Lebensform ausdauernd	Wuchshöhe 30–100 cm	Blütezeit März–Juli

Familie LABIATAE	Art *Lavandula stoechas*	Autor L.

SCHOPF-LAVENDEL

Der wohl attraktivste mediterrane Lavendel trägt einen hohen Schopf aus leuchtend gefärbten Hochblättern. Die stark aromatische, formenreiche, immergrüne Art hat spärlich behaarte Stengel und schmale, bis 40 mm lange, am Rand umgerollte Blätter. Die Blüten bilden dichte Köpfchen. Ihre schwarzvioletten Kronblätter werden von den kurzen unteren Hochblättern umschlossen; die oberen Hochblätter sind bis auf 50 mm verlängert und weit auffälliger.

- **Verbreitung:** Gesamte Mittelmeerregion. Außerhalb des Verbreitungsgebietes oft kultiviert.
- **Habitat:** Steinige Standorte, Kiefernwälder; bevorzugt auf saurem Boden.
- **Hinweis:** Es gibt zahlreiche Unterarten. Weitverbreitet ist Subsp. *stoechas* mit kurzen Blütenstengeln. Bei der Subsp. *pedunculata*, heimisch in Spanien, sind die Blütenstengel mindestens doppelt so lang wie der Blütenstand.
- **Verwandte Art:** *avandula. viridis*, aus Südspanien stammend, ist ähnlich, hat aber weiße Blüten und grüne Tragblätter.

DETAIL

SUBSP. STOECHAS

Lebensform ausdauernd	Wuchshöhe bis 100 cm	Blütezeit März–Juni

Familie LABIATAE	Art *Salvia officinalis*	Autor L.

ECHTER SALBEI

Pflanzen der Gattung *Salvia* sind krautig oder strauchig und tragen ihre Blüten meist in lockeren Trauben. Diese Heil- und Gewürzpflanze ist ein aromatischer Strauch mit aufrechten, behaarten Blütenstengeln und bis 50 mm langen, unten behaarten Blättern. Die bis 35 mm großen Blüten bilden Gruppen und haben – typisch für Salbei – einen zweilippigen Kelch mit oben 3 und unten 2 Zähnen. Kronblätter formen einen Helm und eine dreilappige Unterlippe. In der Frucht reifen braune Nüßchen.

- **Verbreitung:** Spanien und Südfrankreich; westlicher Balkan.
- **Habitat:** Steinige Böden, Grasfluren; trockene, sonnige Standorte.

Lebensform ausdauernd	Wuchshöhe 20–60 cm	Blütezeit Mai–Juli

Familie LABIATAE	Art *Salvia sclarea*	Autor L.

MUSKATELLER-SALBEI

Diese robuste, aromatische Pflanze wirkt während der Blüte oft etwas „kopflastig". Ihre aufrechten und ab etwa der Mitte reich verzweigten Stengel tragen gestielte, bis 80 mm lange, unterseits behaarte Blätter mit gezähntem Rand. Die etwa 30 mm großen Blüten zeigen einen schmalen, gewölbten oberen Kronblattlappen. Lange, oft auffallend gefärbte Hochblätter, die unmittelbar unter den Blüten sitzen, lassen die ganzen Blütenstände dicht und ährenartig wirken. Die Frucht hat 4 Samen.

- **Verbreitung:** Gesamte Mittelmeerregion.
- **Habitat:** Brachland und Wegränder.

Lebensform zweijährig	Wuchshöhe bis 1 m	Blütezeit Mai–Aug.

Familie LABIATAE	Art *Salvia pomifera*	Autor L.

SALVIA POMIFERA

Dieser strauchige Salbei ist am auffälligsten gegen Ende der Blütezeit, wenn seine Kelchblätter zu keulenförmigen Köpfchen werden. Die jungen, aufrechten und behaarten Stengel tragen ovale, bis 60 mm lange, gestielte Blätter mit rundgezähntem Rand. Die blauvioletten, 35 mm großen Blüten sitzen in pergamentartigen, rötlichen Kelchen. Während der Fruchtbildung wächst der Kelch und faltet sich zuweilen unter dem Druck der Nachbarkelche.

- **Verbreitung:** Südgriechenland und südlicher ägäischer Raum.
- **Habitat:** Steinige Standorte, Wegränder.

Lebensform ausdauernd	Wuchshöhe bis 120 cm	Blütezeit Mai–Juli

Familie LABIATAE	Art *Salvia triloba*	Autor L.

GRIECHISCHER SALBEI

Dieser große und kräftige, aromatische, am Grund verholzende Strauch treibt aufrechte Stengel, die anfangs filzig behaart sind und zur Spitze hin drüsig und klebrig werden. Bis 50 mm lang, weisen die Blätter in der Regel 2 wesentlich kürzere Seitenlappen auf. Die Blüten wachsen in isolierten Quirlen zu 4–6, werden 20 mm groß und sitzen in klebrig-drüsigen Kelchen, die, anders als bei *Salvia pomifera* (oben), während der Fruchtbildung nicht weiterwachsen.

- **Verbreitung:** Von Sizilien ostwärts bis Kreta.
- **Habitat:** Bevorzugt steinige Standorte.
- **Hinweis:** Eine vor allem die Blattform betreffend sehr formenreiche Art.

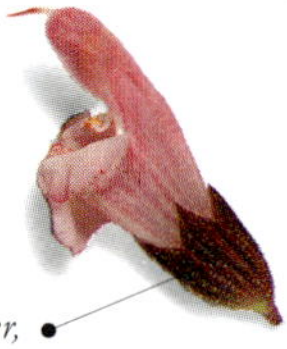

DETAIL

Lebensform ausdauernd	Wuchshöhe bis 150 cm	Blütezeit März–Juni

NACHTSCHATTENGEWÄCHSE

Familie SOLANACEAE | Art *Hyoscyamus albus* | Autor L.

WEISSES BILSENKRAUT

Zur Familie der Nachtschattengewächse zählen viele Nutzpflanzen, aber noch mehr **extrem giftige** Arten. In diese zweite Kategorie fällt auch das Weiße Bilsenkraut, eine klebrig behaarte Pflanze mit aufrechten, manchmal am Grund verholzten Stengeln. Ihre gestielten, bis 10 cm langen und bisweilen fast genauso breiten, stumpf gezähnten Blätter zeigen eine frischgrüne Farbe. Die cremegelben, bis 30 mm großen Blüten mit häufig herausragenden Staubblättern bilden einseitswendige Büschel. Die Frucht, eine auffällige Kapsel, sitzt in einem charakteristisch verlängerten Kelch.

- **Verbreitung:** Gesamte Region.
- **Habitat:** Schuttplätze, Müllhalden.

Lebensform ein-/zweijährig | Wuchshöhe 30–90 cm | Blütezeit Feb.–Sept.

Familie SOLANACEAE | Art *Hyoscyamus aureus* | Autor L.

GOLDGELBES BILSENKRAUT

Dieses Bilsenkraut wächst gerne auf alten Mauern, so daß man die interessanten Blüten in Augenhöhe inspizieren kann. Als niederliegende oder hängende Pflanze hat es schwache Stengel, die, ebenso wie die gestielten, ovalen, gezähnten und gelappten Blätter, mit klebrigen Haaren bedeckt sind. Die 25 mm großen Blüten haben 5 leuchtend gelbe, ungleiche Kronblätter, die über den weit vorstehenden Staubbeuteln einen Helm bilden. Die Fruchtkapseln wachsen in zylindrischen, gezähnten, bis 30 mm langen Kelchen entlang der Blütenstengel. Die Pflanze ist **hochgiftig**!

- **Verbreitung:** Kreta und östliche Mittelmeerregion
- **Habitat:** Felsiges Brachland, Mauern.

Lebensform zweijährig/ausd. | Wuchshöhe 30–60 cm | Blütezeit März–Juni

Familie SOLANACEAE	Art *Solanum elaeagnifolium*	Autor Cav.

SOLANUM ELAEAGNIFOLIUM

Dieser kleine Strauch gehört zu jenen aus Südamerika stammenden Nachtschattengewächsen, die heute in Teilen der Mittelmeerregion als Wildpflanzen gedeihen. Aufrecht und nur gelegentlich verzweigt, sind seine Stengel und Blätter filzig behaart und mit kleinen, rötlichen Stacheln besetzt. Die schmalen, einfachen, bis 10 cm langen Blätter zeigen einen gewellten Rand. 1–5 der purpurnen, 30 mm großen Blüten bilden lockere Büschel. Sie haben 5 spitze Kronblätter und dunkelgelbe Staubbeutel. Die Frucht ist eine kleine, im reifen Zustand gelborangefarbene Beere.

- **Verbreitung:** Südgriechenland, Zypern.
- **Habitat:** Schuttplätze.
- **Verwandte Art:** *Solanum sodomaeum*, eine von vielen ähnlichen in der Region eingebürgerten Arten, ist ein dorniger, aus Südafrika stammender Strauch mit purpurnen Blüten, aus denen sich bis 30 mm große, gelbe Beeren entwickeln. Sie gedeiht häufig auf Schutthalden in Küstennähe.

Lebensform ausdauernd	Wuchshöhe 30–50 cm	Blütezeit Mai–Juli

Familie SOLANACEAE	Art *Mandragora autumnalis*	Autor Bertol.

HERBST-ALRAUNE

Die seit jeher von Mythen umwobene Alraune treibt aus der zweigeteilten Wurzel eine große, flache Rosette ledriger Blätter. Die Pflanze erreicht einen Durchmesser von 50 cm, wobei die auf separaten Stengeln wachsenden Blüten in der Mitte sind. Die gelborangen Beeren liegen verborgen in vergrößerten, röhrenförmigen Kelchen.

- **Verbreitung:** Südlicher Mittelmeerraum; nicht in Frankreich.
- **Habitat:** Kulturland, Olivenhaine, Wegränder, Schuttplätze.
- **Verwandte Art:** *M. officinarum* (Nordital., Dalmatien) hat kleinere Blüten und kurze Kelche.

Lebensform ausdauernd	Wuchshöhe bis 20 cm	Blütezeit Sept.–Mai

milie SOLANACEAE	Art *Datura stramonium*	Autor L.

GEMEINER STECHAPFEL

Dieses rasch wachsende, aufrechte Kraut treibt gabelig verzweigte, meist kahle Stengel und bis 18 cm lange, ovale oder elliptische Blätter mit buchtig gezähntem Rand. Die trichterförmigen Blüten haben eine lange Kronröhre, deren untere Hälfte ein kantiger Kelch umgibt. Nach der Blüte fällt der größte Teil des Kelches ab, und es folgt die Bildung des „Apfels", einer stacheligen Kapsel. Später springt diese 60 mm lange Kapsel auf und gibt viele runde schwarze Samen frei.

- **Verbreitung:** Gesamte Region.
- **Habitat:** Brachland, Feld- und Straßenränder.
- **Hinweis:** Zuweilen tritt der Stechapfel in großen Mengen auf, in anderen scheint er völlig verschwunden. Alle Teile der Pflanze sind **hochgiftig**!

bensform einjährig	Wuchshöhe 50–200 cm	Blütezeit April–Sept.

milie SOLANACEAE	Art *Nicotiana glauca*	Autor R. C. Graham

BLAUGRÜNER TABAK

Dieser spärlich verzweigte, blaugrün wirkende Strauch stammt aus Südamerika. Im Gegensatz zu vielen seiner Verwandten ist er völlig kahl. Die ovalen oder lanzettlichen, bis 25 mm langen Blätter sind lang gestielt, und die gelben, zigarettenförmigen Blüten wachsen in lockeren, endständigen Rispen. Sie werden bis 45 mm lang, haben einen leicht aufgeblasenen Schlund und 5 spitze Kronzipfel. Die Frucht ist eine ovale Kapsel.

- **Verbreitung:** Gesamte Region.
- **Habitat:** Schuttplätze.
- **Verwandte Art:** Zigarettentabak stellt man aus *N. tabacum* her, einer klebrig behaarten Art, die in der Region angebaut wird.

bensform ausdauernd	Wuchshöhe 2–6 m	Blütezeit März–Okt.

RACHENBLÜTLER

Familie SCROPHULARIACEAE	Art *Verbascum sinuatum*	Autor L.

GEWELLTBLÄTTRIGE KÖNIGSKERZE

Im Mittelmeerraum sind mehrere Dutzend Königskerzen-Arten *(Verbascum)* heimisch. Viele findet man nur im Osten, diese hier ist jedoch weiter verbreitet. Wie die meisten ihrer Gattung ist sie eine stattliche, dicht behaarte Pflanze mit hohen Blütenstengeln, einer Rosette länglicher, bis 35 cm langer Grundblätter und kleineren Stengelblättern. Benannt ist sie nach ihren kaum gestielten und gelappten, am Rand deutlich gewellten Grundblättern. Der Blütenstengel und seine aufsteigenden Äste tragen viele kleine, einzelne Blütenbüschel. Bis 20 mm groß und leuchtend gelb, haben die Blüten wie bei allen Königskerzen 5 etwas unterschiedliche Kronblätter und 5 Staubblätter mit – in diesem Fall violett – behaarten Staubfäden.
Die Frucht ist eine Kapsel mit vielen Samen.

• **Verbreitung:** Gesamte Region.
Habitat: Felder, Wegränder, Grasfluren, Schuttplätze.

Lebensform zweijährig	Wuchshöhe 50–150 cm	Blütezeit April–Aug.

Familie SCROPHULARIACEAE	Art *Verbascum thapsus*	Autor L.

KLEINBLÄTTRIGE KÖNIGSKERZE

Diese formenreiche Art zählt zu denjenigen Königskerzen, deren Blüten dichtgedrängt an einem hohen, unverzweigten Stengel treiben. Die Pflanze ist weißlich-filzig, ihre bis 50 cm langen, elliptischen, zuweilen gezähnten Grundblätter haben geflügelte Stiele. Auch die oberen Blätter tragen schmale Flügel. Aus den bis 35 mm großen Blüten mit ihren weißen Staubfäden entwickeln sich elliptische Kapseln.

- **Verbreitung:** Gesamte Mittelmeerregion, in manchen Teilen im Osten jedoch selten.
- **Habitat:** Straßenränder, Unkrautfluren.
- **Verwandte Arten:** *V. pulverulentum* ist mit sehr dicken, filzigen Haaren bedeckt. *V. rotundifolium* hat, wie ihr Name schon sagt, runde Grundblätter und violette Staubfäden.

Lebensform zweijährig	Wuchshöhe 30–200 cm	Blütezeit Mai–Sept.

Familie SCROPHULARIACEAE	Art *Verbascum undulatum*	Autor Lam.

VERBASCUM UNDULATUM

Wie viele Königskerzen ist *Verbascum undulatum* gewöhnlich zweijährig. Im ersten Jahr bildet diese dicht behaarte Pflanze eine große Rosette aus bis 18 cm großen, sehr stark gewellten Blättern. Im zweiten Jahr treibt sie einen, oder häufiger mehrere Blütenstengel mit kleineren, manchmal ungewellten Stengelblättern und vielen einzelnen Blütenbüscheln. Die Blüten, bis 50 mm groß, haben weiß behaarte Staubfäden und entwickeln sich zu vielsamigen, elliptischen, bis 6 mm langen Kapseln.

- **Verbreitung:** Westlicher Balkan und Griechenland.
- **Habitat:** Schuttplätze, steinige und sandige Böden.

Lebensform zweijährig/ausd.	Wuchshöhe 30–120 cm	Blütezeit März–Aug.

Familie SCROPHULARIACEAE	Art *Scrophularia lucida*	Autor L.

GLÄNZENDE BRAUNWURZ

Pflanzen dieser Gattung haben oft sackartige Blüten. Diese Art treibt meist einen aufrechten, vierkantigen Stengel mit gegenständigen, fiederteilig gelappten Blättern, die bis 10 cm lang werden. Grünlich rote Blüten wachsen in Büscheln auf Seitenstielen. Jede Blüte hat 2 aufrechte obere Kronblätter und ist von Kelchblättern umhüllt. Die Frucht ist eine vielsamige Kapsel.

- **Verbreitung:** Griechenland, ägäischer Raum, Italien, Südostfrankreich.
- **Habitat:** Felsige Standorte, Feldränder.
- **Verwandte Art:** *S. canina* hat kleinere, mehr violette Blüten.

Blüten bis 9 mm lang

Blätter doppelt gesägt

Schmale Tragblätter

Leicht geflügelter Stengel

Lebensform zweijährig	Wuchshöhe 10–100 cm	Blütezeit Feb.–April

Familie SCROPHULARIACEAE	Art *Scrophularia auriculata*	Autor L.

WASSER-BRAUNWURZ

Diese feuchtigkeitsliebende Pflanze treibt aus einem Rhizom und hat mehrere aufrechte und kahle, vierkantige, schmal geflügelte Stengel. Die bis 15 cm langen Blätter sind oval mit bogenförmig ausgezacktem Rand und haben häufig zwei kleine Seitenlappen. Die Blüten wachsen in lockeren Rispen. Sie sind bis 9 mm lang, mit grüngrundigen Kronblättern und purpurbraunen Lippen. Rundliche, bis 6 mm große Frucht mit spitzem Schnabel.

- **Verbreitung:** Westlicher und zentraler Mittelmeerraum; im Osten bis Kreta, im Norden bis Großbritannien.
- **Habitat:** Flußauen und feuchte, schattige Standorte, Höhenlagen.
- **Verwandte Art:** *S. nodosa* ist ähnlich, hat aber ungeflügelte Stengel und gezähnte, ungelappte Blätter. Sie gedeiht in ähnlichen Lebensräumen.

Kleine Blüten

Kelchblätter mit pergamentartigem Rand

Rundliche Kelchblätter

Blätter bogenförmig ausgezackt

Vierkantiger, geflügelter Stengel

Blätter oft mit 2 kleinen Seitenlappen

Lebensform ausdauernd	Wuchshöhe bis 100 cm	Blütezeit Mai–Sept.

Familie SCROPHULARIACEAE	Art *Scrophularia peregrina*	Autor L.

SCROPHULARIA PEREGRINA

Diese in der Regel kahle Braunwurz treibt schlanke, rundliche Stengel und bis 10 cm lange, gezähnte, nesselartige Blätter, die kurzgestielt in gegenständigen Paaren wachsen. Die langgestielten Blüten formen lockere Büschel zu 2–5, und jeder Blütenstandstiel wird von einem gezähnten Tragblatt flankiert. Die Blüten selbst zeigen ein dumpfes Rotbraun, werden 8 mm groß und produzieren rundliche, etwa 6 mm lange Kapseln.

- **Verbreitung:** Gesamte Mittelmeerregion.
- **Habitat:** Kultur- und Brachland, Weinberge.

Lebensform einjährig	Wuchshöhe 30–90 cm	Blütezeit April–Juni

Familie SCROPHULARIACEAE	Art *Scrophularia trifoliata*	Autor L.

DREIBLÄTTRIGE BRAUNWURZ

Viele *Scrophularia*-Arten haben unauffällige Blüten und sind leicht zu übersehen. Anders diese, die oft zu einer stattlichen Pflanze heranwächst und aprikotfarbene Blüten von der Größe eines Fingerhutes treibt. Sie ist völlig kahl; ihre kräftigen, aufrechten, nur am Grund verzweigten Stengel sind im Querschnitt quadratisch mit 4 Flügeln. Bis 20 cm lang, wachsen die gewöhnlich dreigeteilten Blätter in gegenständigen Paaren mit doppelt gesägtem Rand. Die von blattähnlichen Tragblättern flankierten, bis 20 mm langen Blüten haben rundliche Kelchblätter und bilden kurzgestielte Büschel. Die Frucht ist eine rundliche, bis 12 mm große Kapsel.

- **Verbreitung:** Korsika, Sardinien und Nachbarinseln.
- **Habitat:** Schattige Standorte, oft in der Nähe von Wasserläufen.
- **Verwandte Art:** *S. sambucifolia* ist ähnlich kräftig, aber nicht so hoch. Diese in Südspanien heimische Art hat fast bis zum Mittelnerv eingeschnittene Blätter, die jedoch nicht dreiteilig sind.

Lebensform ausdauernd	Wuchshöhe 50–200 cm	Blütezeit Mai–Aug.

Familie SCROPHULARIACEAE	Art *Antirrhinum latifolium*	Autor Miller

BREITBLÄTTRIGES LÖWENMAUL

Die Stengel dieses Löwenmauls verzweigen sich zu einer Reihe aufrechter Blütenstände, und häufig ist die ganze Pflanze mit Drüsenhaaren bedeckt, was die Unterscheidung vom Garten-Löwenmaul (unten) erleichtert. Die relativ breiten Blätter werden bis 70 mm lang. Die blaßgelben Blüten haben gerundete Kelchblätter und sitzen, flankiert von einem ovalen Tragblatt, auf einem kurzen Stiel. Die Kronblätter bilden eine zweilippige Röhre, auf der Unterlippe schließt ein „Gaumen“ den Schlund der Krone. Die Frucht ist eine ovale, leicht behaarte Kapsel.

- **Verbreitung:** Nordspanien bis Italien.
- **Habitat:** Felsfluren, Mauern.
- **Verwandte Arten:** Viele andere *Antirrhinum*-Arten gedeihen in der Mittelmeerregion, die meisten auf der Iberischen Halbinsel. *A. majus* (unten) ist als einzige weit verbreitet. Einige Arten der Gattung *Chaenorhinum* haben ähnlich große, gespornte Blüten deren Schlund nur teilweise geschlossen ist.

Lebensform zweijährig/ausd.	Wuchshöhe 60–100 cm	Blütezeit April–Sept.

Familie SCROPHULARIACEAE	Art *Antirrhinum majus*	Autor L.

GROSSES LÖWENMAUL

Obwohl diese Art häufig als einjährige Zierpflanze kultiviert wird, ist das Große Löwenmaul ein ausdauerndes Kraut, dessen am Grund veholzende, aufrechte oder aufsteigende Stengel sehr hoch werden können. Sie tragen schmale, kahle, bis 70 mm lange Blätter. Die kurzgestielten Blüten sind denen des Breitblättrigen Löwenmauls (oben) sehr ähnlich, aber rosa- oder purpurfarben gefärbt. Die Frucht ist eine kahle oder behaarte, bis 14 mm lange Kapsel.

- **Verbreitung:** Südwestlicher Mittelmeerraum, im Osten bis Sizilien.
- **Habitat:** Felsfluren, Mauern, Gärten, Kulturland.
- **Hinweis:** Löwenmäulchen werden von großen Insekten wie Hummeln bestäubt, die kräftig genug sind, die Blütenlippen zu öffnen. Einige Bienen ersparen sich diese Mühe, indem sie ein Loch in den Grund der Kronröhre beißen, um an den Nektar zu gelangen.

Lebensform zweijährig/ausd.	Wuchshöhe bis 1,5 m	Blütezeit April–Okt.

milie SCROPHULARIACEAE	Art *Misopates orontium*	Autor (L.) Rafin.

ACKER-LÖWENMAUL

Die Blüten dieser aufrechten, einjährigen Pflanze ähneln denen des echten Löwenmauls, doch sind ihre Kelchblätter völlig anders, die Stengel zumindest im oberen Teil behaart und seltener verzweigt. Bis 50 mm lang, sind die schmalen und linealischen Blätter unten in gegenständigen Paaren, weiter oben wechselständig angeordnet. Die rosaroten, bis 15 mm großen Blüten bilden lockere Trauben. Sie sind von 5 schmalen, verschieden langen Kelchblättern umgeben, die länger als die Blüte sein können. Die Frucht ist eine bis 10 mm lange, behaarte ovale Kapsel.

- **Verbreitung:** Gesamte Region.
- **Habitat:** Wegränder, Kulturland, Getreideäcker.
- **Hinweis:** Als „Unkraut" in ganz Mitteleuropa weit verbreitet.
- **Verwandte Art:** *M. calycinus* ist höher und treibt weiße Blüten in dichten Köpfchen.

bensform einjährig	Wuchshöhe 20–50 cm	Blütezeit März–Sept.

milie SCROPHULARIACEAE	Art *Linaria pelisseriana*	Autor (L.) Miller

PELLICIER-LEINKRAUT

Diese ebenso zarte wie attraktive Pflanze treibt aufrechte, kahle, gewöhnlich unverzweigte Stengel mit schmalen, bis 40 mm langen, linealischen Blättern. Am Stengelgrund sind sie in Paaren oder Quirlen angeordnet, was bei den kurzen, zuerst erscheinenden sterilen Trieben besonders auffällt. Die Blüten, deren Stengel später wachsen, werden 20 mm groß und haben wie bei allen Leinkraut-Arten einen langen Sporn und 5 schmale Kelchblätter. Die Frucht ist eine kleine Kapsel.

- **Verbreitung:** Gesamte Mittelmeerregion.
- **Habitat:** Hauptsächlich auf Feldern und Schuttplätzen.
- **Verwandte Art:** *L. purpurea*, heimisch in Mittel- und Süditalien, ist eine kräftigere Pflanze mit helleren Blüten und graugrünen Blättern. In der Region gedeihen viele andere Leinkraut-Arten, viele davon lokal beschränkt.

DETAIL

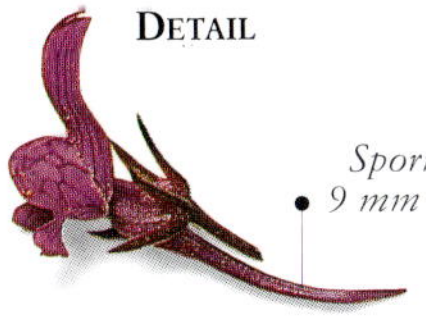

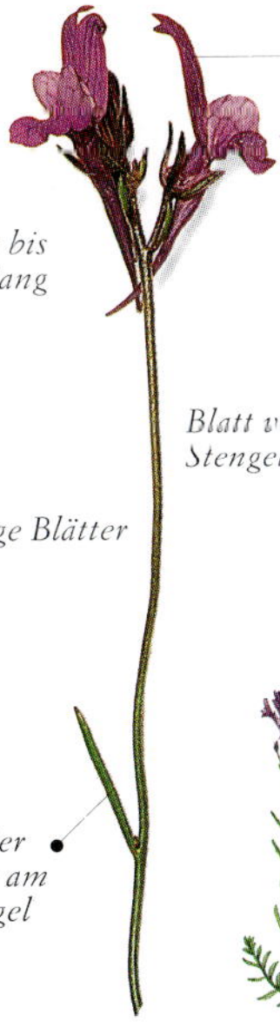

ebensform einjährig	Wuchshöhe 15–50 cm	Blütezeit März–Mai

Familie SCROPHULARIACEAE	Art *Linaria supina*	Autor (L.) Chaz

LINARIA SUPINA

Die weichen, graugrünen Stengel dieses Leinkrauts wachsen ein Stück weit flach auf dem Boden, um dann recht abrupt aufzusteigen. Sie sind unten kahl, tragen zur Spitze hin aber drüsige Haare. Die Blätter, selten breiter als 1 mm, werden 20 mm lang und sind im unteren Stengelteil quirlständig, im oberen gegenständig angeordnet. 5–10 der bis 20 mm großen, lang gespornten Blüten bilden dichte Büschel. Aus ihnen entwickeln sich rundliche Kapseln mit schwarzen, geflügelten Samen.

- **Verbreitung:** Westlicher Mittelmeerraum; von Spanien bis Norditalien.
- **Habitat:** Sandige oder felsige Standorte.
- **Verwandte Art:** *L. vulgaris* treibt größere, orangefarbene, häufig gelb überlaufende Blüten. Sie ist mehr in Nordeuropa als im Mittelmeergebiet verbreitet.

Lebensform einjährig/ausd.	Wuchshöhe 5–30 cm	Blütezeit Mai–Aug.

Familie SCROPHULARIACEAE	Art *Linaria repens*	Autor (L.) Miller

GESTREIFTES LEINKRAUT

Das Gestreifte Leinkraut ist eine elegante Pflanze mit zumeist aufrechten, kahlen, bisweilen in der oberen Hälfte verzweigten Stengeln, die aus kriechenden Rhizomen treiben. Ihre schmalen, bis 40 mm langen Blätter wachsen quirlständig, oben mitunter auch gegenständig. Der Blütenstand ist eine lange Traube aus bis zu 10 kurzgespornten, weißen oder hellila Blüten. Sie werden bis 15 mm lang, zeigen auf der Unterlippe einen gelben Fleck und violette Nerven und entwickeln sich zu kleinen, bis 4 mm langen Kapseln mit grauen Samen.

- **Verbreitung:** Nordspanien bis Norditalien.
- **Habitat:** Felsfluren.
- **Hinweis:** Diese Art ist auch in Nordeuropa eingebürgert, wo sie mit *Linaria purpurea* Hybride bildet.

Lebensform ausdauernd	Wuchshöhe 30–120 cm	Blütezeit Mai–Aug.

Familie SCROPHULARIACEAE	Art *Cymbalaria muralis*	Autor Gaertner, Meyer & Scherb.

CYMBALARIA MURALIS

Die Blüten des weit verbreiteten Zymbelkrauts sind denen des Leinkrauts ähnlich, nicht jedoch seine Blätter. Die kriechenden Stengel tragen gekerbte, gegenständige Blätter, die bis 15 mm im Durchmesser haben. Aus den violetten, selten weißen, am Grund gelb gefleckten Blüten entwickeln sich runde Kapseln mit schwarzen Samen.

- **Verbreitung:** Heimisch in Italien und Dalmatien; eingebürgert in weiten Teilen Europas.
- **Habitat:** Feuchte Felsen und Mauern; gerne auf Kalkstein.
- **Hinweis:** Nach der Blüte wenden sich die Stiele mit den Kapseln vom Licht ab, so daß die Samen in Felsspalten fallen.

Lebensform ausdauernd	Wuchshöhe bis 60 cm	Blütezeit März–Sept.

Familie SCROPHULARIACEAE	Art *Kickxia commutata*	Autor (Bernh. ex Reichenb.) Fritsch

VERÄNDERTES TÄNNELKRAUT

Pflanzen der Gattung Tännelkraut (*Kickxia*) sind durch kriechende oder kletternde Stengel und breite Blätter gekennzeichnet. Bei dieser Art breiten sich viele niederliegende, drüsig behaarte Stengel fächerartig über den Boden. Die wechselständigen Blätter sind am Stengelgrund rundlich-oval und bis 30 mm lang, zur Stengelspitze hin kleiner und pfeilförmig. Die Blüten – entweder weiß mit rosa oder blau und gelb mit purpurn gefleckter Lippe – sitzen auf steifen, kahlen Stielen weit ab vom Stengel. Bis 15 mm groß, tragen sie einen langen Sporn und eine gefleckte Unterlippe und entwickeln sich zu rundlichen Kapseln.

- **Verbreitung:** Gesamte Region.
- **Habitat:** Sandige Standorte.
- **Verwandte Art:** *K. lanigera* ist ähnlich, aber lang behaart mit herzförmigen Blättern und violetten und weißen Blüten. Sie ist weit verbreitet, aber nie in großen Beständen.

Lebensform ausdauernd	Wuchshöhe 20–70 cm	Blütezeit Juni–Sept.

Familie SCROPHULARIACEAE	Art *Veronica cymbalaria*	Autor Bodard

ZYMBEL-EHRENPREIS

Im Gegensatz zu den meisten Ehrenpreis-Arten (*Veronica*), die blaue oder violette Blüten treiben, sind die dieser behaarten, niederliegenden Pflanze weiß. Die gestielten, fächerförmigen, bis 15 mm großen Blätter teilen sich in 5–9 ungleiche Lappen. Die Blüten wachsen einzeln auf langen Stielen; wie bei allen Arten dieser Gattung haben sie 4 Kron- und nur 2 vorstehende Staubblätter. Die Frucht ist eine zweilappige Kapsel.

- **Verbreitung:** Gesamte Region.
- **Habitat:** Kulturland, Felsen, Straßenränder, am Fuße von Mauern.
- **Verwandte Arten:** In der Region sind viele Ehrenpreis-Arten anzutreffen – mehr als 30 allein in Spanien. *V. persica* ist eine der am weitesten verbreiteten blau blühenden Arten. Aus Südwestasien eingebürgert, gilt sie in ganz Europa heute als Unkraut. Kaum seltener ist *V. anagallis-aquatica*, die blaue Trauben treibt und sich an feuchten Standorten wohlfühlt.

DETAIL

Lebensform einjährig	Wuchshöhe 10–60 cm	Blütezeit Feb.–März

Familie SCROPHULARIACEAE	Art *Parentucellia latifolia*	Autor (L.) Caruel

BREITBLÄTTRIGE PARENTUCELLIE

Die aufrechten, in der Regel unverzweigten und häufig rötlichen Stengel dieser Pflanze sind wie ihre Blätter und Kelchblätter drüsig behaart. Die dreieckigen oder ovalen, gegenständigen, ungestielten und tief gezähnten Blätter werden 12 mm lang. Die rötlich-purpurnen Blüten sind geringfügig länger als die Kelchblätter und bilden dichte, belaubte Köpfchen. Die Frucht ist eine kahle Kapsel.

- **Verbreitung:** Gesamte Mittelmeerregion.
- **Habitat:** Sandige und felsige Böden, Straßenränder, Grasfluren.
- **Hinweis:** Parentucellien sind Halbschmarotzer. Im Gegensatz zu echten Schmarotzern wie z. B. der Sommerwurz (S.218) können sie mit ihren grünen Blättern Photosynthese ausführen. Wasser und Nährstoffe aber zapfen sie aus den Wurzeln von Nachbarpflanzen.

Lebensform einjährig	Wuchshöhe 5–20 cm	Blütezeit März–Juni

Familie SCROPHULARIACEAE	Art *Parentucellia viscosa*	Autor (L.) Caruel

KLEBRIGE PARENTUCELLIE

Diese Parentucellie ist größer und in der Regel auffälliger als ihre breitblättrige Verwandte (links). Aufrecht und unverzweigt, ist sie mit drüsigen Haaren bedeckt und hat gegenständige und ungestielte, gezähnte, aber ungeteilte Blätter, die bis 45 mm lang werden. Ihre leuchtend gelben, selten auch weißen, bis 25 mm großen Blüten sind von röhrenförmigen Kelchen mit schmalen Zähnen umgeben. Die obere Blütenlippe ist einfach, die längere Unterlippe dreilappig. Als Frucht reift eine behaarte, längliche Kapsel.

- **Verbreitung:** Gesamte Mittelmeerregion.
- **Habitat:** Feuchte Wiesen, Flußufer; sandige Böden vor allem jene in Küstennähe.

Lebensform einjährig	Wuchshöhe 10–70 cm	Blütezeit April–Sept.

Familie SCROPHULARIACEAE	Art *Bellardia trixago*	Autor (L.) All.

BUNTE BELLARDIE

Unter günstigen Bedingungen bringt diese Pflanze einen prachtvollen pyramidenförmigen Blütenstand hervor. Ihr aufrechter, in der Regel unverzweigter Stengel ist mit klebrigen Drüsenhaaren bedeckt und trägt gegenständige, bis 90 mm lange, schmale Blätter mit stumpf gesägtem Rand. Bis 25 mm groß, sind die Blüten meist purpurn oder weiß, selten auch gelb, und wachsen als vierseitige Ähre. Jede Blüte hat eine gewölbte, einfache Oberlippe, eine aufgeblasene, dreilappige Unterlippe und einen glockenförmigen Kelch mit kurzen Zähnen. Die Frucht ist eine rundliche Kapsel.

- **Verbreitung:** Gesamte Mittelmeerregion.
- **Habitat:** Weiden, Wegränder, Olivenhaine.
- **Hinweis:** Ebenso wie die Parentucellien (oben und links) ist diese Pflanze ein Halbschmarotzer.

Lebensform einjährig	Wuchshöhe 15–70 cm	Blütezeit April–Juli

Familie SCROPHULARIACEAE	Art *Lathraea clandestina*	Autor L.

SCHUPPENWURZ

Die Schuppenwurz ist ein Vollparasit und zieht ihre Nährstoffe aus den Wurzeln von Laubbäumen wie Weide *(Salix),* Pappel *(Populus)* und Erle *(Alnus).* Die unterirdischen Stengel tragen schuppenartige weiße Blätter. Aus den gehelmten, bis 50 mm langen, violetten Blüten, die am Boden dichte Büschel bilden, entwickeln sich ovale Samenkapseln.

- **Verbreitung:** Nordspanien bis Italien; im Norden bis Belgien.
- **Habitat:** Feuchte Wälder, bewaldete Flußauen.

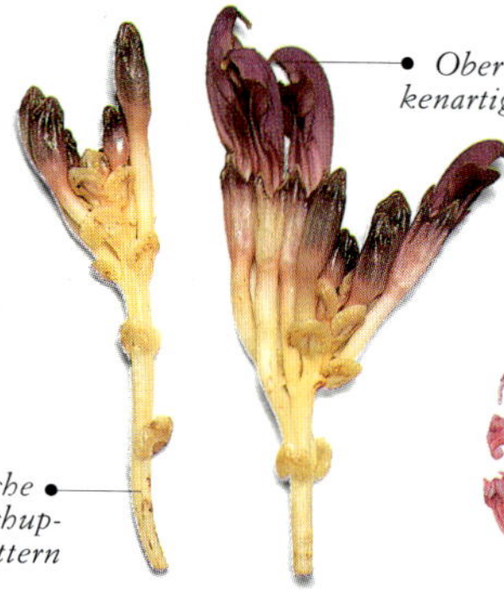

Lebensform ausdauernd	Wuchshöhe bis 80 cm	Blütezeit April–Juli

KUGELBLUMENGEWÄCHSE

Familie GLOBULARIACEAE	Art *Globularia alypum*	Autor L.

STRAUCHIGE KUGELBLUME

Dieser reich verzweigte immergrüne Strauch mit bräunlicher Borke trägt ledrige, löffelförmige, 20 mm lange Blätter, die einzeln oder in kleinen Gruppen wachsen. Die leuchtend blauen Blüten bilden dichte, kugelige, von dachziegelartig angeordneten, ovalen Tragblättern umhüllte Köpfchen mit einem Durchmesser bis 25 mm. Die trockene Frucht reift im Kelch.

- **Verbreitung:** Gesamte Region.
- **Habitat:** Maquis, Garigue, Felsfluren.
- **Hinweis:** Kugelblumengewächse ähneln im Aussehen einigen Korbblütlern, u. a. der Gattung *Centaurea.* Deutlichstes Unterscheidungsmerkmal sind die 5 ungleichen Kronblätter.
- **Verwandte Art:** Eine Reihe strauchiger Arten wachsen in Höhenlagen. *G. punctata* ist eine im Norden der Region weit verbreitete krautige Art.

Lebensform ausdauernd	Wuchshöhe bis 100 cm	Blütezeit Jan.–Juni

AKANTHUSGEWÄCHSE

Familie AGANTHACEAE	Art *Acanthus mollis*	Autor L.

WEICHER AKANTHUS

Diese stattliche, krautige Pflanze gedeiht an kühlen, schattigen Orten und schmückt oft Wegränder und Gärten in bewaldeten Hügellagen. Die gewöhnlich kahlen, langgestielten Blätter bilden Büschel aus bis 60 cm großen, tief fiederschnittiger Spreiten. Bis 50 mm lang, wachsen die Blüten in hohen, zylindrischen Ähren. Sichtbar sind nur die weiße, purpurn überlaufene dreilappige Unterlippe und der lange Kelch mit seiner helmförmigen Oberlippe. Die Blüten sind flankiert von großen, ovalen, stachelig gezähnten Tragblätter. In der Frucht reifen schwarze, erbsengroße Samen.

- **Verbreitung:** Westlicher und zentraler Mittelmeerraum; im Osten bis Dalmatien.
- **Habitat:** Schattige Standorte, Wegränder; häufig kultiviert.

Lebensform ausdauernd	Wuchshöhe 25–100 cm	Blütezeit Mai–Juli

Familie AGANTHACEAE	Art *Acanthus spinosus*	Autor L.

DORNIGER AKANTHUS

Anders als sein weichblättriger Verwandter (oben) wächst dieser Akanthus häufig an trockenen, exponierten Stellen. Die während der Blüte sehr auffällige Pflanze treibt aufrechte, häufig behaarte Stengel und dornige, bis 60 cm lange, vorwiegend am Grund angesetzte Blätter. Diese sind doppelt fiederschnittig, fast bis zur Mittelrippe, und ihre Zähne enden in spitzen Dornen. Die Blüten bilden eine hohe, zylindrische Ähre und ähneln denen des *A. mollis*, doch sind die Tragblätter dorniger gezähnt. In der Kapsel reifen wenige große Samen.

- **Verbreitung:** Zentrale Mittelmeerregion, von Südostitalien bis zum ägäischen Raum.
- **Habitat:** Wegränder, Brachland, Olivenhaine, steinige Weiden.
- **Hinweis:** Vermutlich inspirierten Akanthusblätter hellenistische Künstler zu den dekorativen Blattornamenten, die ungezählte antike Säulenkapitelle schmücken.

Lebensform ausdauernd	Wuchshöhe 25–100 cm	Blütezeit Mai–Juni

SOMMERWURZGEWÄCHSE

Familie	Art	Autor
OROBANCHACEAE	*Orobanche crenata*	Forskål

PRACHT-SOMMERWURZ

Sämtliche Sommerwurzgewächse *(Orobanchaceae)* sind Schmarotzer, denen Chlorophyll abgeht – jenes grüne Pigment, wodurch die meisten Pflanzen Energie aus Sonnenlicht gewinnen. Diese Art ist auf das „Anzapfen" von Hülsenfrüchtlern spezialisiert. Sichtbar ist nur ihr aufrechter, behaarter Blütenstengel, der am Grund schuppenartige, bis 25 mm lange Blätter und darüber dichte, zart duftende zweilippige Blüten trägt. Die Frucht ist eine Kapsel mit vielen Samen.

• **Verbreitung:** Gesamte Region.
• **Habitat:** Felder, Gärten; häufig als Unkraut in Bohnen- und Erbsenpflanzungen.
• **Hinweis:** Es gibt viele ähnliche Arten. Einige sind in der Wahl ihrer Wirtspflanzen flexibel, andere auf bestimmte Spezies spezialisiert.

DETAIL

Lebensform	Wuchshöhe	Blütezeit
einjährig/ausd.	bis 80 cm	Feb.–Aug.

Familie	Art	Autor
OROBANCHACEAE	*Orobanche ramosa*	L.

ÄSTIGE SOMMERWURZ

Diese formenreiche Pflanze gehört zu den wenigen Sommerwurz-Arten mit verzweigten Stengeln. Sie ist mit Drüsenhaaren bedeckt, und ihre Stengel erreichen einen Durchmesser von 4 mm (unter der Erde ist er meist noch dicker). Die schuppenförmigen, höchstens 8 mm langen Blätter liegen weit auseinander, während die blauen oder weißen Blüten, bis 22 mm groß, lockere oder dichte Ähren bilden.

• **Verbreitung:** Gesamte Mittelmeerregion.
• **Habitat:** Kultur- und Brachland, Wegränder, Ufer und Hecken.
• **Hinweis:** Diese Art lebt von vielen verschiedenen Wirtspflanzen, darunter Kartoffeln und Tabak.
• **Verwandte Art:** *O. lavandulacea* treibt ebenfalls weiße und blaue Blüten und verzweigte Stengel. Sie wächst häufig auf *Psoralea bituminosa* (Harz-Klee; siehe S. 93) und ist weit verbreitet.

DETAIL

Lebensform	Wuchshöhe	Blütezeit
ausdauernd	5–30 cm	April–Juni

WEGERICHGEWÄCHSE

amilie PLANTAGINACEAE | Art *Plantago lanceolata* | Autor L.

SPITZ-WEGERICH

Diese weit verbreitete und sehr formenreiche Pflanze ist kahl oder auch behaart, und sie treibt in der Regel mehrere Blattrosetten. Die Blätter sind linealisch bis elliptisch und werden bis 30 cm lang (inkl. Stiel, sofern vorhanden) und ganzrandig oder gezähnt. Die blattlosen Stiele, die die Blütenstände tragen, werden etwa doppelt so lang wie die Blätter und zeigen 5 deutliche Rillen. Braun und 4 mm groß, enthalten die Blüten hängende gelbe Staubbeutel. Die Frucht ist eine zweisamige Kapsel.

- **Verbreitung:** Gesamte Mittelmeerregion.
- **Habitat:** Felder und Grasfluren sowie Schuttplätze und Straßenränder.

Lebensform ausdauernd | Wuchshöhe bis 60 cm | Blütezeit April–Okt.

amilie PLANTAGINACEAE | Art *Plantago lagopus* | Autor L.

HASENFUSS-WEGERICH

Dieser meist einjährige Wegerich treibt eine Rosette aus lanzettlichen, bis 30 cm langen Blättern und runde oder längliche, 10 mm hohe Blütenstände. Die Ähren sitzen auf gerillten Stielen, die etwa dreimal so lang sind wie die Blätter. Die winzigen Blüten zeigen häufig behaarte Lappen, was – da auch Kelch- und Tragblätter seidige Haare tragen – den gesamten Blütenstand wie mit Fell bezogen wirken laßt (daher der Name). Die Frucht ist eine rundliche Kapsel.

- **Verbreitung:** Gesamte Region.
- **Habitat:** Felder, sandige Schuttplätze, Wegränder.
- **Verwandte Arten:** Zahlreiche andere rosettenbildende Arten gedeihen in der Region. *P. media*, auf dem mediterranen Festland weit verbreitet, ist eine typische ausdauernde Art mit flaumig behaarten Blättern und lila Staubbeuteln.

Lebensform einjährig/ausd. | Wuchshöhe 10–40 cm | Blütezeit April–Juni

Familie	Art	Autor
PLANTAGINACEAE	*Plantago afra*	L.

FLOHSAMEN-WEGERICH

Anders als die meisten mediterranen Wegericharten treibt diese aufrechte oder aufsteigende Stengel mit schmalen, ungestielten Blättern in gegenständigen Paaren. Stengel und Blätter tragen Drüsenhaare, weshalb die Pflanze klebrig wirkt. Die Blüten bilden kleine, etwa 6 mm große Büschel, deren lange Stiele in den oberen Blattachseln entspringen. Sie sind von kleinen, gleichgroßen Tragblättern umgeben und entwickeln sich zu Kapseln mit länglichen Samen.

- **Verbreitung:** Gesamte Region.
- **Habitat:** Felder, steinige Böden.
- **Verwandte Art:** *P. arenaria* ist sehr ähnlich, aber weniger klebrig und hat unterschiedlich lange Tragblätter.

Lebensform	Wuchshöhe	Blütezeit
einjährig	bis 50 cm	April–Juli

Familie	Art	Autor
PLANTAGINACEAE	*Plantago coronopus*	L.

KRÄHENFUSS-WEGERICH

Dieser Wegerich ist eine weit verbreitete Küstenpflanze. Seine flache Blattrosette ist stabil, sie übersteht es, wenn sie gelegentlich niedergetreten wird. Die schmalen, bis 20 cm langen Blätter sind meist bewimpert und weisen linealischen Lappen auf. Die 3 mm großen, mit blaßgelben Staubblättern besetzten Blüten bilden lange, zylindrische Ähren; ihre bogig aufsteigenden Stiele sind kürzer, gleichlang oder länger als die Blätter. Die Frucht ist eine 3–6samige Kapsel.

- **Verbreitung:** Gesamte Region.
- **Habitat:** Felsige oder sandige Böden in Küstennähe; gelegentlich auch im Binnenland.

Lebensform	Wuchshöhe	Blütezeit
ausdauernd	bis 25 cm	Feb.–Sept.

GEISSBLATTGEWÄCHSE

amilie CAPRIFOLIACEAE	Art *Sambucus ebulus*	Autor L.

ZWERG-HOLUNDER

Diese krautige Pflanze treibt aus einem Rhizom kräftige, aufrechte Stengel, die sich selten verzweigen. Ihre gegenständigen Blätter werden 20 cm lang und sind in 5–13 lanzettliche Fiedern mit gezähntem Rand geteilt. Die fünfzähligen Blüten formen bis 16 cm große Trugdolden und bilden schwarze, 3–5samige Beeren aus.

- **Verbreitung:** Gesamte Mittelmeerregion.
- **Habitat:** Feuchte Standorte, Flußufer, Hecken.
- **Verwandte Art:** *S. nigra* ist ein weitverbreiteter sommergrüner Strauch oder kleiner Baum mit eßbaren Beeren.

Blütenköpfchen mit 3–4 Hauptzweigen

Blätter unpaarig gefiedert

Blüten weiß oder blaßrosa mit purpurnen Staubbeuteln

Lebensform ausdauernd	Wuchshöhe 60–200 cm	Blütezeit Juni–Juli

Familie CAPRIFOLIACEAE	Art *Viburnum tinus*	Autor L.

IMMERGRÜNER SCHNEEBALL

Dieser oft kultivierte immergrüne kleine Baum blüht sehr lange, weshalb Blüten und Früchte häufig gleichzeitig zu sehen sind. Die älteren Stengel tragen graue Borke, während die jungen Triebe rötlich und häufig leicht behaart sind. Die ledrigen, ovalen, bis 10 cm langen Blätter wachsen in gegenständigen Paaren, während die kleinen fünfzähligen Blüten lockere, bis 90 mm große Trugdolden formen. Sie sind weiß oder weiß mit rosa und entwickeln sich zu blauschwarzen, einsteinigen Früchten mit metallischem Glanz.

- **Verbreitung:** Gesamte Region außer Kreta und vielen kleineren Inseln.
- **Habitat:** Maquis, schattige Wälder, Gärten.
- **Hinweis:** Die Frucht ist **giftig**.

Weiße oder rosa-weiße Blüten bilden Trugdolden

Blätter oben dunkelgrün, unterseits heller

Früchte mit je einem Stein

Ovale, ganzrandige Blätter

Lebensform ausdauernd	Wuchshöhe bis 7 m	Blütezeit Jan.–Juni

Familie CAPRIFOLIACEAE	Art *Lonicera etrusca*	Autor G. Santi

ETRUSKISCHES GEISSBLATT

Diese laubabwerfende, verholzende Rankpflanze windet sich um andere Gewächse. Ihre Blätter – die unteresten sind löffelförmig und bis 80 mm lang – stehen in gegenständigen Paaren. Je höher sie am Stengel liegen, desto kürzer sind die Blattstiele, und die obersten Blätter sind sogar verwachsen. Die duftenden Blüten bilden langgestielte Köpfchen. Bis 45 mm lang, sind sie röhrenförmig und zweilippig mit vierlappiger Oberlippe. Die Frucht ist eine rote Beere.

- **Verbreitung:** Gesamte Mittelmeerregion.
- **Habitat:** Waldland, Gebüsch, Wegränder, Hecken.
- **Verwandte Art:** *L. periclymenum*, heimisch in Nordeuropa, ist ähnlich, doch sind ihre Blätter nie verwachsen.

Lebensform ausdauernd	Wuchshöhe bis 2,5 m	Blütezeit Mai–Juli

Familie CAPRIFOLIACEAE	Art *Lonicera implexa*	Autor Aiton

WINDENDES GEISSBLATT

Die kahlen, in der Jugend leicht wachsigen Stengel dieses immergrünen Strauchs tragen ledrige, längliche oder ovale, unterseits weiße Blätter. Sie zeigen unterschiedliche Form, sind in den oberen Stengelteilen jedoch generell ungestielt und häufig sogar verwachsen. Anders als beim Etruskischen Geißblatt (oben) treiben die Blüten dieser Art in ungestielten, von Blättern umschlossenen Büscheln zu 2–6. Bis 45 mm groß, sind sie zweilippig mit sehr kurzen Kelchen und entwickeln sich zu orangen oder roten Beeren, die wie Ostereier in einem Blattnest sitzen.

- **Verbreitung:** Gesamter Mittelmeerraum.
- **Habitat:** Maquis, offenes Gelände.
- **Hinweis:** Mehrere strauchige Geißblatt-Arten gedeihen in gebirgigen Regionen, vor allem in Südspanien.

Lebensform ausdauernd	Wuchshöhe bis 2 m	Blütezeit Mai–Juli

BALDRIANGEWÄCHSE

milie VALERIANACEAE	Art *Centranthus ruber*	Autor (L.) DC.

ROTE SPORNBLUME

Diese auffällige Pflanze treibt aus einem unterirdischen Rhizom. Ihre Stengel und Blätter sind kahl, blaugrün und etwas fleischig. Bis 80 mm lang, sind die ovalen oder lanzettlichen Blätten in gegenständigen Paaren angeordnet. Während die unteren gestielt sind, sitzen die oberen, oft gezähnten, direkt am Stengel. Die Blüten – rot, rosa oder weiß – bilden dichte Trugdolden. Sie sind 10 mm lang, röhrenförmig mit fünflappigem Schlund und dünnem, nach hinten gebogenem Sporn. Die Frucht ist eine einsamige Nuß mit fedrigen Haaren.
• **Verbreitung:** Gesamte Region. In vielen Teilen Mittel- und Nordwesteuropas eingebürgert.
• **Habitat:** Felsfluren, Mauern; häufig als Zierpflanze kultiviert.
• **Hinweis:** Am häufigsten ist die rosa blühende Form, obwohl auf diesen Pflanzen oft auch vereinzelte weiße und rote Blüten wachsen.

Lebensform ausdauernd	Wuchshöhe 30–80 cm	Blütezeit April–Aug.

Familie VALERIANACEAE	Art *Valeriana tuberosa*	Autor L.

VALERIANA TUBEROSA

Dieser weit verbreitete Baldrian treibt aus knolligen Wurzeln. Seine kahlen, einzeln wachsenden Stengel sind von einer Rosette elliptischer, bis 10 cm langer, einfacher Grundblätter umgeben. Die Stengelblätter wirken zusammengesetzt: Die untersten haben lange, keilförmige, die obersten auseinanderliegende, linealische Lappen. Die 5 mm großen Blüten ähneln denen der Roten Spornblume (siehe S. 223), sind aber ungespornt und bilden kleinere Köpfchen. Sie haben 5 Kronlappen und 3 Staubblätter. Die Frucht trägt einen Schopf, der sich aus dem Kelch entwickelt.

- **Verbreitung:** Gesamte Region.
- **Habitat:** Trockene Grasfluren, Grasflächen zwischen Felsen.
- **Hinweis:** In der Region gedeihen viele ähnliche Arten, die feuchte Standorte in höheren Lagen bevorzugen.

Lebensform ausdauernd	Wuchshöhe bis 50 cm	Blütezeit April–Juli

KARDENGEWÄCHSE

Familie DIPSACACEAE	Art *Scabiosa graminifolia*	Autor L.

GRASBLÄTTRIGE SKABIOSE

Anders als die meisten mediterranen Pflanzen blühen Skabiosen häufig bis in den Sommer hinein und setzen in der bisweilen dürren Landschaft farbige Akzente. Diese Art ist eine schlanke, am Grund verholzende Staude mit gegenständigen, bis 80 mm langen linealischen Blättern, die dicht und seidig behaart sind. Wie bei den meisten Kardengewächsen bilden die röhrenförmigen Einzelblüten dichte, bis 40 mm große Blütenköpfchen. Der Kelch ist becherförmig und hat 5 Zähne.

- **Verbreitung:** Mediterrane Regionen von Frankreich und Spanien.
- **Habitat:** Felsfluren.
- **Verwandte Arten:** Viele andere blau blühende Kardengewächse gedeihen in der Region. Einige gehören zur Gattung *Scabiosa*, andere zur Gattung *Knautia*.

Lebensform ausdauernd	Wuchshöhe bis 40 cm	Blütezeit April–Juli

milie DIPSACACEAE	Art *Scabiosa prolifera*	Autor L.

SCABIOSA PROLIFERA

Diese früh blühende Skabiose trifft man nur im östlichsten Teil der Region (z. B. Israel, Libanon), wo sie oft am Straßenrand wächst. Ihre behaarten Stengel verzweigen sich gabelig und treiben endständige, bis 40 mm große Blütenköpfe. Die Blätter sind länglich oder oval, oft mit gewelltem Rand, die Kronblätter blaßgelb, bei den randständigen Blüten stark vergrößert und gelappt. Wie bei allen Pflanzen dieser Gattung hat jede Blüte einen zweiten Hüll- oder Außenkelch. Aus den Blüten entwickelt sich ein kugelförmiger Fruchtkopf, und die pergamentartigen Außenkelche bilden wabenartige Kammern, die später wie Segel fungieren und die reifen Samen in alle Himmelsrichtungen tragen.

• **Verbreitung:** Türkei und Zypern und Regionen östlich davon.

• **Habitat:** Felder, Straßenränder, Schuttplätze; gewöhnlich auf Kalkstein.

ebensform einjährig	Wuchshöhe bis 30 cm	Blütezeit Feb.–April

GLOCKENBLUMENGEWÄCHSE

milie CAMPANULACEAE	Art *Campanula saxatilis*	Autor L.

CAMPANULA SAXATILIS

Wie die meisten ihrer Verwandten treibt diese Glockenblume blauviolette, 5geteilte glockenförmige Blüten. Ihre niederliegenden oder aufsteigenden Stengel wachsen aus einem dicken Rhizom und tragen kahle Blätter. Aus den bis 20 mm großen Blüten mit spitzen Kelchblättern entwickeln sich Spaltkapseln.

• **Verbreitung:** Südgriechenland und Kreta.

• **Habitat:** Felsige Hänge, Mauern.

• **Verwandte Art:** Gerade im ägäischen Raum gibt es viele ähnliche Arten. Einige, darunter *C. tubulosa* (siehe S. 226), sind auf kleine Gebiete am Festland oder einzelne Inseln beschränkt.

ebensform ausdauernd	Wuchshöhe bis 20 cm	Blütezeit April–Juli

Familie CAMPANULACEAE	Art *Campanula tubulosa*	Autor Lam.

CAMPANULA TUBULOSA

Anders als *C. saxatilis* (siehe S. 225) ist diese Pflanze rauh behaart. Ihre aufsteigenden Stengel teilen sich wiederholt gabelig. Die unteren Blätter haben lange Stiele und bogenförmig ausgezackte Ränder; Blatt und Stiel zusammen werden bis 10 cm lang. Die oberen Blätter sind ungestielt. Bis 20 mm lang, ist die samtige Blütenröhre von spitzen Kelchblättern umschlossen, an deren Grund sich 2 lappenartige Anhängsel befinden – charakteristisches Merkmal einiger Campanula-Arten. Die Frucht ist eine Kapsel.

- **Verbreitung:** Westliches Kreta.
- **Habitat:** Feuchte Felsspalten, Schluchten.

Lebensform zweijährig	Wuchshöhe bis 20 cm	Blütezeit April–Juli

Familie CAMPANULACEAE	Art *Legousia pentagonia*	Autor (L.) Druce

FÜNFKANTIGER FRAUENSPIEGEL

Die Gattung Frauenspiegel umfaßt einjährige „Unkräuter", die sich oft auf Kulturland ausbreiten. Diese Art hat fein behaarte, dicht verzweigte Stengel. Die unteren, gestielten, Blätter werden bis 20 mm lang, die oberen sind ungestielt und kleiner. Die violetten, becherförmigen Blüten formen lockere Trauben. Geöffnet, erreichen sie einen Blütendurchmesser von 25 mm. Wie viele andere Frauenspiegel besitzt diese Art extrem lange, schmal-zylindrische Fruchtknoten, die wie verdickte Blütenstiele aussehen. Der reife Fruchtknoten produziert eine bis 30 mm lange Samenkapsel.

- **Verbreitung:** Ägäischer Raum mit Griechenland, Kreta und Türkei.
- **Habitat:** Felder, Olivenhaine, Brachland; meist an offenen Standorten.

Lebensform einjährig	Wuchshöhe 10–40 cm	Blütezeit März–Juni

milie CAMPANULACEAE	Art *Legousia hybrida*	Autor (L.) Delarbre

KLEINBLÜTIGER FRAUENSPIEGEL

Diese aufrechte, spärlich verzweigte, rauh behaarte Pflanze treibt im unteren Stengelteil bis 30 mm lange, gestielte Blätter, weiter oben dann kleinere, sitzende. Alle Blätter sind länglich und zeigen den charakteristischen gewellten Rand. Die rötlichen oder violetten, meist endständigen Blüten öffnen sich nur bei strahlender Sonne. Ihr Durchmesser beträgt etwa 10 mm, doch die Kelchblätter erreichen die doppelte Länge. Die Frucht ist eine dreiwinklige Kapsel mit charakteristischem Hals.

- **Verbreitung:** Gesamte Mittelmeerregion, im Norden bis Großbritannien.
- **Habitat:** Felder, Olivenhaine, Weinberge.
- **Verwandte Art:** *Legousia speculum-veneris* treibt mehr und auffälligere, manchmal bis 20 mm große Blüten; ihre Kelchzähne sind ebenso lang wie die Kronblätter, die Blattränder weniger gewellt.

ebensform einjährig	Wuchshöhe 10–35 cm	Blütezeit März–Juni

amilie CAMPANULACEAE	Art *Petromarula pinnata*	Autor (L.) A. DC.

KRETISCHE RUTENGLOCKENBLUME

Diese elegante endemische Pflanze ist das einzige Mitglied ihrer Gattung im Mittelmeerraum. Sie besitzt hohe, rutenartige, nur zum Ende hin behaarte Stengel, die am Grund von einer Rosette fiederschnittiger oder gefiederter, bis 30 cm langer Blätter umgeben sind. Die Stengel blätter sind kleiner. 5–10 der blaßblauen, bis 30 mm großen Blüten bilden traubenförmige Blütenstände. Sie haben 5 sehr schmale, zurückgebogene Kronblätter und eine vorstehende orangerote Narbe und entwicklen sich zu Porenkapseln.

- **Verbreitung:** Kreta.
- **Habitat:** Felsen und Mauern; häufig an feuchten, schattigen Standorten wie Wälder und Schluchten.

Lebensform ausdauernd	Wuchshöhe bis 125 cm	Blütezeit April–Mai

KORBBLÜTLER

Familie COMPOSITAE	Art *Bellis perennis*	Autor L.

GÄNSEBLÜMCHEN

Diese niedere Pflanze ist wohl die bekannteste Art der größten Blütenpflanzenfamilie der Erde. Ihre löffelförmigen, vor allem in der Jugend behaarten Blätter werden bis 60 mm lang und bilden eine Grundrosette. Jede „Blüte" besteht genau genommen aus winzigen Einzelblüten – ein Charakteristikum dieser Familie. Die zentralen Scheibenblüten sind röhrenförmig und gelb, während die äußeren Strahlblüten eine einzelne kronblattähnliche Zunge haben. Aufgrund ihrer Form werden Scheibenblüten auch Röhrenblüten, Strahlblüten auch Zungenblüten genannt. Die Frucht ist eine Achäne.

• **Verbreitung:** Gesamte Region.
• **Habitat:** Wegränder, im Gras.
• **Verwandte Art:** *Bellis annua* (Einjähriges Gänseblümchen) ist kleiner mit ausgeprägterem Stengel und kürzeren Blättern.

Lebensform ausdauernd	Wuchshöhe 15 cm	Blütezeit Feb.–Juni

Familie COMPOSITAE	Art *Aster tripolium*	Autor L.

STRAND-ASTER

Dieser Herbstblüher bevorzugt feuchte, salzige Standorte und ist an tiefgelegenen Küstenstrichen häufig in großen Beständen anzutreffen. Die aufsteigenden oder aufrechten, in der Regel kahlen Stengel verzweigen sich am Grund und tragen fleischige, lanzettliche oder linealische, bis 12 cm lange Blätter. Die Blütenkörbchen, rund 20 mm im Durchmesser, sind von stumpfen, dachziegelartig angeordneten Hüllblättern umgeben. Die meisten Pflanzen treiben blaue oder mauvefarbene Strahlblüten, im Westen der Region kommen aber auch Arten vor, die ausschließlich Scheibenblüten entwickeln. Die Frucht ist eine braune Achäne mit Pappus.

• **Verbreitung:** Gesamte Region.
• **Habitat:** Salzwiesen, Lagunen, Salzvorkommen im Binnenland.

Lebensform einjährig/ausd.	Wuchshöhe 20–60 cm	Blütezeit Sept.–Nov.

Familie	Art	Autor
COMPOSITAE	*Helichrysum italicum*	(Roth) G. Don fil.

ITALIENISCHE STROHBLUME

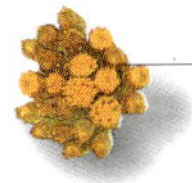

In der Region gedeihen mehr als ein Dutzend *Helichrysum*-Arten, zumeist niedere, aromatische Halbsträucher. Diese Strohblume hat am Grund verholzte, aufsteigende Zweige, die anfangs filzig behaart sind. Die schmalen, ungestielten, am Rand umgerollten Blätter werden 30 mm lang. Wie bei vielen *Helichrysum*-Arten sind alle Blüten röhrenförmig und zu kleinen Köpfchen zusammengefaßt, die wiederum größere, bis 80 mm große Gruppen bilden. Die Frucht ist eine kleine Achäne.

- **Verbreitung:** Gesamte Region.
- **Habitat:** Trockene, steinige Standorte; sandige Böden in Küstennähe.
- **Hinweis:** Da die „strohigen" gelben Blütenköpfe auch getrocknet Form und Farbe behalten, werden sie gerne für Trockensträuße verwendet.

Lebensform	Wuchshöhe	Blütezeit
ausdauernd	20–50 cm	April–Mai

Familie	Art	Autor
COMPOSITAE	*Helichrysum stoechas*	(L.) Moench

MITTELMEER-STROHBLUME

Auch unter dem Namen Immortelle bekannt, ist diese Strohblume an dem kräftig curryartigen Geruch zu erkennen, den zerdrückte Pflanzenteile verströmen. Der formenreiche, dichte Halbstrauch treibt behaarte, aufsteigende Stengel mit behaarten, schmalen Blättern. Seine Blüten wachsen in kleinen, 5 mm großen Köpfchen, die von dachziegelartigen Hüllblättern gehalten werden. Die Frucht ist eine kleine Achäne mit weißen Drüsen.

- **Verbreitung:** Gesamte Region.
- **Habitat:** Garigue, sandige und felsige Standorte in Küstennähe.
- **Hinweis:** Die Subspecies *stoechas*, westlich von Dalmatien heimisch, ist stark aromatisch; die Subsp. *barrelieri*, anzutreffen zwischen Sizilien und der Türkei, riecht dagegen kaum.
- **Verwandte Art:** *H. sanguineum*, Türkei und östlich, hat leuchtend rote Blütenhüllblätter.

Lebensform	Wuchshöhe	Blütezeit
ausdauernd	10–50 cm	April–Juli

Familie COMPOSITAE	Art *Phagnalon graecum*	Autor Boiss. & Heldr.

GRIECHISCHE STEINIMMORTELLE

Pflanzen der Gattung *Phagnalon* (Steinimmortelle) sind zumeist unauffällige Zwergsträucher. Die aufsteigenden oder aufrechten Stengel dieser Art tragen wechselständige, bis 25 mm lange und schmale, vor allem unterseits dicht behaarte Blätter mit gewelltem Rand. Die bis 20 mm großen Blütenköpfchen wachsen einzeln und bestehen ausschließlich aus gelben Röhrenblüten, die die Hüllblätter kaum überragen. Die Frucht ist eine zylindrische Achäne.

- **Verbreitung:** Italien, Balkan, Kreta.
- **Habitat:** Felsfluren, Garigue, Straßenränder.
- **Hinweis:** Diese Art ist auch als *P. rupestre* bekannt, deren Subspecies *graecum* (hier abgebildet) etwas kleiner ist und schmälere Hüllblätter trägt.

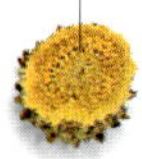

Lebensform ausdauernd	Wuchshöhe 10–30 cm	Blütezeit April–Mai

Familie COMPOSITAE	Art *Phagnalon sordidum*	Autor (L.) Reichenb.

MEHRKÖPFIGE STEINIMMORTELLE

Dieser niedere Zwergstrauch treibt schmale, weiß-filzig behaarte, bis 30 mm lange Blätter mit umgerolltem Rand. Auf den dünnen, aufsteigenden Stengeln sitzen kolbenförmige, um 15 mm lange Blütenköpfchen mit schuppenartigen braunen Hüllblättern und kaum vorstehenden Röhrenblüten. Anders als die meisten Steinimmortellen trägt die Mehrköpfige Steinimmortelle pro Stengel Gruppen von 2–6 Blütenköpfchen.

- **Verbreitung:** Von Spanien ostwärts bis Mittelitalien.
- **Habitat:** Felsen, Mauern; trockene, steinige Straßenränder.
- **Hinweis:** Mit *P. graecum* (oben) und *P. saxatile* bildet die Mehrköpfige Steinimmortelle Art sehr häufig auch Bastarde.

Lebensform ausdauernd	Wuchshöhe 15–30 cm	Blütezeit Mai–Juli

Familie COMPOSITAE	Art *Inula crithmoides*	Autor L.

SALZ-ALANT

Wie viele Korbblütler blüht der Salz-Alant vom Hochsommer bis weit in den Herbst hinein. Die kräftige, am Grund verholzte, kahle Pflanze verzweigt sich vorwiegend in Bodennähe und treibt aufsteigende oder aufrechte Stengel mit ungestielten, bis 45 mm langen, schmalen und fleischigen, an der leicht verbreiterten Spitze häufig dreizähnigen Blättern. Bis 25 mm groß, haben die Blütenköpfchen einen halbkugelförmigen Hüllkelch mit schmalen Hüllblättern, orangefarbene Scheiben- und gelbe Strahlblüten. Die flaumige, bis 3 mm lange Frucht trägt weiße Pappusborsten.

- **Verbreitung:** Gesamte Region; im Norden bis Großbritannien.
- **Habitat:** Fels- und Sandküsten, Salzsümpfe; gelegentlich auch im Landesinneren.
- **Hinweis:** Eigentlich eine Küstenpflanze, gedeiht der Salz-Alant in Ostspanien im Landesinneren.

Lebensform ausdauernd	Wuchshöhe bis 100 cm	Blütezeit Aug.–Okt.

Familie COMPOSITAE	Art *Dittrichia viscosa*	Autor (L.) W. Greuter

KLEBRIGER ALANT

Im Spätsommer überziehen dichte Bestände dieser strauchigen, am Grund verholzten Pflanze Straßenränder, Weinberge und Brachäcker mit einem leuchtenden Gelb. Ihre aufrechten Stengel sind mit stark klebrigen Drüsen besetzt und verströmen einen harzähnlichen Geruch. Die untersten der schmalen, spitz zulaufenden, bis 70 mm langen Blätter sind gestielt, die oberen umfassen den Stengel. Auffällig sind die rund 15 mm großen Köpfchen mit ihren leuchtend gelben Strahlblüten und den geringfügig dunkleren Scheibenblüten. Am Grund der bis 2 mm langen Frucht wachsen schmale Pappusborsten.

- **Verbreitung:** Gesamte Region.
- **Habitat:** Garigue, Kiefernwälder, Felder, Weinberge, Brachland, Straßenränder.
- **Hinweis:** Diese Pflanze ist auch als *Inula viscosa* bekannt.

Lebensform ausdauernd	Wuchshöhe 40–125 cm	Blütezeit Aug.–Nov.

Familie COMPOSITAE	Art *Pallenis spinosa*	Autor (L.) Cass.

STECHENDES STERNAUGE

Dieses weitverbreitete „Unkraut" treibt am Grund verholzte, charakteristisch verzweigte Stengel, deren Seitentriebe wesentlich länger wachsen als die mittleren. Seine ovalen, bis 80 mm langen Blätter sind am unteren Stengelteil gestielt, weiter oben ungestielt oder stengelumfassend. Die bis 25 mm Durchmesser großen Blütenköpfe haben lange Strahlblüten mit je 3 scharfen Zähnen und einen Ring schmaler, blattartiger Hüllblätter mit stechenden Spitzen. Die Frucht ist eine 2,5 mm große, flachgedrückte Achäne.

- **Verbreitung:** Gesamte Region.
- **Habitat:** Felder, Ödland.
- **Hinweis:** *Pulicaria dysenterica* treibt ähnliche Blüten, jedoch ohne die langen Hüllblätter. Die flaumig behaarte Pflanze wächst an feuchten Standorten im gesamten Mittelmeergebiet.

Lebensform ein-/zweijährig	Wuchshöhe bis 60 cm	Blütezeit April–Juli

Familie COMPOSITAE	Art *Asteriscus aquaticus*	Autor (L.) Less.

EINJÄHRIGER STRANDSTERN

Dem Stechenden Sternauge (oben) im Aufbau ähnlich, hat diese niedere Pflanze ebenfalls auffällige, blattähnliche Hüllblätter, die jedoch stumpf enden. Die Stengel verzweigen sich nur ganz oben. Bis 60 mm lang, sind die unteren Blätter gestielt, die oberen ungestielt und stengelumfassend. Die einzeln treibenden Blütenköpfe tragen einen Kranz kurzer, gelber Strahlblüten, die von den längeren Hüllblättern wesentlich überragt werden. Die Frucht ist eine kleine Achäne mit seidigen Haaren.

- **Verbreitung:** Gesamte Region.
- **Habitat:** Brachäcker, feuchte Standorte, Sandböden in Küstennähe.
- **Verwandte Art:** *Asteriscus maritimus* ist ein niederer Halbstrauch, dessen Blütenhüllblätter kaum länger als die Strahlblüten sind. Er gedeiht an felsigen Standorten in Küstennähe westlich von Griechenland.

Lebensform einjährig	Wuchshöhe 10–50 cm	Blütezeit April–Juli

Familie	Art	Autor
COMPOSITAE	*Xanthium strumarium*	L.

GEWÖHNLICHE SPITZKLETTE

Diese einjährige Pflanze treibt bis 15 cm große, dreieckige, langgestielte Blätter mit herz- oder keilförmigem Grund. Die kleinen und unscheinbaren Blüten wachsen in gleichgeschlechtlichen Gruppen, die männlichen über den zweiblütigen weiblichen, die von einem ovalen Hüllkelch umgeben sind. Dieser bildet eine mit geraden oder hakenförmigen Dornen besetzte Hülle für die Frucht, die im reifen Zustand 35 mm groß wird.

- **Verbreitung:** Gesamte Region.
- **Habitat:** Schuttplätze, sumpfige Böden, Wegränder, Sandstrände.
- **Verwandte Art:** *Xanthium spinosum*, aus Südamerika eingebürgert, ist heute im Mittelmeerraum weit verbreitet. In der Form ähnlich, hat diese Spitzklette jedoch ungestielte Blätter und spitze, gelbe Dornen.

Lebensform	Wuchshöhe	Blütezeit
einjährig	20–120 cm	Juli–Sept.

Familie	Art	Autor
COMPOSITAE	*Santolina chamaecyparissus*	L.

SCHEINZYPRESSEN-HEILIGENKRAUT

Die jungen Triebe dieses am Grund verzweigten Halbstrauchs sind silbrig-grau behaart. Seine schmalen, wechselständigen Blätter, die selten länger als 30 mm werden, sind kammartig gezähnt oder gelappt und zuweilen flaumig. Die leuchtend gelben, knopfartigen Blütenköpfchen bestehen ausschließlich aus Röhrenblüten und erreichen einen Durchmesser von 20 mm. Sie entwickeln sich zu länglichen Achänen ohne Pappus.

- **Verbreitung:** Westlicher und zentraler Mittelmeerraum; im Osten bis Dalmatien.
- **Habitat:** Trockene Standorte, Gärten.
- **Hinweis:** Häufig als Zwerghecke kultiviert.
- **Verwandte Art:** *Santolina rosmarinifolia*, in Spanien und Südfrankreich heimisch, ist ähnlich, treibt aber rosmarinähnliche, häufig ganzrandige, ungelappte Blätter.

Lebensform	Wuchshöhe	Blütezeit
einjährig	10–50 cm	Juni–Sept.

Familie COMPOSITAE	Art *Anthemis chia*	Autor L.

CHIOS-HUNDSKAMILLE

Da diese aufrechte, spärlich verzweigte einjährige Pflanze meist in großen, dichten Beständen wächst, verwandelt sie im Frühjahr manchen Olivenhain und Brachacker in ein farbiges Blütenmeer. Ihre gestielten oder ungestielten, bis 40 mm langen Blätter sind ein- bis zweifach fiederschnittig mit feiner Lappung. Bei den Blütenköpfchen sind die leuchtend gelben Scheiben- von breiten, weißen Strahlblüten mit je 3 Zähnen umgeben. Die Blüten-Hüllblätter haben einen für diese Art charakteristischen schwarzen Rand. Die in etwa zylindrischen Achänen weisen 7–10 Rippen auf.

• **Verbreitung:** Zentraler und östlicher Mittelmeerraum.

• **Habitat:** Brachland, Olivenhaine, Wegränder.

• **Verwandte Arten:** In der Region gedeihen auch viele andere *Anthemis*-Arten (Hundskamillen), darunter *A. arvensis*, mit braungeränderten, und *A. cotula*, mit weißgeränderten Hüllblättern. Beide sind in ganz Europa verbreitet.

Lebensform einjährig	Wuchshöhe 5–40 cm	Blütezeit Feb.–April

Familie COMPOSITAE	Art *Anthemis rigida*	Autor (Sibth. & Sm.) Boiss. & Heldr.

STEIFE HUNDSKAMILLE

Wie viele Küstenpflanzen treibt diese mattenbildende Hundskamille steife, meist unverzweigte, spärlich behaarte Stengel und kräftige, etwas fleischige Blätter. Ein- bis zweifach gefiedert, sind diese grob gelappt und kaum über 20 mm lang. Die Blütenköpfe wachsen auf kurzen Stielen und tragen nur selten Strahlblüten, haben aber relativ tiefe, konische Hüllkelche mit behaarten, dreieckigen oder lanzettlichen Hüllblättern. Die Frucht ist eine Achäne ohne erkennbare Rippen.

• **Verbreitung:** Ägäischer Raum.

• **Habitat:** Sandstrände.

Lebensform einjährig	Wuchshöhe bis 15 cm	Blütezeit März–Mai

Familie	Art	Autor
COMPOSITAE	*Achillea millefolium*	L.

GEMEINE SCHAFGARBE

Pflanzen der Gattung *Achillea* (Schafgarbe) werden oft für Doldenblütler gehalten, da ihre Blüten in flachen Büscheln wachsen. Die Blütenbüschel bestehen jedoch nicht aus Einzelblüten, sondern aus Blütenköpfen. Die Gemeine Schafgarbe ist eine sehr formenreiche, behaarte Art mit wechselständigen, federig gefiederten Blättern. Ihre Blütenköpfe bestehen aus Röhren- und Zungenblüten. Die Frucht ist eine flachgedrückte Achäne, häufig ohne Pappus.

- **Verbreitung:** Weit verbreitet, nicht aber im Süden und auf vielen Inseln.
- **Habitat:** Grasfluren.
- **Verwandte Arten:** Es gibt viele ähnliche Arten in der Region. *A. tomentosa*, ostwärts bis Italien zu finden, trägt leuchtend gelbe Blütenköpfchen.

Lebensform	Wuchshöhe	Blütezeit
ausdauernd	bis 60 cm	Juni–Aug.

Familie	Art	Autor
COMPOSITAE	*Chamaemelum mixtum*	(L.) All.

GEMISCHTE KAMILLE

Die Seitentriebe dieser aromatischen, gänseblümchenähnlichen, häufig vollständig behaarten Pflanze wachsen in einem charakteristisch großen Winkel vom Stengel. Die wechselständigen, ungestielten, bis 80 mm langen, länglichen Blätter sind in Basisnähe ein- bis zweifach geteilt, weiter oben nur einfach gefiedert oder lediglich gezähnt. Die Blütenköpfe, bis 25 mm im Durchmesser, tragen breite weiße Strahlblüten. Die Frucht ist eine Achäne ohne Pappus.

- **Verbreitung:** Gesamte Mittelmeerregion.
- **Habitat:** Sandböden, Straßenränder.
- **Verwandte Art:** *C. nobile* ist eine ähnliche, aber ausdauernde, kriechende Art mit fein gefiederten Blättern. Man findet sie im westlichen Mittelmeerraum oft als verwilderte Kulturpflanze.

Lebensform	Wuchshöhe	Blütezeit
einjährig	15–60 cm	Juni–Sept.

Familie COMPOSITAE	Art *Anacyclus clavatus*	Autor (Desf.) Pers.

KEULEN-BERTRAM

Diese weitverbreitete Pflanze trifft man ebenso häufig in Küstennähe wie an den staubigen Rändern vielbefahrener Straßen. Die aufrechte, oft buschige Art verzweigt sich in Basisnähe und treibt bis 10 cm lange, zwei- bis dreifach fiederschnittige, fedrige Blätter. Die bis 40 mm großen Blütenköpfe stehen einzeln und haben seidig behaarte Blüten-Hüllblätter mit weißem oder purpurnem Rand. Die Frucht ist eine Achäne ohne Pappus.

- **Verbreitung:** Gesamte Region.
- **Habitat:** Brachland, Straßenränder.

Lebensform einjährig	Wuchshöhe 10–50 cm	Blütezeit Mai–Juli

Familie COMPOSITAE	Art *Otanthus maritimus*	Autor (L.) Hoffmanns. & Link

SCHNEEWEISSE STRANDFILZBLUME

Diese weiß-filzige Pflanze fühlt sich auf Dünen und an Sandstränden wohl. Ihre dichte Behaarung schützt sie gegen austrocknende Küstenwinde und Hitze. Sie verzweigt an der Basis und treibt zahlreiche, am Grund verholzende, aufsteigende Stengel. Die länglichen Blätter sind ungestielt, kaum über 15 mm lang und gezähnt oder ganzrandig. Etwa 10 mm im Durchmesser, wachsen die Blütenköpfe in kleinen Büscheln auf kurzen Stielen. Sie haben keine Strahlblüten, aber ovale Blütenhüllblätter. Die Frucht, eine gebogene, relativ große Achäne, wird 4 mm lang.

- **Verbreitung:** Gesamte Region; häufig auch an den Küsten Nordwesteuropas.
- **Habitat:** Sandstrände und Dünen, gelegentlich auch an Kieselstränden.

Lebensform ausdauernd	Wuchshöhe bis 50 cm	Blütezeit Juni–Sept.

amilie COMPOSITAE	Art *Chrysanthemum coronarium*	Autor L.

KRONEN-WUCHERBLUME

Diese hohe und auffällige einjährige Pflanze tritt häufig in großen Beständen auf und treibt bis 60 mm große Blütenköpfe. Ihre aufrechten, kahlen Stengel sind reich verzweigt und tragen längliche oder lanzettliche, manchmal über 20 cm lange, gewöhnlich doppelt gefiederte Blätter mit gezähnten lanzettlichen Lappen. Auf kräftigen Stielen sitzen die Blütenköpfe mit ihren gelben Scheiben- und den breiten Strahlblüten, entweder ganz gelb oder weiß mit gelbem Grund. Die Frucht ist eine Achäne ohne Pappus.

• **Verbreitung:** Gesamte Mittelmeerregion, im Osten jedoch häufiger.

• **Habitat:** Felder und Brachland.

Lebensform einjährig	Wuchshöhe 20–75 cm	Blütezeit März–Sept.

amilie COMPOSITAE	Art *Chrysanthemum segetum*	Autor L.

SAAT-WUCHERBLUME

Anders als ihre große Verwandte (oben) ist diese Wucherblume eine aufrechte, aber nur spärlich verzweigte Art mit länglichen Blättern, die häufig tief gelappt, jedoch nie fiederschnittig sind. Die ganze Pflanze ist kahl, blaugrün und etwas fleischig. Ihre unteren, tief gelappten Blätter erreichen 80 mm Länge, während die oberen wesentlich kürzer, nicht gelappt und manchmal sogar ganzrandig sind. Die stets ganz gelben, durchschnittlich 45 mm großen Blütenköpfe bilden Achänen mit 10 Rippen.

• **Verbreitung:** Griechenland und Kreta; als Kulturpflanze nördlich bis Skandinavien eingebürgert.

• **Habitat:** Brach- und Kulturland, Wegränder.

• **Hinweis:** Eine von zahlreichen Arten, die durch den Einsatz von Herbiziden bedauerlicherweise stark zurückgegangen ist.

Lebensform einjährig	Wuchshöhe 20–60 cm	Blütezeit März–Mai

Familie COMPOSITAE	Art *Cotula coronopifolia*	Autor L.

Krähenfussblättrige Laugenblume

In Südafrika heimisch, ist diese Pflanze in vielen Teilen der Welt eingebürgert. Völlig kahl und recht fleischig, wächst sie oft in dichten, niederen Beständen, die aus der Ferne an leuchtend grünen Rasen erinnern. An den verzweigten Stengeln sitzen ungestielte, bis 50 mm lange Blätter mit häufig gelapptem oder zum Ende hin gezähntem Rand. Die zungenblütenlosen, bis 10 mm großen Blütenköpfe treiben einzeln auf langen Stielen.

- **Verbreitung:** Westlicher Mittelmeerraum.
- **Habitat:** Feuchte, salzige Standorte in Küstennähe; sumpfige Böden.

Lebensform einjährig	Wuchshöhe bis 30 cm	Blütezeit April–Juli

Familie COMPOSITAE	Art *Senecio cineraria*	Autor DC.

Aschenpflanzen-Greiskraut

Mit weltweit über 2000 Arten gehört diese Gattung *Senecio* (Greis- oder Kreuzkraut) zu den größten Blütenpflanzen-Gattungen. Allein im Mittelmeerraum trifft man mehrere Dutzend Arten an, die fast alle gelbe Blütenköpfchen in flachen Dolden oder Trugdolden treiben und geschopfte Samen ausbilden. Das Aschenpflanzen-Greiskraut ist ein dekorativer, filzig behaarter Strauch mit am Grund verholzten Stengeln und eben dort verzweigten Stengeln, die verschiedengeformte Blätter tragen. Bis 15 cm lang, sind sie meist in schmale Lappen gegliedert. Die bis 15 mm großen Blütenköpfe wachsen in gestielten Büscheln. Sie haben gelborange Scheiben- und gelbe Strahlblüten und produzieren Achänen mit einem weißen Pappus.

- **Verbreitung:** Westlicher und zentraler Mittelmeerraum.
- **Habitat:** Felsfluren in Küstennähe, Strände, Brachland, Gärten.
- **Hinweis:** Manchmal als Subspecies von *Senecio bicolor* behandelt, wird das Aschenpflanzen-Greiskraut seiner Blätter wegen oft kultiviert.

Lebensform ausdauernd	Wuchshöhe 25–60 cm	Blütezeit Mai–Aug.

Familie	Art	Autor
COMPOSITAE	*Calendula arvensis*	L.

ACKER-RINGELBLUME

Verglichen mit ihrer kultivierten Verwandten (unten) ist die Acker-Ringelblume klein und unauffällig und zieht nur dort die Aufmerksamkeit auf sich, wo sie in großen Beständen auftritt. Die aufrechte oder aufsteigende Pflanze treibt kräftige, spärlich behaarte Stengel mit schmalen, bis 80 mm langen, länglichen Blättern. Ihre Blütenköpfe werden bis 20 mm groß. Charakteristisches Merkmal sind ihre Früchte: Am äußeren Blütenrand gekrümmt und lang geschnäbelt, werden sie zum Zentrum hin kürzer und eher kahnförmig. Einige bilden auch Ringe. Jede Frucht trägt auf der Rückseite einen wulstigen oder dornigen Kamm.

- **Verbreitung:** Gesamte Region.
- **Habitat:** Felder, Weinberge, Brachland, Wegränder.

Lebensform	Wuchshöhe	Blütezeit
einjährig	15–25 cm	März–Okt.

Familie	Art	Autor
COMPOSITAE	*Calendula officinalis*	L.

GARTEN-RINGELBLUME

Der Ursprung dieser Pflanze ist nicht bekannt. Sie ähnelt der Acker-Ringelblume (oben), ist aber wesentlich kräftiger. Seit Jahrhunderten kultiviert, sind verschiedentlich Exemplare verwildert. Ihre robusten, häufig verzweigten Stengel tragen riemenförmige, bis 14 cm lange Blätter. Die Blütenköpfe erreichen einen Durchmesser von 70 mm; ihre gelben oder orangen Strahlblüten sind mindestens doppelt so lang wie die sie umschließenden Hüllblätter. Wie bei der Acker-Ringelblume sind die Früchte gekrümmte Achänen.

- **Verbreitung:** Vereinzelt verwildert; weithin kultiviert.
- **Habitat:** Brachland, Gärten.

Lebensform	Wuchshöhe	Blütezeit
einjährig/ausd.	20–50 cm	März–Juni

Familie COMPOSITAE	Art *Carlina corymbosa*	Autor L.

EBENSTRÄUSSIGE EBERWURZ

Diese formenreiche, extrem dornige Pflanze wächst aus einem unterirdischen Stengel. Ihre lanzettlichen, tief gelappten oder gezähnten Blätter werden bis 90 mm lang. Die strohgelben Blütenköpfe erreichen einen Durchmesser von 30 mm und sind von dornig gezähnten Hüllblättern umgeben. Die Frucht ist eine Achäne mit fedrigem Pappus.

• **Verbreitung:** Gesamte Region.
• **Habitat:** Steinige Böden, Wegränder, Trockenwiesen, lichte Wälder.
• **Verwandte Art:** *C. acanthifolia*, vorwiegend in gebirgigen Regionen des Ostens heimisch, ist eine stengellose, äußerst dekorative Art mit prachtvollem, bis 70 mm großem Blütenkopf mit kronblattähnlichen Hüllblättern.

Lebensform zweijährig/ausd.	Wuchshöhe 20–50 cm	Blütezeit Juni–Sept.

Familie COMPOSITAE	Art *Atractylis cancellata*	Autor L.

GITTER-SPINDELKRAUT

Diese kleine und zierliche Distel ist durch ihre äußeren Hüllblätter charakterisiert, die die Blüten wie ein filigranes Gitter umgeben. Die aufrechten, oft kahlen Stengel tragen schmale, bis 50 mm lange, dornig gezähnte Blätter. Etwa 15 mm groß, sitzen die purpurnen Blütenköpfe in lockeren Gruppen auf kurzen Stielen. Ihre inneren Hüllblätter sind lanzettlich, die äußeren haben schmale Fiedern und wölben sich um den nahezu kugelförmigen Hüllkelch. Die Frucht hat einen weiß-fedrigen Pappus.

• **Verbreitung:** Gesamte Region.
• **Habitat:** Trockene, steinige Böden, Brachland.
• **Hinweis:** Es gibt zwei Unterarten; die Subsp. *gaditana* aus dem Südwesten Spaniens gedeiht in wesentlich feuchteren Böden als die weiter verbreitete Subsp. *cancellata*.
• **Verwandte Arten:** *A. humilis* ist eine ausdauernde Pflanze (Spanien, Südostfrankreich) mit weniger Fiedern. Die stengellose *A. gummifera*, heimisch im gesamten Mittelmeerraum, treibt eine Rosette aus langen Blättern und auffällige, bis 70 mm große, purpurne Blütenköpfe mit einem Kranz aus blattartigen Hüllblättern.

Lebensform einjährig	Wuchshöhe bis 25 cm	Blütezeit April–Juli

ıilie COMPOSITAE	Art *Echinops ritro*	Autor L.

RITRO-KUGELDISTEL

Eine formenreiche, aufrechte ınd unverzweigte Pflanze mit ›ehaarten oder kahlen Stengeln ınd dornig gezähnten, unterseits dicht behaarten, oben zuweilen drü-.ig-klebrigen Blättern. Ihre blauen Blüten wachsen in kugeligen Köpfen, wobei jedes Einzelköpf-chen von steifen blaugrünen Hüll-blättern umgeben ist. Die Frucht trägt borstige Pappushaare.
• **Verbreitung:** Gesamte Region.
• **Habitat:** Trockene Felder, steinige Böden, Garigue.
• **Verwandte Arten:** In der Region gedeihen viele ähnliche Arten. Eine der größten ist E. *spinosissimus*, deren blasse Blütenköpfe bis 70 mm groß werden. Man findet sie östlich von Sizilien.

›bensform ausdauernd	Wuchshöhe 20–80 cm	Blütezeit Juli–Sept.

milie COMPOSITAE	Art *Staehelina dubia*	Autor L.

ZWEIFELHAFTE STRAUCHSCHARTE

Dieser Halbstrauch gedeiht selbst auf unwirtlichen Felsböden. Seine verzweigten, am Grund verholzenden Stengel tragen schmale, bis 35 mm lange, oben glänzend grüne, unten filzig behaarte Blätter. Die zylindrischen Blütenköpfe enthalten relativ wenige, von purpurnen Hüllblättern umgebenen Röhrenblüten. Die Frucht ist länglich mit weißem Pappus.
• **Verbreitung:** Südwestlicher Mittelmeerraum; im Osten bis Italien.
• **Habitat:** Trockene Felsfluren.
• **Verwandte Arten:** Im östlichen Teil der Region wachsen 2 wesentlich größere Arten: *S. arborea*, bis 100 cm hoch, findet man nur auf Kreta, während *S. fruticosa* auch auf dem griechischen Festland heimisch ist. Beide Species sind dichte Sträucher mit dichten Büscheln aus weißen oder rosa Blütenköpfchen.

ebensform ausdauernd	Wuchshöhe 20–40 cm	Blütezeit Juni–Juli

Familie COMPOSITAE	Art *Carduus pycnocephalus*	Autor L.

KNÄUELKÖPFIGE DISTEL

Diese schlanke Pflanze hat filzig behaarte, schmal geflügelte Stengel mit dornigen, fiederspaltig gelappten Blättern, die im unteren Pflanzenteil über 20 cm lang werden können. Die bis 20 mm großen Blütenköpfchen wachsen einzeln oder in Gruppen zu 2–3 auf unterschiedlich langen Stielen. Die Frucht ist wie bei allen Disteln der Gattung *Carduus* eine Achäne mit Pappus aus einfachen Haaren.

- **Verbreitung:** Gesamte Mittelmeerregion.
- **Habitat:** Brachland, Wegränder.
- **Hinweis:** In der Region gedeihen viele *Carduus*-Arten, alle mit geflügelten Stengeln.

Lebensform ein-/zweijährig	Wuchshöhe 20–80 cm	Blütezeit März–Juni

Familie COMPOSITAE	Art *Notobasis syriaca*	Autor (L.) Cass.

SYRISCHE KRATZDISTEL

Trotz ihres Namens ist diese extrem dornige Pflanze im gesamten Mittelmeerraum heimisch und selbst in Spanien und Portugal anzutreffen. Ihre hohen, kräftigen Stengel zeigen zur Spitze hin häufig einen metallisch-blauen Schimmer. Die gestielten, tief gelappten und dornig gezähnten Grundblätter werden 30 cm lang, während die oberen Stengelblätter schmäler und oft fiederschnittig sind. Die obersten bilden einen Kranz steifer Dornen um die purpurnen Blütenköpfe, die einzeln oder in kleinen Gruppen wachsen und bis 25 mm groß werden. Die dunkelbraunen Achänen tragen lange, fedrige Pappushaare.

- **Verbreitung:** Gesamte Region außer Frankreich und weit im Norden.
- **Habitat:** Felder, Ödland, Straßenränder.
- **Vewandte Arten:** Auch Kratzdisteln der Gattung *Cirsium* bilden Früchte mit fedrigen Pappushaaren.

Lebensform einjährig	Wuchshöhe 20–100 cm	Blütezeit März–Juni

milie COMPOSITAE	Art *Ptilostemon gnaphaloides*	Autor (Cyr.) Soják

PTILOSTEMON GNAPHALOIDES

Auch vor und nach der Blüte wirkt diese Kratzdistel sehr attraktiv, da ihre Blätter auffällige, dunkelgrüne Polster bilden. Die geneigten, oft weiß-filzigen Stengel verzweigen sich am Grund. Sie tragen linealische, bis 10 cm lange Blätter mit umgerolltem Rand und behaarter Unterseite, die zur Stengelspitze hin von Dornen flankiert werden. Aus den bis 30 mm großen Blütenköpfen werden Achänen mit fedrigen Haaren.

- **Verbreitung:** Süditalien, Griechenland, ägäischer Raum.
- **Habitat:** Felsen, Klippen, Schluchten.
- **Verwandte Art:** *Ptilostemon chamaepeuce* (Scheinfichten-Kratzdistel) ist ähnlich, hat aber keine Dornen. Sie gedeiht in Griechenland und östlich.

Lebensform ausdauernd	Wuchshöhe 30–100 cm	Blütezeit Mai–Juni

amilie COMPOSITAE	Art *Ptilostemon stellatus*	Autor (L.) W. Greuter

STERNARTIGE KRATZDISTEL

Diese Pflanze treibt aufrechte, meist unverzweigte Stengel mit schmalen, linealischen, bis 50 mm langen Blättern mit umgerolltem Rand. Jedes Blatt ist am Ansatz von 1–3 Paar steifen, strohgelben Dornen umgeben. Die Blütenköpfe, ca. 25 mm groß, wachsen in kleinen Gruppen. Ihre dornigen Hüllblätter weisen am Grund eine charakteristische weiße Schwellung auf. Die Frucht ist eine Achäne mit fedrigem Pappus.

- **Verbreitung:** Von Sizilien ostwärts.
- **Habitat:** Trockene, steinige Böden; Straßenränder.
- **Verwandte Art:** *Ptilostemon hispanicus*, heimisch in Südspanien, ist ausdauernd und wird bis zu 1 m hoch.

Lebensform einjährig	Wuchshöhe 15–30 cm	Blütezeit April–Juli

Familie COMPOSITAE	Art *Galactites tomentosa*	Autor Moench

MILCHFLECKDISTEL

Diese distelartige Pflanze trifft man oft am Straßenrand. Sie verzweigt sich im oberen Teil, ihre steifen Stengel sind ebenso wie die Blattunterseiten weißfilzig behaart. Bis 15 cm lang, sind die Blätter gelappt oder fiederteilig und tragen spitze Dornen. Die Blütenköpfe wirken flachgedrückt, da die Außenblüten wesentlich länger sind als die inneren. Jedes Köpfchen ist von schmalen Hüllblättern mit nach außen weisenden Dornen umgeben. Die Frucht ist eine Achäne mit fedrigem Pappus.

- **Verbreitung:** Gesamte Region.
- **Habitat:** Straßenränder, Weideland, Brachäcker.

Lebensform ein-/zweijährig	Wuchshöhe 15–100 cm	Blütezeit April–Aug.

Familie COMPOSITAE	Art *Onopordum illyricum*	Autor L.

ILLYRISCHE KRATZDISTEL

Die Gattung *Onopordum* (Eselsdistel) umfaßt die höchsten, kräftigsten und dornigsten Disteln der Region. Diese weit verbreitete, filzig behaarte Art hat einen aufrechten, im oberen Teil verzweigten Stengel mit dornigen Flügeln. Auch ihre bis 15 cm langen, ungestielten, tief gelappten Blätter tragen spitze Dornen. Die Blütenköpfe, bis 60 mm groß, haben einen pinselartigen Schopf aus purpurnen Blüten. Die sie umgebenden, steifen Hüllblätter sind am Grund bis 7 mm breit, verjüngen sich aber zu spitzen Dornen. Bei den äußeren ist das stechende Ende zurückgebogen. Die Frucht ist eine rundliche Achäne.

- **Verbreitung:** Gesamte Mittelmeerregion.
- **Habitat:** Felsfluren, Wegränder.

Lebensform zweijährig	Wuchshöhe 30–150 cm	Blütezeit Juni–Juli

Familie COMPOSITAE	Art *Onopordum argolicum*	Autor Boiss.

ONOPORDUM ARGOLICUM

Hier handelt es ist um eine besonders imposante Distel, deren aufrechter, dornig geflügelter Stengel sich zur Spitze hin verzweigt. Ihre länglichen oder lanzettlichen, bis 25 cm langen Blätter zeigen 10–12 Paare tief eingeschnittener, aber zusammenhängender Lappen mit dornigem Ende. Die Blütenköpfchen tragen einen Schopf dichter, purpurner Röhrenblüten, die von einander überlappenden, dornigen Hüllblättern umgeben sind. Die äußersten sind am stechenden Ende zurückgebogen. Die Frucht ist eine bräunlich-graue Achäne mit Pappus.
- **Verbreitung:** Südgriechenland, Malta, Sardinien, Sizilien.
- **Habitat:** Trockene Standorte, Straßen- und Feldränder.
- **Verwandte Art:** *O. nervosum*, heimisch in Spanien, ist eine auffällige graugrüne Pflanze mit kandelaberartig verzweigten Ästen und sehr breiten dornigen Flügeln. Sie wird über 2,5 m hoch und zuweilen auch kultiviert.

Lebensform zweijährig	Wuchshöhe bis 150 cm	Blütezeit Mai–Juli

Familie COMPOSITAE	Art *Cynara cornigera*	Autor Lindley

HORNTRAGENDE ARTISCHOCKE

Die fiederschnittigen, dornigen Blätter dieser niederen Pflanze sind gewöhnlich länger als ihr kurzer, gerillter Stengel. Länglich und oberseits weiß geädert, bilden sie eine Grundrosette. Die bis 50 mm großen Blütenköpfe bestehen aus gelblich weißen Röhrenblüten mit dornigen Hüllblättern, deren mittlere am Grund löffelförmig verdickt sind. Die Achäne trägt einen fedrigen Pappus.
- **Verbreitung:** Südgriechenland, ägäischer Raum.
- **Habitat:** Felsfluren in Küstennähe.
- **Verwandte Arten:** *C. scolymus*, die weithin kultivierte eßbare Artischocke, kommt nicht wild vor, dürfte aber von der Wilden Artischocke (*C. cardunculus*) abstammen, die im westlichen und zentralen Mittelmeerraum gedeiht.

Lebensform ausdauernd	Wuchshöhe bis 30 cm	Blütezeit Mai–Juni

Familie COMPOSITAE	Art *Silybum marianum*	Autor (L.) Gaertner

MARIENDISTEL

In ihrem ersten Jahr treibt diese Distel eine bis 80 cm große Rosette leicht fleischiger, auffällig geäderter Blätter mit tiefen dornigen Lappen. Der verzweigte Blütenstengel, der im zweiten Jahr erscheint, trägt kleinere Blätter und bis 80 mm große, einzelne Blütenköpfe. Die sie umschließenden Hüllblätter verbreitern sich zu einem stacheligen Kelch, bevor sie sich dann zu einem langen gerillten Dorn verjüngen. Die Achänen sind schwarz mit einem rauhen weißen Pappus.

- **Verbreitung:** Gesamte Mittelmeerregion.
- **Habitat:** Schuttplätze, Straßenränder.
- **Verwandte Art:** *Silybum eburneum*, heimisch in Nordafrika und Ostspanien, ist ähnlich, hat aber rauh behaarte Grundblätter und Hüllblätter mit längeren Dornen.

Lebensform zweijährig	Wuchshöhe 20–150 cm	Blütezeit April–Juli

Familie COMPOSITAE	Art *Leuzea conifera*	Autor (L.) DC.

ZAPFENKOPF

Der Zapfenkopf ist unschwer an seinen typischen Blütenköpfen zu erkennen, die wie kleine Kiefernzapfen aussehen. Seine Stengel tragen schmal gelappte, bis 80 mm lange Blätter, deren Unterseiten ebenso wie die Stengel filzig behaart sind. Bis 50 mm lang, haben die Blütenköpfe purpurne Röhrenblüten und breite, einwärts gebogene, pergamentartige Hüllblätter. Nach der Blüte öffnen sich diese und geben schwarze Achänen mit weißem Pappus frei.

- **Verbreitung:** Im Osten bis Italien.
- **Habitat:** Trockene Felsfluren, Garigue, Kiefernwälder.

Lebensform ausdauernd	Wuchshöhe 5–30 cm	Blütezeit Mai–Aug.

Familie	Art	Autor
milie COMPOSITAE	Art *Centaurea sphaerocephala*	Autor L.

KUGELKOPF-FLOCKENBLUME

Diese verbreitete, formenreiche Küstenpflanze gehört zu einer der größten Gattungen der Korbblütler. Wie viele ihrer Verwandten treibt sie Blütenköpfchen mit weit ausgebreiteten Röhrenblüten und rundlichem, von Hüllblättern umschlossenen Hüllkelch. Die Stengel dieser aufsteigenden Flockenblume sind weich, ihre unteren, bis 80 mm langen Blätter gestielt und fiederteilig gelappt, die oberen dagegen ungestielt und gezähnt. Jedes der einzelnen Blütenköpfchen hat einen Schopf aus Röhrenblüten und Hüllblätter mit 5–13 schlanken, abwärts gebogenen Dornen. Die Achänen tragen kurze Borsten.

- **Verbreitung:** Spanien, Korsika, Sardinien, Italien.
- **Habitat:** Sandige Standorte in Küstennähe, zuweilen auch weiter landeinwärts.

ebensform ausdauernd	Wuchshöhe 5–70 cm	Blütezeit April–Juli

Familie	Art	Autor
amilie COMPOSITAE	Art *Centaurea calcitrapa*	Autor L.

STERN-FLOCKENBLUME

Die Blätter dieser gewöhnlich reich verzweigten Pflanze sind fiederspaltig; während die unteren gestielt sind, sitzen die oberen direkt an den steifen, kahlen und gerillten Stengeln. Ihre Blütenköpfe bestehen aus blaßpurpurnen Röhrenblüten und einem ovalen oder zylindrischen Hüllkelch. Die diesen umschließenden Hüllblätter tragen je einen verholzten, blaßgelben, bis 18 mm langen Dorn und am Grund eine Reihe kürzerer Seitendornen. Die Frucht ist eine Achäne ohne Pappus.

- **Verbreitung:** Gesamte Region.
- **Habitat:** Schuttplätze, Brachland, Straßenränder.

Lebensform zweijährig	Wuchshöhe 20–100 cm	Blütezeit Juni–Sept.

Familie COMPOSITAE	Art *Centaurea melitensis*	Autor L.

MALTA-FLOCKENBLUME

Die Stengel der im oberen Teil verzweigten Flockenblume sind zur Spitze hin geflügelt und tragen in Bodennähe gelappte, oben lanzettliche Blätter von leuchtendem Grün. Ihre Blütenköpfchen wachsen einzeln oder in Gruppen zu 2–3, der Hüllkelch ist rund. Jedes Hüllblatt hat einen Mitteldorn und 3 Paar kürzere Seitendornen. Die Frucht ist eine einsamige Achäne mit Pappushaaren.

- **Verbreitung:** Gesamte Region.
- **Habitat:** Wegränder, Brachland.

Lebensform ein-/zweijährig	Wuchshöhe 25–60 cm	Blütezeit April–Aug.

Familie COMPOSITAE	Art *Centaurea solstitialis*	Autor L.

SONNENWEND-FLOCKENBLUME

Diese schlanke und reich verzweigte Pflanze mit ihren graufilzigen, geflügelten Stengeln trägt unten lanzettliche, fiederteilig gelappte Blätter; die oberen Stengelblätter sind ungestielt und ganzrandig. Blütenköpfe bestehen aus gelben Röhrenblüten und rundem Hüllkelch, dessen Hüllblätter in blaßgelben Dornen enden. Die Frucht ist eine schwarze Achäne, deren Pappus die doppelte Länge des Samens erreicht.

- **Verbreitung:** Gesamte Region.
- **Habitat:** Brachland, Kulturland.

Lebensform ein-/zweijährig	Wuchshöhe 30–100 cm	Blütezeit Juli–Sept.

Familie COMPOSITAE	Art *Crupina crupinastrum*	Autor (Moris) Vis.

ECHTER SCHLUPFSAME

Diese Pflanze trägt nur in der unteren Hälfte Blätter, die obere besteht aus verzweigten Trieben mit je einem Blütenkopf. Die Stengelblätter haben schmale Lappen, die Blütenköpfchen einen walzenförmigen Hüllkelch. Aus ihnen entwickeln sich Achänen mit goldgelbem Pappus.

- **Verbreitung:** Gesamte Region außer Frankreich.
- **Habitat:** Felsfluren.

Lebensform einjährig	Wuchshöhe 20–50 cm	Blütezeit Mai–Juli

Familie COMPOSITAE	Art *Carthamus lanatus*	Autor L.

WOLLIGE FÄRBERDISTEL

Diese formenreiche, distelartige, stark riechende Pflanze treibt steife, oft „spinnwebig" behaarte Stengel und trägt durchgehend Blätter: die unteren sind oval und gezähnt, die oberen schmal gelappt und teilweise stengelumfassend. Bis 30 mm groß, wachsen die Blütenköpfe einzeln an den Stengelspitzen. Sie haben schopfartig ausgebreitete gelbe Röhrenblüten und sind von dornigen Blättern umgeben. Die Frucht, eine dunkelbraune Achäne, trägt gewimperte Schuppen.
- **Verbreitung:** Gesamte Region.
- **Habitat:** Felder, Ödland, Straßenränder.
- **Verwandte Art:** *C. arborescens*, heimisch in Südspanien, treibt ebenfalls gelbe Blüten, ist aber wesentlich größer, dichter verzweigt und ausdauernd.

Lebensform einjährig	Wuchshöhe 30–70 cm	Blütezeit Juni–Aug.

Familie COMPOSITAE	Art *Carduncellus caeruleus*	Autor (L.) C. Presl

BLAUE FÄRBERDISTEL

Viele Disteln treiben purpurne oder gelbe Blüten, weshalb das Blauviolett dieser Art besonders hervorsticht. Ausgesprochen formenreich, hat diese Pflanze gewöhnlich kräftige, unverzweigte Stengel mit je einem Blütenkopf, und Stengel und Unterseiten der bis 10 cm großen Blätter sind meist filzig behaart. Im Gegensatz zu den gestielten untersten Blättern, sitzen die dornig gezähnten, riemenförmigen oberen direkt am Stengel. Die Blütenköpfe sind von dornigen, blattartigen Hüllblättern umringt und produzieren Achänen mit langen Pappusschuppen.
- **Verbreitung:** Gesamte Region außer Dalmatien.
- **Habitat:** Felder, Wegränder.
- **Verwandte Art:** *C. monspelliensium*, heimisch in Spanien, Frankreich und Italien, ist kürzer oder sogar ganz stengellos.

Lebensform ausdauernd	Wuchshöhe 30–60 cm	Blütezeit Mai–Juli

Familie Compositae	Art *Scolymus hispanicus*	Autor L.

Spanische Golddistel

In der meist dürren Hochsommer-Vegetation bilden die leuchtend grünen Blätter und die gelben Blüten dieser distelartigen Pflanze einen Blickfang. Ihre unregelmäßig verzweigten Stengel tragen dornige, fiederteilige Blätter mit gewelltem Rand. Bis 80 mm lang, verwachsen die Stengelblätter mit den dornigen Flügeln, die ein Stück weit die Triebe hinablaufen. Die Blütenköpfe mit ihren Strahlenblüten sind von dornig gezähnten Hochblättern umgeben und treiben aus den Blattachseln. Aus ihnen entwickeln sich Früchte mit kurzen Pappusborsten und oft auch flügelartigen Zungen.

- **Verbreitung:** Gesamte Region.
- **Habitat:** Schuttplätze, Küstensand.
- **Verwandte Art:** *Scolymus grandiflorus*, im Westen der Region heimisch, ist kleiner, treibt aber größere Blüten mit 3 sehr dornigen, behaarten Hüllblättern. Der obere Teil ihrer Stengel ist durchgehend geflügelt.

Lebensform zweijährig/ausd.	Wuchshöhe 20–80 cm	Blütezeit Juni–Sept.

amilie COMPOSITAE	Art *Cichorium intybus*	Autor L.

WEGWARTE

Diese kahle, hohe Pflanze treibt tiefe Pfahlwurzeln, reich verzweigte Stengel und auffällig himmelblaue, bis 40 mm große Blütenköpfchen. Die untersten Blätter sind lanzettlich, gezähnt und bis 30 cm lang, die oberen, kürzeren, umfassen den Stengel. Einige Blütenköpfe sind ungestielt, andere wachsen am Ende kurzer Seitentriebe.

- **Verbreitung:** Gesamte Mittelmeerregion.
- **Habitat:** Felder, Wegränder, Schuttplätze.
- **Verwandte Art:** *C. spinosum* ist ein niederer, Kugelbüsche bildender Strauch, der ebenfalls im gesamten Mittelmeerraum auftritt.

ebensform ausdauernd	Wuchshöhe 30–120 cm	Blütezeit Mai–Aug.

amilie COMPOSITAE	Art *Catanache caerulea*	Autor L.

BLAUE RASSELBLUME

Als Gartenblume kultiviert, ist dieser elegante Korbblütler auf trockenen Grasfluren des westlichen Mittelmeerraums heimisch. Die linealischen, bis 30 cm langen Blätter weisen 2–4 schmale Lappen auf. Fast alle gruppieren sich grundständig um die schlanken, spärlich verzweigten Stengel, auf denen tiefblaue, bis 60 mm große Blütenköpfe sitzen, die nur aus Strahlblüten bestehen. Jedes Köpfchen ist am Grund von dünnen, silbrigen Hüllblättern umgeben, und ähnliche, aber kleinere Schuppenblätter reichen ein Stück weit den Stengel hinab. Die Frucht ist eine Achäne mit einer Reihe schmaler Schuppenblätter.

- **Verbreitung:** Ostwärts bis Italien.
- **Habitat:** Trockene Grasfluren, Straßenränder; bevorzugt auf Kalkstein.
- **Verwandte Art:** *C. lutea*, im östlichen Mittelmeerraum heimisch, ist eine einjährige Art mit gelben Blüten. Auch ihre Blätter sind vorwiegend grundständig.

Lebensform ausdauernd	Wuchshöhe 20–90 cm	Blütezeit Juni–Sept.

Familie COMPOSITAE	Art *Hyoseris radiata*	Autor L.

STRAHLIGER SCHWEINSSALAT

Diese Pflanze gehört zu einer Reihe mediterraner Pflanzen, die nicht selten mit Löwenzahn verwechselt werden. Wie dieser treibt der Strahlige Schweinssalat große gelbe Blütenköpfchen, und seine Blätter formen eine Rosette. Doch sind sie nicht flach, sondern schmal, tief eingeschnitten und wirken fast gewellt. Die bis 40 mm großen Blütenköpfe – sie wachsen einzeln auf blattlosen Stengeln – bestehen ausschließlich aus Strahlblüten, wobei die Randblüten unterseits häufig grüne oder purpurfarbene Streifen zeigen. Die Frucht ist eine braune Achäne mit Schuppen und borstigen Haaren.

- **Verbreitung:** Gesamte Mittelmeerregion.
- **Habitat:** Grasfluren, Straßenränder.
- **Verwandte Art:** *H. scabra*, ebenfalls in der gesamten Region beheimatet, ist eine einjährige Art, deren Blütenköpfe auf kurzen, weicheren Stengeln sitzen.

Lebensform ausdauernd	Wuchshöhe bis 35 cm	Blütezeit ganzjährig

Familie COMPOSITAE	Art *Urosperum dalechampii*	Autor (L.) Scop. ex F. W. Schmidt

WEICHHAARIGES SCHWEFELKÖRBCHEN

Unter günstigen Konditionen werden die blaßgelben Blüten dieser Pflanze bis 60 mm groß. Ihre flaumig behaarten Stengel sind von einer Rosette fiederteilig gelappter, lanzettlicher, bis 19 cm langer Grundblätter umringt, tragen aber auch selbst kleinere, oft ganzrandige stengelumfassende Blätter. Die Blütenköpfe wachsen einzeln auf zum becherförmigen Hüllkelch hin verdickten Stielen. Der Hüllkelch, ebenfalls flaumig behaart, besteht aus 1 Reihe breiter, am Grund verwachsener Hüllblätter. Die Blütenköpfchen enthalten nur Strahlblüten, wobei die randständigen unten meist rote Streifen zeigen. Die Frucht ist eine schwarze, geschnäbelte Achäne mit dunklem, fedrigem Pappus. Anders als bei den ähnlich aussehenden Löwenzahn-Arten (*Gattung Taraxacum*) bilden sie aber keine „Fallschirme".

- **Verbreitung:** Westlicher Mittelmeerraum, im Osten bis Dalmatien.
- **Habitat:** Grasfluren, Straßen- und Feldränder.

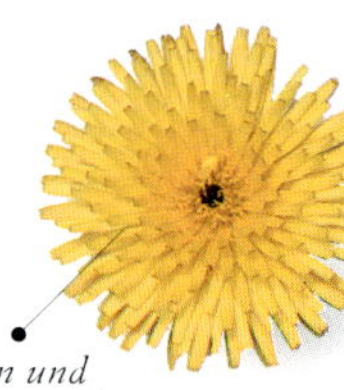

Lebensform ausdauernd	Wuchshöhe 25–40 cm	Blütezeit März–Aug.

Familie COMPOSITAE	Art *Tragopogon hybridus*	Autor L.

BASTARD-BOCKSBART

Wie viele ihrer Verwandten wirkt diese zarte Pflanze am schönsten frühmorgens, da sich ihre Blütenköpfchen im Lauf des Tages schließen. Ihre kahlen Stengel sind spärlich verzweigt, und die linealischen, manchmal über 10 cm langen, grasartigen Blätter bilden Blattscheiden. Die einzeln stehenden Blütenköpfe sind von 5–8 spitzen, ausgebreiteten Hüllblättern umgeben, die in der Regel 2–3 mal so lang wie die lilafarbenen Zungenblüten sind, aus denen – es sind meist 5 – sich lange, spindelförmige Achänen entwickeln, die teils rauhe Borsten, teils fedrige „Fallschirme“ tragen.

- **Verbreitung:** Gesamte Mittelmeerregion.
- **Habitat:** Trockene Viehweiden, Brachland.

Lebensform ausdauernd	Wuchshöhe 20–40 cm	Blütezeit April–Juni

Familie COMPOSITAE	Art *Tragopogon porrifolius*	Autor L.

ROTER BOCKSBART

Diese formenreiche, grasartige Pflanze treibt aus einer langen Wurzel. Ihre kräftigen, gelegentlich verzweigten Stengel tragen schmale, bis 15 cm lange Blätter mit breiten Blattscheiden. Manche Pflanzen sind spinnwebig behaart, andere fast kahl. Die Blütenköpfe mit ihren lila oder rötlich-purpurnen Zungenblüten öffnen sich nur für wenige Stunden. Sie sind von schmalen Hüllblättern umgeben, die die doppelte Länge der Blüten erreichen können und sich nach der Blüte schließen, später aber wieder öffnen, um einen charakteristischen Ring aus Achänen mit fedrigen „Fallschirmen“ freizugeben.

- **Verbreitung:** Gesamte Mittelmeerregion, oft kultiviert.
- **Habitat:** Grasfluren, Weg- und Straßenränder.
- **Hinweis:** Die Wurzel ist eßbar und schmeckt leicht nussig.

Lebensform zweijährig	Wuchshöhe 20–125 cm	Blütezeit April–Juli

Familie	Art	Autor
COMPOSITAE	*Lactuca perennis*	L.

BLAUER LATTICH

Diese Pflanze sondert bei Verletzung weißen Milchsaft ab. Sie hat fiederteilig gelappte, bis 15 cm lange untere und kleinere, stengelumfassende Stengelblätter. Bis 30 mm groß, bilden die blauen oder lila Blütenköpfe Gruppen und entwickeln sich zu schwarzen Achänen mit rauhhaarigem „Fallschirm“.

- **Verbreitung:** Westliche Region
- **Habitat:** Felsfluren auf Kalkstein, Mauern, Straßenränder.

Lebensform	Wuchshöhe	Blütezeit
ausdauernd	30–80 cm	März–Juli

Familie	Art	Autor
COMPOSITAE	*Crepis capillaris*	(L.) Wallr.

GRÜNER PIPPAU

Diese Pflanze gehört zu einer verbreiteten Gattung, die man an ihren gelben Blütenköpfchen mit zweireihigen Hüllblättern erkennt. Diese formenreiche, kahle Art hat verzweigte Stengel und fiederteilig gelappte Blätter. Aus den bis 15 mm großen Blütenköpfen werden Achänen mit weißem Pappus.

- **Verbreitung:** Gesamte Region.
- **Habitat:** Trockene Grasfluren.
- **Verwandte Art:** *C. rubra*, eine von vielen ähnlichen Arten, treibt rosa Blüten und ist im östlichen Mittelmeerraum heimisch.

Lebensform	Wuchshöhe	Blütezeit
ein-/zweijährig	20–100 cm	April–Juli

Familie	Art	Autor
COMPOSITAE	*Andryala integrifolia*	L.

UNGETEILTBLÄTTRIGE ANDRYALA

Anders als der Grüne Pippau treibt diese behaarte, Pflanze faßförmige Knospen und nur 1 Reihe Blüten-Hüllblätter. Die unteren Blätter sind lanzettlich und gezähnt, die oberen meist ganzrandig und stengelumfassend. Aus den rund 10 mm großen Blütenköpfchen entwickeln sich Achänen mit grauem Pappus.

- **Verbreitung:** Gesamte Region.
- **Habitat:** Sandige Böden.

Lebensform	Wuchshöhe	Blütezeit
einjährig/ausd.	13–80 cm	April–Juli

MONOKOTYLEDONEN

NEPTUNGRASGEWÄCHSE

Familie	Art	Autor
POSIDONIACEAE	*Posidonia oceanica*	(L.) Delile

NEPTUNGRAS

Neptungras ist im Mittelmeerraum weit verbreitet, dabei aber fast unbekannt, da es ausschließlich unter Wasser gedeiht. Von den dichten „Wiesen", die diese Pflanze auf dem Meeresboden bildet, sieht man am Ufer nur vereinzelt angeschwemmte Haufen von Schuppenblättern, die oft mit Seetang verwechselt werden. Vom Neptungras stammen auch die braunen „Seebälle", die aus abgerissenen und von der Brandung zu Kugeln gerollten Blattfasern bestehen. Die riemenförmigen Blätter, die aus dem Stengel treiben, werden bis 60 cm lang. Die Blüten sind grün und wachsen in Gruppen zu 3–5. Ungewöhnlich für eine Blütenpflanze, werden sie unter Wasser bestäubt und bilden fleischige, rund 10 mm große Früchte.

- **Verbreitung:** Gesamte Region.
- **Habitat:** Unterseeisch (bis 30 m).
- **Verwandte Arten:** Die Familie der Neptungrasgewächse umfaßt nur 2 weitere Arten, beide vor der Küste Südaustraliens heimisch.

Lebensform	Wuchshöhe	Blütezeit
ausdauernd	60 cm	Okt.–Juni

LILIENGEWÄCHSE

Familie LILIACEAE	Art *Asphodelus fistulosus*	Autor L.

RÖHRIGER AFFODIL

Zur Familie der Liliengewächse gehören viele mediterrane Pflanzen, doch sind einige Arten aufgrund rücksichtsloser Sammelwut heute akut vom Aussterben bedroht. Für die Gattung *Asphodelus* trifft dies glücklicherweise nicht zu. Diese robusten, kahlen Pflanzen, die überweidete Flächen und Brachland bevorzugen, gedeihen vielerorts in großen Beständen. Der Röhrige Affodill ist eine kurzlebige Art mit faserigen Wurzeln, hohlen Stengel und – wie die meisten Liliengewächse – weißen Blüten mit 6 kronblattartigen Perigonblättern. Bis 30 mm groß, sitzen die Blüten einzeln auf verzweigten Trieben. Die Frucht ist eine runde Kapsel mit einem Durchmesser von etwa 5 mm.

• **Verbreitung:** Gesamte Region.

• **Habitat:** Garigue, Ufer, sandige Standorte, Wegränder; auf mageren, kalkarmen Böden.

Lebensform ausdauernd	Wuchshöhe bis 75 cm	Blütezeit Feb.–Juni

milie LILIACEAE	Art *Asphodelus aestivus*	Autor Brot.

KLEINFRÜCHTIGER AFFODILL

Dieses kahle, graugrüne Liliengewächs treibt aus verdickten Wurzeln. Ihre bis 30 mm breiten und bis 45 cm langen Blätter entspringen sämtlich am Grund. Sie sind V-förmig und zeigen unterseits einen leicht vorstehenden Mittelnerv. Die Blüten wachsen auf hohen Stengeln mit vielfacher Verzweigung. Jede der kurzgestielten, bis 40 mm großen Blüten trägt weiße Perigonblätter mit rötlich-braunem Mittelnerv. Die Frucht ist eine etwa 7 mm große, runde Kapsel.

- **Verbreitung:** Gesamte Region.
- **Habitat:** Felsfluren, Garigue, Weideland.
- **Hinweis:** Der Kleinfrüchtige Affodill gehört zu jenen Pflanzen, die vom menschlichen Eingriff in die Natur profitiert haben. Von Weidetieren gemieden, gedeiht er in großen Beständen, wo Ziegen und Kühe alle andere Vegetation niedrig halten. Seine stärkehaltigen Wurzeln schmecken fade, sind aber eßbar. Früher wurden sie zur Herstellung von Klebstoff verwendet.

ebensform ausdauernd	Wuchshöhe 50–150 cm	Blütezeit Feb.–Juni

amilie LILIACEAE	Art *Asphodelus albus*	Autor Miller

WEISSER AFFODILL

Vom Kleinfrüchtigen Affodill (oben), dem sie im Erscheinungsbild ähnelt, unterscheiden diese Pflanze ihr kaum verzweigter Blütenstiel und die langen Tragblätter, die den jungen Blütenstand häufig dunkel wirken lassen. Bis 20 mm breit und bis 60 cm lang, sind die Blätter gewöhnlich gerillt. Die bis 60 mm großen Blüten bestehen aus weißen Perigonblättern mit dunkelbraunem oder grünem Mittelnerv und sitzen auf schlanken Stielen, die kürzer als die Tragblätter sind. Die Frucht ist eine bis 25 mm große Kapsel.

- **Verbreitung:** Westlicher und zentraler Mittelmeerraum, im Osten bis Griechenland, auch in Mittel- und Nordwesteuropa. Nicht auf den meisten Inseln vorkommend.
- **Hinweis:** Weißer Affodill ist weniger häufig als der Kleinfrüchtige Affodill.

Lebensform ausdauernd	Wuchshöhe 50–125 cm	Blütezeit April–Juni

Familie LILIACEAE	Art *Asphodeline lutea*	Autor (L.) Reichenb.

GROSSE AFFODELIE

Wie der Kleinfrüchtige Affodill (siehe S. 257) tritt diese Pflanze bevorzugt auf überweidetem Land auf. Auch sie hat fleischige Wurzeln, doch sind ihre Stengel durchgehend beblättert. Von den bis 35 cm langen Grundblättern werden sie nach oben kürzer. Die goldgelben, kurzgestielten Blüten bestehen aus 6 schmalen, etwas ungleichen Hüllblättern und entwickeln sich zu Kapseln mit schwarzen, dreiseitigen Samen.

- **Verbreitung:** Zentraler und östlicher Mittelmeerraum, NW-Afrika.
- **Habitat:** Felsige Böschungen, Garigue.
- **Verwandte Art:** *A. liburnica*, heimisch im Balkan, auf Kreta und in Süditalien, ist eine kürzere Art mit schmaleren Blättern.

Lebensform ausdauernd	Wuchshöhe 40–80 cm	Blütezeit März–Mai

Familie LILIACEAE	Art *Aphyllanthes monspeliensis*	Autor L.

BINSENLILIE

Außerhalb der Blütezeit wirkt diese Pflanze tatsächlich wie ein dichtes Büschel Binsen. Ihre Stengel sind kahl, steif und gerippt, die Blätter zu schmalen Blattscheiden zurückgebildet. Erst mit der Blüte wird die wahre Identität der Lilie erkennbar. Die Blüten wachsen endständig in Gruppen zu 1–3 und sind von pergamentartigen Hochblättern umschlossen. Meist blaßblau, gelegentlich auch weiß, bestehen sie aus 6 stumpfen Perigonblättern mit dunklem Mittelnerv und produzieren Kapseln mit 3 schwarzen Samen.

- **Verbreitung:** Westlicher Mittelmeerraum, im Osten bis Norditalien.
- **Habitat:** Garigue, Grasfluren, Weg- und Straßenränder.

Lebensform ausdauernd	Wuchshöhe 20–50 cm	Blütezeit April–Juli

milie LILIACEAE	Art *Colchicum autumnale*	Autor L.

HERBSTZEITLOSE

Diese **giftige** Pflanze blüht im Herbst, bevor ihre Blätter erscheinen. Sie treibt aus einer unterirdischen Knolle, und ihre Blüten wachsen einzeln oder in Gruppen bis 6. Sie haben 6 zu einer langen Röhre verwachsene Blütenblätter und 6 Staubblätter. Die Frucht, eine grüne, rund 30 mm lange Kapsel, reift auf Bodenhöhe zwischen den glänzenden, riemenförmigen Blättern.

• **Verbreitung:** Westlicher und zentraler Mittelmeerraum, im Osten bis Griechenland; im Norden bis Großbritannien.

• **Habitat:** Wiesen, Grasfluren, Wegränder, lichte Wälder.

ebensform ausdauernd	Wuchshöhe bis 15 cm	Blütezeit Aug.–Okt.

amilie LILIACEAE	Art *Gagea peduncularis*	Autor (J. & C. Presl) Pascher

LANGSTIELIGER GELBSTERN

Gelbsterne *(Gagea)* sind zarte Zwiebelpflanzen mit aufrechten Stengeln und kleinen, sternartigen Blüten, die sich im vollen Sonnenlicht öffnen. Diese Art ist mit kurzen Haaren bedeckt und treibt 2 fadendünne Grundblätter. Ihre wechselständigen Stengelblätter sind breiter und bisweilen bewimpert. Die bis 25 mm großen Blüten leuchten oberseits gelb, unterseits sind sie eher grünlich. In Gruppen zu 1–3 wachsen sie auf flaumig behaarten Stielen und entwickeln sich zu kleinen Kapseln.

• **Verbreitung:** Balkan, ägäischer Raum mit Kreta.

• **Habitat:** Hügel, steinige Böden.

• **Hinweis:** In der Region gedeihen viele ähnliche Gelbstern-Arten.

Lebensform ausdauernd	Wuchshöhe bis 10 cm	Blütezeit Jan.–April

Familie LILIACEAE	Art *Gagea graeca*	Autor (L.) A. Terracc.

Griechische Faltenlilie

Früher als *Lloydia graeca* klassifiziert, unterscheidet sich diese schlanke, kahle Pflanze von den meisten anderen *Gagea*-Arten (siehe S. 259) durch ihre weißen, trichterförmigen Blüten. Sie treibt aus einer kleinen Zwiebel und hat 2–4 linealische Grundblätter und eine Reihe wechselständiger lanzettlicher Stengelblätter. Die gestielten Blüten wachsen in lockeren Gruppen zu 3–5. Sie bestehen aus 6 freien, bis 15 mm langen Perigonblättern, die außen purpurn gestreift sind und sich zu einem Trichter überlappen. Als Knospe nickend, richten sie sich in der Blüte auf. Die Frucht ist eine vielsamige Kapsel.

- **Verbreitung:** Südgriechenland, ägäischer Raum inkl. Kreta.
- **Habitat:** Felsfluren, hügeliges Weideland, Mauern, Wegränder.
- **Verwandte Art:** *G. trinervia* (Nordafrika, Sizilien) treibt einzelne weiße Blüten.

Lebensform ausdauernd	Wuchshöhe 5–25 cm	Blütezeit April–Mai

Familie LILIACEAE	Art *Tulipa biflora*	Autor Pallas

Tulipa biflora

Tulpen sind ausdauernde Zwiebelpflanzen mit auffälligen Blüten und relativ wenigen, häufig jedoch breiten Blättern. Mehr als ein Dutzend Arten sind im europäischen Mittelmeerraum heimisch, dazu kommen weitere verwilderte, die ursprünglich aus fernen Regionen stammen. *Tulipa biflora* kommt als Wildpflanze nur am Rand der Mittelmeerregion vor, wird jedoch häufig kultiviert. Sie hat nur 2 tief gerillte Blätter mit zuweilem gewelltem Rand und treibt 1–4 kurzgestielte, sternförmige Blüten, die sich bei Sonnenschein weit öffnen. Ihre schmalen, lanzettlichen Perigonblätter sind unterseits rötlich-grün, oberseits weiß mit gelbem Grund. Die Frucht ist eine kleine Kapsel.

- **Verbreitung:** Mittlerer Balkan bis Asien.
- **Habitat:** Fels- und Grasfluren.

Lebensform ausdauernd	Wuchshöhe bis 18 cm	Blütezeit April–Juni

Familie LILIACEAE	Art *Tulipa clusiana*	Autor DC.

Clusius-Tulpe

In der Region zwischen Iran und Nordpakistan beheimatet, wird die *Clusius*-Tulpe seit Jahrhunderten im Mittelmeerraum kultiviert und ist in einigen Gebieten inzwischen als Wildpflanze eingebürgert. Sie treibt bis zu 5 schmale, gerillte Blätter, die bis 30 cm lang werden. Ihre Blüten, bis 60 mm lang, wachsen einzeln auf schlanken Stielen. Ihre 6 weißen Perigonbätter zeigen innen purpurnem Grund, die äußeren 3 sind leicht vergrößert und außen rötlich überlaufen. Die Staubblätter sind purpurn und kahl, die Früchte etwa 10 mm lange Kapseln.

- **Verbreitung:** Sporadisch in Frankreich, Italien und Griechenland.
- **Habitat:** Kulturland.
- **Hinweis:** Viele andere Tulpen-Arten sind in der Region eingebürgert. Die meisten stammen aus Zentralasien und sind Urformen der heutigen großblütigen Hybride. Einige davon gedeihen als Wildpflanzen.

Lebensform ausdauernd	Wuchshöhe bis 35 cm	Blütezeit März–Mai

Familie LILIACEAE	Art *Tulipa orphanidea*	Autor Boiss. ex Heldr.

Tulipa orphanidea

In einigen Teilen der Mittelmeerregion wachsen Tulpen in großer Fülle und verwandeln ganze Landstriche in ein farbenprächtiges Blütenmeer. Aufgrund moderner Bewirtschaftungsmethoden hat so ein Anblick inzwischen Seltenheitswert, doch mancherorts blüht diese Tulpe auch heute noch jedes Frühjahr in Hülle und Fülle. Die formen reiche Art treibt bis zu 2 gerillte, linealische Blätter und 1–3 orangerote Blüten, die bis 50 mm lang werden und an der Außenseite häufig etwas grünlich bleiben. Meist zeigen die Perigonblätter am Grund der Innenseite einen dunklen Fleck.

- **Verbreitung:** Balkan, Westlicher Kreta, Türkei.
- **Habitat:** Felsfluren, Kulturland.
- **Verwandte Art:** *T. boetica*, auch *T. undulatifolia* genannt, gedeiht ebenfalls auf Felder (Balkan, Türkei) nicht jedoch auf Kreta. Sie hat Blätter mit gewelltem Rand, und ihre spitz zulaufenden Hüllblätter sind am Grund dunkel gefärbt.

Lebensform ausdauernd	Wuchshöhe bis 30 cm	Blütezeit März–Mai

Familie	Art	Autor
LILIACEAE	*Tulipa saxatilis*	Sieber ex Sprengel

FELSEN-TULPE

Diese außergewöhnlich attraktive Tulpe treibt 2–3 riemenförmige, bis 40 cm lange Blätter mit charakteristisch glänzender Oberfläche. Die Blüten wachsen einzeln oder in Gruppen bis 3 und zeigen blaßlila, am Grund gelb überlaufene Perigonblätter. Diese Art produziert kaum Samen, sondern vermehrt sich mittels Stolonen – Ausläufern, die vom Grund der Zwiebel abgehen und in einiger Entfernung von der Mutterpflanze neue Zwiebeln bilden.

- **Verbreitung:** Kreta und Türkei.
- **Habitat:** Felsfluren, steinige Böden, Wiesen.
- **Verwandte Art:** *T. cretica*, nur auf Kreta heimisch, ist ähnlich und vermehrt sich ebenfalls durch Ausläufer, hat aber keine glänzenden gerillten Blätter.

Lebensform	Wuchshöhe	Blütezeit
ausdauernd	bis 25 cm	März–Mai

Familie	Art	Autor
LILIACEAE	*Tulipa sylvestris*	L.

WILDE TULPE

Die in der Region am weitesten verbreitete Tulpen-Art hat 2–4 schmale, gerillte Blätter, die bis 30 cm lang werden und häufig blaugrün wirken. Die Blüten, in der Knospe nickend, wachsen gewöhnlich einzeln tragen spitze, gelbe, bis 70 mm lange Perigonblätter, wobei die äußeren 3 meist grün oder rot überlaufen sind. Wie bei den meisten Tulpen hängt das Erscheinungsbild der Pflanze wesentlich vom Wetter ab. Ist es kalt oder windig, bleiben die Blüten kleiner und geschlossen, bei voller Sonne dagegen öffnen sie sich zu Sternen. Wie *Tulipa saxatilis* (oben) vermehrt sich diese Art häufig durch Ausläufer.

- **Verbreitung:** Gesamte Mittelmeerregion.
- **Habitat:** Felsige Hügel, Wälder, Wegränder; häufig kultiviert.

Lebensform	Wuchshöhe	Blütezeit
ausdauernd	10–45 cm	April–Mai

Familie LILIACEAE	Art *Fritillaria messanensis*	Autor Rafin

MESSINA-SCHACHBLUME

Die schlanken Schachblumen treiben aus Zwiebeln meist einzelne Stengel mit nickenden, glockenförmigen Blüten. Diese Art wirkt bläulich-grün und hat schmälere Blätter als die meisten ihrer Verwandten. Die untersten sind gegenständig, während die oberen oft Quirle zu 3 bilden. Die Blüten werden bis 30 mm lang. Jedes Perigonblatt zeigt auf der Außenseite einen grünen Mittelstreifen und dunkle, häufig schachbrettartig gemusterte Ränder – ein Charakteristikum dieser Gattung. Die Frucht ist eine dreiteilige Kapsel.

- **Verbreitung:** Süditalien, Griechenland (mit Kreta)
- **Habitat:** Felsfluren, Gestrüpp, Grashügel, lichte Wälder.
- **Verwandte Art:** Viele ähnliche Arten gedeihen in der Region. *F. pontica* zum Beispiel, heimisch im Balkan und der Türkei, trägt grüne Blüten ohne Musterung.

Lebensform ausdauernd	Wuchshöhe 15–30 cm	Blütezeit April–Mai

Familie LILIACEAE	Art *Lilium candidum*	Autor L.

SCHNEEWEISSE LILIE

Früher in Südgriechenland verbreitet, hat diese reinweiße Lilie heute Seltenheitswert. Die Wildpflanze (vgl. S. 24) treibt hohe, kahle Stengel mit glänzenden, lanzettlichen, bis 20 cm langen Blättern, die spiralig angeordnet sind und nach oben hin zunehmend kleiner werden. Jeder Stengel trägt bis zu 6 weiße, stark duftende trichterförmige Blüten, die bis 80 mm Länge erreichen. Bei Kulturpflanzen wie der hier abgebildeten sind die Stengel dichter belaubt und treiben auch wesentlich mehr Blüten, die bis 12 cm groß werden können. Die Frucht ist bei allen Formen eine sechseeckige Kapsel.

- **Verbreitung:** Griechenland, Libanon; weithin kultiviert.
- **Habitat:** Felsfluren, Dickicht.

LILIUM CANDIDUM KULTURFORM

Lebensform ausdauernd	Wuchshöhe bis 100 cm	Blütezeit Mai–Juni

Familie	Art	Autor
LILIACEAE	*Ornithogalum arabicum*	L.

ARABISCHER MILCHSTERN

Diese Pflanze zählt zu den größten und auffälligsten der mehr als 20 *Ornithogalum*-Arten (Milchstern oder Vogelmilch) der Region. Sie treibt aus einer Zwiebel und hat 7–8 kahle, spitz zulaufende, bis 60 cm lange Blätter. Bis zu 25 der bis 50 mm großen Blüten bilden auf langen, zylindrischen Stengeln endständige Trauben. Die untersten haben lange Stiele, die sämtlich von spitzen, weißlich grünen Tragblättern umringt sind. Jede Blüte besteht aus 6 reinweißen Perigonblättern und einem schwarzpurpurnen Fruchtknoten, der sich zu einer zylindrischen Kapsel entwickelt.

• **Verbreitung:** Westlicher und zentraler Mittelmeerraum, von Spanien bis zum Balkan.

• **Habitat:** Felsfluren.

Lebensform	Wuchshöhe	Blütezeit
ausdauernd	30–80 cm	April–Mai

Familie	Art	Autor
LILIACEAE	*Ornithogalum narbonense*	L.

NARBONNE-MILCHSTERN

Diese weitverbreitete Milchstern-Art ist an ihrem charakteristischen traubigen Blütenstand zu erkennen, der aus 20–50 grünlichweißen Blüten besteht. Die Blütenstengel sind von 4–6 linealischen, gerillten, bis 16 mm breiten Blättern umgeben, die anders als bei der wesentlich höheren *Urginea maritima* (rechts) über die Blütezeit hinaus bestehen bleiben. Bis 25 mm groß, zeigen die Blüten weiße Perigonblätter mit einem breiten grünen Streifen. Während der Fruchtbildung legen sich die zuvor abstehenden Blütenstiele dicht an den Stengel an.

• **Verbreitung:** Gesamte Region.

• **Habitat:** Alle offenen Flächen, von Felsfluren über Hügel bis zu Feldern, Weinbergen und Straßenrändern.

• **Verwandte Art:** Bei *O. pyrenaicum* sind die Blätter meist schon vor Erscheinen der gelblich-grünen Blüten verwelkt.

Lebensform	Wuchshöhe	Blütezeit
ausdauernd	bis 60 cm	Mai–Juli

Familie LILIACEAE	Art *Ornithogalum umbellatum*	Autor L.

DOLDIGER MILCHSTERN

Diese auch Bethlehem-Stern genannte Pflanze trifft man oft an Wegrändern. Ihre kahlen, bis 5 mm breiten Blätter tragen auf der Oberfläche einen dünnen weißen Streifen. Die bis 40 mm großen Blüten, die in Gruppen bis 20 lockere Dolden bilden, zeigen weiße Oberseiten und auf der Unterseite einen breiten grünen Strich. Bezieht sich der Himmel, schließen sie sich. Die Frucht ist eine ovale Kapsel.

- **Verbreitung:** Gesamte Region, im Norden bis Skandinavien und Großbritannien eingebürgert.
- **Habitat:** Fels- und Grasfluren, Brachland, Straßenränder; häufig kultiviert.
- **Verwandte Art:** *O. collinum*, eine ähnliche, weit verbreitete Art, treibt kurze Blütenstengel.

Lebensform ausdauernd	Wuchshöhe 20–30 cm	Blütezeit März–Mai

Familie LILIACEAE	Art *Urginea maritima*	Autor (L.) Baker

GEWÖHNLICHE MEERZWIEBEL

Wie viele andere typische Mittelmeerpflanzen blüht die Meerzwiebel im Spätsommer, nachdem ihre Blätter vertrocknet sind. Sie treibt aus einer riesigen, bis 15 cm großen Zwiebel, die oft halb aus dem Boden herausragt. Ihre Blätter werden 10 cm breit und bis 100 cm lang und beginnen im Frühsommer zu welken. Ab Ende Juli etwa entwickelt sich ein einzelner, bis 150 cm hoher Blütenstengel, der mehrere Hundert bis 15 mm große sternförmige Blüten trägt, die aus 6 weißen Perigonblättern mit dunklem Mittelnerv bestehen. In der dreiseitigen Kapsel reifen geflügelte Samen. Zwiebel und Blätter sind **sehr giftig**!

- **Verbreitung:** Gesamte Region.
- **Habitat:** Felsige und sandige Standorte, Brachland; in Küstennähe.
- **Hinweis:** Häufig dominiert die Meerzwiebel ganze Küstenstriche, da weidende Ziegen ihre Blätter meiden. Früher fanden Extrakte der Zwiebel als Medizin und Rattengift Verwendung.

Lebensform ausdauernd	Wuchshöhe bis 150 cm	Blütezeit Juli–Okt.

Familie LILIACEAE	Art *Scilla autumnalis*	Autor L.

HERBST-BLAUSTERN

Diese weit verbreitete Pflanze zählt zu den wenigen im Herbst blühenden Blausternen der Region. Mit Beginn der Blütezeit treibt sie 5–10 schmale, gerillte, kahle, bis 15 mm lange Blätter. 6–20 der glockenförmigen Blüten mit aufwärts weisenden Stielen bilden lockere Trauben. Die Frucht ist eine kleine Kapsel mit schwarzen Samen.

- **Verbreitung:** Gesamte Region.
- **Habitat:** Fels- und Grasfluren, Kulturland, Weg- und Straßenränder.

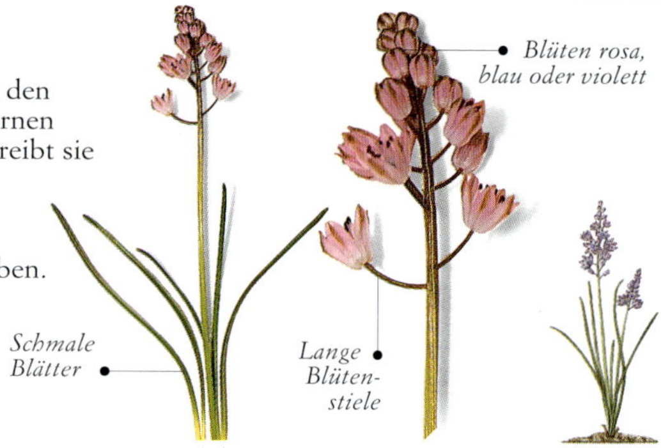

Lebensform ausdauernd	Wuchshöhe 5–20 cm	Blütezeit Sept.–Nov.

Familie LILIACEAE	Art *Scilla peruviana*	Autor L.

PERU-BLAUSTERN

Diese formenreiche Pflanze ist im westlichen Mittelmeerraum heimisch. Aus einer großen Zwiebel treibt er weiche, linealische, bis 60 mm lange und bis 40 mm breite Blätter. 20–100 Blüten bilden eine konische Traube: Die untersten haben Stiele und Tragblätter, die oberen sind fast ungestielt. Die Frucht ist eine spitz geschnäbelte Kapsel.

- **Verbreitung:** Westlicher Mittelmeerraum, von Nordafrika bis Italien; nicht auf den Balearen und Korsika.
- **Habitat:** Grasfluren, Wälder, Wegränder.

Lebensform ausdauernd	Wuchshöhe bis 50 cm	Blütezeit März–Mai

Familie LILIACEAE	Art *Muscari armeniacum*	Autor Leichtlin ex Baker

ARMENISCHE TRAUBENHYAZINTHE

Diese formenreiche Traubenhyazinthe mit ihren himmelblauen Blüten ist die Stammmutter vieler Kulturpflanzen. Sie hat 3–5 schmallinealische, bis 30 mm lange Blätter und bildet eine dichte, bis 50 mm hohe Blütentraube. Jede der faßförmigen Blüten hat einen hellen Rand mit 5 Zähnchen. Die Frucht ist eine dreiteilige Kapsel.

- **Verbreitung:** Balkan, Türkei.
- **Habitat:** Fels- und Grasfluren, lichte Wälder.

Lebensform ausdauernd	Wuchshöhe 10–40 cm	Blütezeit Feb.–Mai

Familie LILIACEAE	Art *Muscari comosum*	Autor (L.) Miller.

SCHOPFIGE TRAUBENHYAZINTHE

Diese weit verbreitete Pflanze ist leicht an ihrem purpurnen oder leuchten blauen „Schopf“ zu erkennen, der aus kleinen, langgestielten sterilen Blüten besteht. Sie treibt 3–5 linealische, bis 40 cm lange Blätter, die gewöhnlich kürzer sind als der Blütenstengel. Der lockere Blütenstand wird häufig über 20 cm lang. Die fruchtbaren Blüten sind braun mit gelbgrünen Zähnchen und stehen weit auseinander. Dichter zusammengedrängt erscheinen die sterilen Blüten, die am oberen Blütenstandsende einen Schopf bilden. Die Frucht ist eine dreiteilige, bis 15 mm lange Kapsel.

- **Verbreitung:** Gesamte Region.
- **Habitat:** Gestrüpp und Grasfluren; häufig an Ufern und Straßenrändern.
- **Verwandte Arten:** Eine Reihe anderer Arten weisen ebenfalls bräunliche fertile Blüten auf; dazu gehören *M. cycladicum*, aus dem Ägäischen Raum, und *M. gussonei*, heimisch in Italien und Sizilien. Bei beiden sind fruchtbare Blüten, der Schopf aber ist wesentlich kleiner.

Lebensform ausdauernd	Wuchshöhe 10–50 cm	Blütezeit März–Mai

Familie LILIACEAE	Art *Muscari neglectum*	Autor Guss. ex Ten.

ÜBERSEHENE TRAUBENHYAZINTHE

Allgemein dunkler als die Armenische Traubenhyazinthe (links), tritt diese Art in verschiedenen Farben auf. Sie hat 3–6 linealische, gerillte, bis 40 cm lange Blätter und einen kompakten Blütenstand. Die obersten Blüten sind meist hellblau, klein und steril, die darunter befindlichen schwarzblau mit weißen, zurückgebogenen Zähnchen. Nur diese bilden Früchte aus.

- **Verbreitung:** Gesamte Mittelmeerregion.
- **Habitat:** Fels- und Grasfluren, Olivenhaine, lichte Gebüsche, Wegränder.
- **Verwandte Art:** *M. commutatum*, hier ebenfalls abgebildet und in Italien und im Balkan heimisch, ist sehr ähnlich, aber mit einfarbigen Blüten.

Lebensform ausdauernd	Wuchshöhe bis 30 cm	Blütezeit Feb.–Mai

Familie LILIACEAE	Art *Allium roseum*	Autor L

ROSEN-LAUCH

Wie alle Arten der Gattung *Allium* (Lauch) treibt diese Pflanze aus einer Zwiebel und verströmt bei Verletzung einen für sie typischen Geruch. Ihre kahlen Blütenstengel sind am Grund von 2–4 schmalen, bis 35 cm langen, häufig glänzenden Blättern scheidig umschlossen. Wie bei anderen Laucharten wachsen die Blüten in dichten, anfangs von einer häutigen Hochblatthülle umschlossenen Scheindolden. Beim Rosen-Lauch sind die Scheindolden kugelig, bis 70 mm groß und enthalten 5–30 blaßrosane, glockenförmige, bis 12 mm lange, langgestielte Blüten. Bei einigen Pflanzen weisen sie auch kleine Brutzwiebeln auf, die später abfallen und neue Pflanzen bilden. Die Frucht ist eine kleine Kapsel mit schwarzen Samen.

- **Verbreitung:** Gesamte Region.
- **Habitat:** Grasfluren, Straßenränder.

Lebensform ausdauernd	Wuchshöhe bis 65 cm	Blütezeit März–Juni

Familie LILIACEAE	Art *Allium neapolitanum*	Autor Cyr.

NEAPOLITANISCHER LAUCH

Die Blütenstengel dieser weißblühenden, eher mild duftenden Art zeigen einen charakteristischen Querschnitt, bei dem 2 Flügel eine nahezu flache Seite von einer eher gerundeten trennen. Die unterseits gekielten Blätter, gewöhnlich 2–3, werden bis 35 cm lang und umschließen den Stengel scheidig auf rund ein Viertel seiner Länge. Die sternförmigen, bis 20 mm langen Blüten bilden fast kugelige, bis 90 mm große Dolden, die zuerst von einer häutigen Hochblatthülle eingeschlossen sind; diese bleibt auch nach dem Öffnen der Blüten hängen. Die Fruchtkapseln sind von den vertrockneten Blütenblättern umringt, und die abgestorbenen Blütenstände halten sich häufig monatelang.

- **Verbreitung:** Gesamte Region.
- **Habitat:** Grasfluren, Felder, Straßenränder, Waldränder, Gärten.

Lebensform ausdauernd	Wuchshöhe 20–50 cm	Blütezeit Feb.–Mai

Familie LILIACEAE	Art *Allium subhirsutum*	Autor L.

WIMPERBLÄTTRIGER LAUCH

Kleiner und zarter als der Neapolitanische Lauch (links), ist diese Art an ihren bewimperten Blättern zu erkennen. Die Härchen sind äußerst fein, aber gut sichtbar. Die Blätter selbst sind schmal, gekielt, bis 45 cm lang und umschließen den Stengelgrund in einer Blattscheide. Die Blüten formen eine bis 70 mm große, lockere Scheindolde. Jede Blüte besitzt einen langen Stiel, weiße Perigonblätter und braune oder gelbe Staubbeutel. Die Frucht ist eine kleine, bis 3 mm lange Kapsel.

- **Verbreitung:** Gesamte Region.
- **Habitat:** Lichte Wälder, Gebüsche, Garigue; häufig in Küstennähe; auch kultiviert.
- **Verwandte Arten:** *A. trifoliatum*, heimisch im zentralen und östlichen Mittelmeerraum, treibt ebenfalls bewimperte Blätter, doch sind seine Blüten meist rosa gezeichnet. *A. subvillosum*, in Spanien, den Balearen und Nordafrika anzutreffen, hat dichte Dolden mit weißen Blüten. Diese Art gedeiht vorwiegend auf Sand in Küstennähe.

Lebensform ausdauernd	Wuchshöhe bis 30 cm	Blütezeit April–Juni

Familie LILIACEAE	Art *Allium triquetrum*	Autor L.

GLÖCKCHEN-LAUCH

Auch Dreikantiger Lauch genannt, wächst diese Art oft in großen Beständen und wird aus der Entfernung häufiger für die weißblühende Glockenblume, also für ein Mitglied der Gattung *Allium* gehalten. Nähergekommen, wird man durch den starken Knoblauchgeruch rasch eines Besseren belehrt. Die Blütenstengel weisen einen charakteristischen, dreikantigen Querschnitt und 3 Flügel auf. Die Stengel sind am Grund scheidig von 2–3 flachen, spitz zulaufenden, bis 40 cm langen gekielten Blättern umschlossen. 3–15 der weißen, relativ schmalen und bis 18 mm langen Blüten bilden Scheindolden. Ihre spitzen Perigonblätter sind grün gestreift und verbergen die Staubblätter.

- **Verbreitung:** Westlicher Mittelmeerraum, von Spanien bis Italien. Eingebürgert bis hinauf nach Großbritannien.
- **Habitat:** Wälder, Grasfluren, Weg- und Straßenränder; meist feuchte Standorte; auch kultiviert.
- **Verwandte Art:** *A. pendulinum*, heimisch im zentralen Mittelmeerraum, ist eine ähnliche Art mit kleineren Blüten.

Lebensform ausdauernd	Wuchshöhe 10–45 cm	Blütezeit März–Mai

Familie LILIACEAE	Art *Allium ampeloprasum*	Autor L.

ACKER-LAUCH

Diese blaugrüne Pflanze ist ausgesprochen formenreich. Besonders kräftige Exemplare werden mannshoch, andere bleiben wesentlich kleiner. Die bis 50 cm langen, flachen, spitz zulaufenden Blätter bilden Blattscheiden um das untere Stengeldrittel. Wechselständig angeordnet, haben sie am Kiel sowie entlang der Ränder winzige weiße Zähnchen. Bis zu 500 rund 5 mm lange Blüten formen einen dichten, bis 80 mm großen, kugeligen Blütenkopf, der anfangs von einer häutigen Hochblatthülle umschlossen ist. Die Blüten variieren farblich zwischen weiß, rosa und dunkelrot und entwickeln sich zu kleinen Kapseln mit schwarzen Samen.

- **Verbreitung:** Gesamte Region.
- **Habitat:** Felder, Wegränder, Brachland.
- **Hinweis:** Diese Art gilt als Urform des kultivierten Lauchs, *Allium ampeloprasum var. porrum* oder *A. porrum*.

Lebensform ausdauernd	Wuchshöhe 45–180 cm	Blütezeit Mai–Aug.

Familie LILIACEAE	Art *Allium nigrum*	Autor L.

DUNKLER LAUCH

Dieser imposanten *Allium*-Art begegnet man häufig auf Kulturland, vor allem in Olivenhainen im Osten der Mittelmeerregion. Seine 3–6 riemenförmigen, grundständigen Blätter werden bis 50 cm lang und bis 80 mm breit und umgeben den Stengel. Der bis 10 cm große, kugelige Blütenkopf sitzt auf einem hohen zylindrischen Stengel. Schmal und elliptisch, sind die Hüllblätter der Blüten weiß oder violett mit grünem Mittelnerv, ihre Fruchtknoten schwarz oder dunkelgrün. Aus ihnen entstehen bis 8 mm lange Kapseln.

- **Verbreitung:** Gesamte Region.
- **Habitat:** Felder sowie Olivenhaine und Brachland.
- **Verwandte Art:** *A. atropurpureum*, heimisch im Nordbalkan und der Türkei, ist ähnlich, aber kleiner, mit purpurnen, bis 70 mm großen Blütenköpfen.

Lebensform ausdauernd	Wuchshöhe 60–90 cm	Blütezeit Mai–Juni

Familie LILIACEAE	Art *Asparagus acutifolius*	Autor L.

STECHENDER SPARGEL

Spargel treiben aus Rhizomen und haben meist wuchernde, fedrig wirkende Stengel. Diese verholzende Art hat blasse Stengel mit scheinbar nadelförmigen, bis 8 mm langen Blättern, die in Büscheln zu 10–30 stehen. Wie bei allen Asparagus-Arten sind diese „Blätter" in Wahrheit Phyllokladien – kurze, dünne Zweiglein, die die Funktion der Blätter übernommen haben –, während die eigentlichen Blätter zu unscheinbaren Schuppen zurückgebildet sind. Die kleinen, rund 4 mm langen, gelblichen Blüten bestehen aus 6 fast bis zur Spitze verwachsenen Hüllblättern. Männliche und weibliche Blüten gedeihen auf verschiedenen Pflanzen, die weibl. entwickeln sich zu Beeren, die mit der Reife schwarz werden.

- **Verbreitung:** Gesamte Region.
- **Habitat:** Wälder, Maquis, Garigue.
- **Verwandte Art:** *A. albus* (Nordafrika, Spanien, Balkan) ist ähnlich, hat aber weiße Stengel.

Lebensform ausdauernd	Wuchshöhe bis 200 cm	Blütezeit April–Juni

Familie LILIACEAE	Art *Asparagus officinalis*	Autor L.

GEBRÄUCHLICHER SPARGEL

Ihrer eßbaren Sprosse wegen seit langem kultiviert, treibt diese verbreitete, formenreiche Pflanze eher krautige als verholzte Stengel. Ihre weichen, blattartigen, bis 25 mm langen und gewöhnlich an den Stengel angedrückten Phyllokladien wachsen in Büscheln zu 4–15. Bis 6 mm lang, erscheinen die blaßgelben oder grünen Blüten meist paarweise. Anders als die Blüten des *A. acutifolius* (oben), die zwischen den Phyllokladien treiben, sind sie bei dieser Art davon getrennt. Die Frucht ist eine rote Beere.

- **Verbreitung:** Gesamte Region.
- **Habitat:** Garigue, grasige Straßenränder, sandige Böden in Küstennähe; häufig kultiviert.
- **Verwandte Art:** *A. maritimus*, heimisch im zentralen und östlichen Mittelmeerraum, ist ähnlich, hat aber gerillte Stengel.

Lebensform ausdauernd	Wuchshöhe 40–200 cm	Blütezeit Juni–Sept.

Familie LILIACEAE	Art *Ruscus aculeatus*	Autor L.

STECHENDER MÄUSEDORN

Der immergrüne Strauch treibt aus unterirdischen Rhizomen alljährlich neue steife Sprosse, die wechselständig angeordnete, elliptische Blätter mit stechender Spitze tragen. Bis 40 mm lang, sind diese „Blätter“ in Wahrheit aber Phyllokladien (blattartig verbreiterte Stengel), die eigentlichen Blätter sind zu winzigen Schuppen zurückgebildet. Die grünlichen, sternförmigen, etwa 5 mm großen Blüten wachsen direkt auf der Oberseite der „Blätter“. Männliche gedeihen auf anderen Pflanzen als die weiblichen, aus denen sich rote Beeren entwickeln.

- **Verbreitung:** Gesamte Region, im Norden bis Großbritannien.
- **Habitat:** Schattige Wälder, Gebüsche, Hecken; gewöhnlich auf trockenen, fruchtbaren Böden.

Lebensform ausdauernd	Wuchshöhe bis 100 cm	Blütezeit Febr.–April

Familie LILIACEAE	Art *Smilax aspera*	Autor L.

RAUHE STECHWINDE

Diese immergrüne Kletterpflanze treibt zickzackförmige, häufig stachelige Stengel und glänzend ledrige, bis 10 cm lange, manchmal am Rand mit Stacheln besetzte Blätter. Diese haben am Stielgrund 2 Ranken und sind sehr unterschiedlich geformt: Die untersten, extrem breiten, sind herzförmig, die weiter oben stehenden wesentlich schmäler. Bis zu 30 der kleinen, duftenden Blüten bilden hängende Büschel. Männliche und weibliche Blüten wachsen auf verschiedenen Pflanzen; aus den weiblichen entwickeln sich grüne Beeren, die später rot und schließlich schwarz werden.

- **Verbreitung:** Gesamte Region.
- **Habitat:** Wälder, Dickicht, Maquis.
- **Verwandte Art:** *S. excelsa*, heimisch im östl. Balkan und der Türkei, ist ähnlich, wird aber bis zu 20 m hoch.

Lebensform ausdauernd	Wuchshöhe bis 15 m	Blütezeit Aug.–Nov.

AGAVENGEWÄCHSE

amilie AGAVACEAE	Art *Agave americana*	Autor L.

AMERIKANISCHE AGAVE

Diese aus Mexiko stammende Agave wurde im 16. Jh. als Zierpflanze eingeführt und ist heute im Mittelmeerraum weit verbreitet. Sie treibt eine Rosette aus dickfleischigen, graublauen, bis 2 m langen Blättern, die an der Spitze einen Dorn tragen. Im Alter von ca. 10 Jahren erscheint ein bis 8 m hoher Blütenschaft mit 20–30 waagrechten Ästen, an deren Enden Büschel duftender gelber sechszähliger Blüten gedeihen, die dreiseitige Kapseln ausbilden. Nach der Blüte stirbt die Pflanze ab, vermehrt sich aber meist durch Ausläufer.

• **Verbreitung:** Gesamte Region.
• **Habitat:** Felsige Standorte in Küstennähe, häufig kultiviert.
• **Hinweis:** Einige Kulturformen haben panaschierte Blätter.

Lebensform ausdauernd	Wuchshöhe bis 8 m	Blütezeit Juni–Aug.

NARZISSENGEWÄCHSE

Familie AMARYLLIDACEAE	Art *Sternbergia lutea*	Autor (L.) Ker-Gawler es Sprengel

HERBST-GOLDBECHER

Wie alle Narzissengewächse treibt dieser attraktive Herbstblüher aus einer Zwiebel. Die Blätter der krokusähnlichen Pflanze sind bis 15 mm breit und erscheinen vor oder mit den Blüten, die einzeln auf kurzen Stielen sitzen, bis 50 mm lang werden und am Grund ein häutiges Hochblatt besitzen. Die fleischige Frucht erinnert an eine Beere und enthält zahlreiche Samen.

• **Verbreitung:** Nordafrika, westl. und zentr. Mittelmeerraum; nicht in Frankreich und auf vielen Inseln.
• **Habitat:** Steinige Böden, Gebüsche, Weiden.
• **Hinweis:** Anders als die ähnlichen Krokusse (siehe S.280) hat der Herbst-Goldbecher 6 Staubblätter.

Lebensform ausdauernd	Wuchshöhe 10–30 cm	Blütezeit Sept.–Okt.

Familie AMARYLLIDACEAE	Art *Leucojum aestivum*	Autor L.

MÄRZENBECHER

Knotenblumen (*Leucojum*) sind Zwiebelpflanzen mit nickenden Blüten. Diese robuste Art treibt einen zweikantigen Blütenstiel und bis 25 cm lange, leuchtend grüne Blätter. Ihre glockenförmigen, bis 25 mm großen Blüten bilden Gruppen zu 2–5. Sie bestehen aus weißen Perigonblättern mit je 1 charakteristischem grünen Punkt und gelben Staubbeuteln. Die Frucht ist eine leicht fleischige Kapsel.

• **Verbreitung:** Zentraler Mittelmeerraum; im Norden bis Großbritannien eingebürgert.

• **Habitat:** Marschland, Wiesen, feuchte Böden; häufig kultiviert.

• **Verwandte Arten:** In der Region gedeihen viele ähnliche Arten. Bei *L. autumnale*, einer zarteren Pflanze, die von August bis Oktober blüht, erscheinen die Blätter erst nach den Blüten. Sie wächst bevorzugt auf felsigem Grund im Westen. *L. roseum*, heimisch in Korsika und Sardinien, ist ein rosafarbener Herbstblüher.

Lebensform ausdauernd	Wuchshöhe 35–60 cm	Blütezeit April–Juli

Familie AMARYLLIDACEAE	Art *Narcissus poeticus*	Autor L.

DICHTER-NARZISSE

Viele unserer beliebten Garten-Narzissen stammen ursprünglich von mediterranen Arten ab. Die Dichter-Narzisse, ebenso wie ihre Verwandten eine Zwiebelpflanze, treibt Blütenstengel mit 2 Rillen und 3–5 flache, häufig leicht gedrehte, bis 40 cm lange Blätter. Die Blüten, bis 60 mm im Durchmesser, wachsen gewöhnlich einzeln und haben weiße, weit ausgebreitete Perigonblätter. Es gibt eine kurze zylindrische Nebenkrone mit feinen Zähnchen und rotem Rand. Die Frucht ist eine dreiteilige Kapsel.

• **Verbreitung:** Gesamte Region, nicht auf den meisten Inseln.

• **Habitat:** Grasfluren und Waldränder, häufig in Höhenlage; oft kultiviert.

• **Verwandte Art:** Der weitverbreitete Herbstblüher *N. serotinus* ist ähnlich, aber wesenlich zarter und ohne rot geränderte Nebenkrone. Seine schmalen Blätter erscheinen im Frühjahr.

Lebensform ausdauernd	Wuchshöhe 20–60 cm	Blütezeit April–Juni

Familie AMARYLLIDACEAE	Art *Narcissus jonquilla*	Autor L.

JONQUILLEN-NARZISSE

Diese Narzisse verströmt einen sehr intensiven Duft. Ihre 2–4 mm breiten, dunkelgrünen Blätter sind gerillt, und sie treibt 2–6 Blüten mit gerader, 20 mm langer, zylindrischer Kronröhre, weit ausgebreiteten Perigonblättern und einer tassenförmigen Nebenkrone. Perigonblätter und Nebenkrone haben dieselbe Farbe.

- **Verbreitung:** Spanien; häufig kultiviert und in Frankreich, Italien und Teilen des Balkan eingebürgert.
- **Habitat:** Wiesen, Gärten.

Lebensform ausdauernd	Wuchshöhe bis 20 cm	Blütezeit März–Mai

Familie AMARYLLIDACEAE	Art *Narcissus requienii*	Autor M. J. Roemer

NARCISSUS REQUIENII

Etwas schlanker als die Jonquillen-Narzisse (oben), treibt diese kaum duftende Art glänzende, gerillte, nur 2 mm breite Blätter. Ihre Blüten wachsen einzeln oder in Paaren und haben gerade, bis 18 mm lange Röhren. Die flache Nebenkrone ist meist halb so lang wie die ausgebreiteten Perigonblätter.

- **Verbreitung:** Südfrankreich, Spanien.
- **Habitat:** Felsige, grasbewachsene Hügel.
- **Hinweis:** Wird auch *N. juncifolius* genannt.
- **Verwandte Art:** *N. gaditanus*, aus Südspanien, hat 2–5 Blüten mit gekrümmter Röhre.

Lebensform ausdauernd	Wuchshöhe bis 15 cm	Blütezeit März–Mai

Familie AMARYLLIDACEAE	Art *Narcissus bulbocodium*	Autor L.

REIFROCK-NARZISSE

Diese Narzisse trifft man vorwiegend in höheren Lagen am Rande der Region an. Sie treibt 2–4 dunkelgrüne, kaum 2 mm breite Blätter und einzelne hellgelbe, bisweilen grün überlaufene Blüten mit kegelförmiger, bis 20 mm langer Nebenkrone und 6 kleinen, spitzen, häufig zurückgebogenen Zipfeln.

- **Verbreitung:** Nordafrika, Spanien und Südfrankreich.
- **Habitat:** Felsfluren, Weiden, häufig in über 1000 Meter über dem Meeresspiegel
- **Verwandte Art:** *N. cantabricus*, heimisch in Südspanien, hat weiße Blüten.

Lebensform ausdauernd	Wuchshöhe bis 40 cm	Blütezeit März–Mai

Familie	Art	Autor
AMARYLLIDACEAE	*Narcissus tazetta*	L.

TAZETTE

Mit ihren doldenartig aufgereihten, zweifarbigen Blüten zählt diese auch Bukett-Narzisse genannte Pflanze zu den attraktivsten Frühlingsblühern. Die formenreiche Narzisse treibt 3–6 blaugrüne, linealische, bis 50 cm lange, unterseits gekielte Blätter und duftende Blüten in Gruppen zu 3–15. Bis 40 mm groß, bestehen sie aus breiten, gewöhnlich überlappenden weißen Perigonblättern und einer orange-gelben Nebenkrone. Die Blütenstiele sind ungleich lang und am Grund von einer pergamentartigen Scheide umgeben. Man kennt viele verschiedene Unterarten.

- **Verbreitung:** Gesamte Region, nicht auf vielen Inseln.
- **Habitat:** Grasfluren, Wiesen, Kulturland, Feldränder, Olivenhaine, Gärten.

Lebensform	Wuchshöhe	Blütezeit
ausdauernd	25–60 cm	Febr.–Mai

Familie	Art	Autor
AMARYLLIDACEAE	*Pancratium illyricum*	L.

ILLYRISCHE TRICHTERNARZISSE

Trotz ihres Namens stammt diese schöne Zwiebelpflanze nicht aus Illyrien (dem heutigen Dalmatien), sondern von Korsika und Sardinien. Sie hat breite, riemenförmige, bis 50 cm lange Blätter, und ihre Blüten wachsen auf einem langen Stengel und sind anfangs von einer zweiteiligen Hochblatthülle umschlossen. Jeder Blütenkopf besteht aus 12 oder mehr reinweißen, bis 90 mm großen Blüten mit spitzen Zipfeln, die mindestens doppelt so lang wie die Nebenkrone und auch länger als die Röhre werden. Die Frucht ist eine dreiteilige Kapsel mit glänzenden schwarzen Samen.

- **Verbreitung:** Korsika, Sardinien, Capri.
- **Habitat:** Vorwiegend auf felsigem Grund in Küstennähe, aber auch auf Hügeln oder am Waldrand.

Lebensform	Wuchshöhe	Blütezeit
ausdauernd	bis 60 cm	Mai–Juli

Familie AMARYLLIDACEAE	Art *Pancratium maritimum*	Autor L.

DÜNEN-TRICHTERNARZISSE

Diese Narzisse mit ihren reinweißen Blüten zählt zu den schönsten Küstenpflanzen des Mittelmeerraums. Sie wächst aus einer tiefliegenden Zwiebel und treibt mehrere aufrechte graugrüne Blätter, die häufig zu Winterbeginn erscheinen und eine typische Spiraldrehung aufweisen. Die Blüten mit ihren bis 50 mm langen, schlanken Perigonblättern wachsen in Gruppen zu 3–15. Anders als die Illyrische Trichternarzisse (links), hat diese Pflanze große trichterförmige Nebenkronen und eine lange grüne Röhre. In der dreiseitigen Kapsel reifen große schwarze Samen.

• **Verbreitung:** Gesamte Mittelmeerregion.

• **Habitat:** Sandstrände, Dünen.

Lebensform ausdauernd	Wuchshöhe bis 50 cm	Blütezeit Juli–Okt.

SCHMERWURZGEWÄCHSE

Familie DIOSCOREACEAE	Art *Tamus communis*	Autor L.

GEMEINE SCHMERWURZ

Sie gehört zu den wenigen europäischen Vertretern einer großen tropischen Pflanzenfamilie. Sie wächst aus einem großen, knollenförmigen Wurzelstock und treibt kräftige, rankende Stengel mit langgestielten, oberseits glänzenden, bis 15 cm langen herzförmigen Blättern. Die kleinen, nur 6 mm großen, grünlich-gelben Blüten sind dagegen unscheinbar. Die männlichen wachsen auf anderen Pflanzen als die weiblichen, aus denen sich kugelige, giftige rote Beeren entwickeln, die oft monatelang am vertrockneten Stengel hängen.

• **Verbreitung:** Gesamte Region; im Norden bis Großbritannien.

• **Habitat:** Gebüsche, Hecken und Straßenränder.

Lebensform ausdauernd	Wuchshöhe bis 4 m	Blütezeit März–Juli

SCHWERTLILIENGEWÄCHSE

Familie IRIDACEAE | Art *Hermodactylus tuberosus* | Autor (L.) Miller

HERMESFINGER

Diese dunkle, süß duftende Pflanze treibt aus fingerförmigen Knollen und hat schmale, vierkantige, bis 3 mm große Blätter, die meist länger sind als die Blütenstengel. Die Blüten wachsen einzeln und bestehen aus einer dreiteiligen Blütenhülle mit aufrechten, kronblattartigen Griffeln, langen blaßgelben inneren und gekrümmten äußeren Perigonblätten, die nach außen eine braunviolette Musterung zeigen. Die Frucht ist eine dreiteilige Kapsel.

- **Verbreitung:** Zentraler Mittelmeerraum, von Südostfrankreich bis zur Türkei.
- **Habitat:** Fels- und Grasfluren, Garigue, Wegränder.

Lebensform ausdauernd | Wuchshöhe 20–40 cm | Blütezeit Febr.–April

Familie IRIDACEAE | Art *Iris unguicularis* | Autor Poiret

KRETISCHE SCHWERTLILIE

Außerhalb der Blütezeit wirkt diese formenreiche Pflanze mit linealischen, ca. 5 mm breiten Blättern wie ein kräftiges Grasbüschel. Die Iris treibt aus Rhizomen und hat blaß- oder dunkelviolette Blüten, die einzeln scheinbar auf kurzen, bis 20 cm langen Stengeln sitzen. In Wahrheit sind diese „Stengel" Blütenröhren; die Fruchtknoten befinden sich – ähnlich wie bei den Krokussen (vgl. S. 280) – in Bodenhöhe oder unterirdisch. Die inneren Abschnitte der Blütenhülle sind meist violett, während die äußeren, zurückgeschlagenen, ein weißes Zentrum mit orangen Streifen und purpurne Äderung zeigen. Die Samen werden von Ameisen verteilt.

- **Verbreitung:** Nordwestafrika, östlicher Mittelmeerraum mit Griechenland, Kreta und der Türkei.
- **Habitat:** Lichte Wälder, Hügel, Maquis, bewaldete Straßenränder; häufig kultiviert

Lebensform ausdauernd | Wuchshöhe 10–50 cm | Blütezeit Dez.–April

Familie IRIDACEAE	Art *Iris germanica var. florentina*	Autor Dykes

WEISSE DEUTSCHE SCHWERTLILIE

Diese Schwertlilie wird seit der Antike kultiviert und tritt sowohl als violette wie auch als weiße Form auf. Beide Varietäten treiben aus dicken Rhizomen und haben flache, bis 40 mm breite schwertförmige Blätter, die alle auf einer Ebene entspringen. Die duftenden, von pergamentartigen Hochblättern umgebenen Blüten wachsen in Gruppen zu 3–4 auf kräftigen, verzweigten Stengeln. Sie sind groß mit nach innen gewölbten inneren und ausgestellten äußeren Hüllblättern mit gelbem „Bart" auf dem Mittelstreifen. In der Kapsel reifen birnenförmige Samen.

- **Verbreitung:** Gesamte Region.
- **Habitat:** Felsfluren, Feld- und Straßenränder; häufig kultiviert.
- **Verwandte Art:** Die oft kultivierte *I. albicans* ist sehr ähnlich, aber meist kleiner, und ihre Blütenscheide bleibt die Blütezeit über grün.

Lebensform ausdauernd	Wuchshöhe 40–90 cm	Blütezeit April–Juni

Familie IRIDACEAE	Art *Iris lutescens*	Autor Lam.

IRIS LUTESCENS

Trotz ihrer Zartheit gedeiht diese Schwertlilie auf windgepeitschten Hügeln. Ihre Blätter sind schwertförmig wie die der Deutschen Schwertlilie, aber nur 30 cm lang. Die Blüten können gelb, dunkelviolett oder zweifarbig sein; Pflanzen mit unterschiedlich gefärbten Blüten wachsen häufig zusammen. Die Kapsel enthält birnenförmige Samen.

- **Verbreitung:** Westlicher Mittelmeerraum, von Spanien bis Italien.
- **Habitat:** Trockene Böschungen, Kiefernwälder.
- **Verwandte Art:** *I. attika*, heimisch auf dem Balkan, ist ähnlich, treibt aber oft einen blauen Bart.

Lebensform ausdauernd	Wuchshöhe 10–40 cm	Blütezeit März–April

Familie IRIDACEAE	Art *Gynandriris sisyrinchium*	Autor (L.) Parl.

MITTAGS-SCHWERTLILIE

Diese weit verbreitete irisähnliche Pflanze treibt im Gegensatz zu echten Iris-Arten aus einer Zwiebelknolle. Sie hat selten mehr als 2 dünne, fadenartige, bis 50 cm lange Blätter mit langer Scheide. Die blaß purpurnen, bis 40 mm hohen Blüten entwickeln sich aus torpedoförmigen Knospen, die von braunen, häutigen Hochblatthüllen umschlossen sind. An jedem Stengel wachsen 1–6 Blüten mit fast horizontal ausgebreiteten, weiß gefleckten äußeren Hüllblättern. Die kurzlebigen Blüten – sie entfalten sich mittags und verwelken bis zum Abend – öffnen sich meist nacheinander und produzieren braune, birnenförmige Samen.

• **Verbreitung:** Gesamte Region.
• **Habitat:** Steinige, sandige und grasige Standorte, Feld- und Wegränder.
• **Verwandte Art:** *Iris xiphium* ist eine wesentlich kräftigere Pflanze mit weniger Blüten. Sie wächst im Westen der Region und wird häufig kultiviert.

Lebensform ausdauernd	Wuchshöhe 5–50 cm	Blütezeit Febr.–Mai

Familie IRIDACEAE	Art *Crocus biflorus*	Autor Miller

ZWEIBLÜTIGER KROKUS

Echte Krokusse haben – anders als Arten der Gattung *Colchicum* (vgl. S. 259) – 3 Staubblätter; ihre inneren und äußeren Hüllblätter sind häufig unterschiedlich gefärbt. Wie andere Krokusse treibt diese sehr formenreiche Art aus einer kleinen Knolle und hat schmale Blätter mit einem weißen Mittelstreifen. Die Blätter wachsen bevor die 1–3 weißen oder blaßvioletten Blüten erscheinen. Ihre Fruchtknoten liegen unter der Erde.

• **Verbreitung:** Zentraler und östlicher Mittelmeerraum; von Italien ostwärts.
• **Habitat:** Stein- und Grasfluren.
• **Hinweis:** In der Region gedeiht eine Vielzahl anderer Krokus-Arten; die meisten sind regional beschränkt.

Lebensform ausdauernd	Wuchshöhe bis 10 cm	Blütezeit Febr.–April

Familie IRIDACEAE	Art *Crocus versicolor*	Autor Ker-Gawler

VERSCHIEDENFARBIGER KROKUS

Wie viele mediterrane Krokusse findet man diese Art nur in einer relativ begrenzten Region. Ihre 3–6 graugrünen Blätter erscheinen vor den weißen, violetten oder purpurnen Blüten, die auf der Außenseite charakteristische federartige Streifen zeigen. Die Staubbeutel sind gelb, der Griffel dreilappig. Wie bei Krokussen üblich, ist die Röhre von einer häutigen Hochblatthülle umgeben, und die Fruchtknoten liegen unter der Erde.

- **Verbreitung:** Südostfrankreich, Nordwestitalien.
- **Habitat:** Fels- und Grasfluren, Wälder; häufig kultiviert.
- **Verwandte Arten:** Eine Reihe ähnlicher Arten gedeiht im Westen der Region. *C. corsicus*, nur auf Korsika, ist ein sehr ähnlicher Frühlingsblüher mit schmäleren Blättern. *C. cambessedesii* wächst nur in balearischen Kiefernwäldern. Auch seine Blätter sind schmäler, und er blüht vom Spätherbst bis hinein ins Frühjahr.

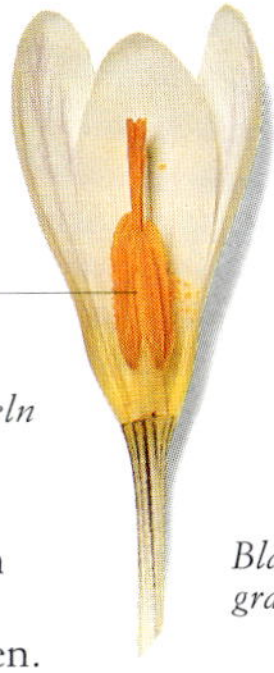

Lebensform ausdauernd	Wuchshöhe bis 20 cm	Blütezeit Jan.–Mai

Familie IRIDACEAE	Art *Romulea bulbocodium*	Autor (L.) Sebastiani & Mauri

GROSSBLÜTIGER SCHEINKROKUS

Scheinkrokusse – krokusartige Pflanzen mit 6 gleichlangen Blütenblättern und 2 schmalen Grundblättern (bei dieser Art bis 30 cm lang) – treiben aus Knollen. Anders als beim echten Krokus (oben) sitzen die sternförmigen Blüten auf Stengeln. Hier sind es pro Stengel bis zu 6 Blüten, die einen Durchmesser von 25 mm erreichen und farblich zwischen weiß und violett variieren. In der Kapsel reifen braune Samen.

- **Verbreitung:** Gesamte Region, nicht auf vielen Inseln.
- **Habitat:** Fels- und Grasfluren, sandige Standorte, meist in tieferen Lagen.
- **Verwandte Arten:** Viele der Scheinkrokusse der Region tragen kleinere purpurne oder violette Blüten. Beim weitverbreiteten *R. columnae* sitzen die purpur oder lila Blüten auf sehr schlanken Stengeln.

Lebensform ausdauernd	Wuchshöhe bis 10 cm	Blütezeit Febr.–Mai

Familie IRIDACEAE	Art *Gladiolus illyricus*	Autor Koch

ILLYRISCHE SIEGWURZ

Gladiolen wachsen aus Knollen und haben flache, schwertförmige Blätter, die meist in einer Ebene entspringen. Bei dieser relativ niederen Art werden sie etwa 40 cm lang. Die rotpurpurnen, bis 45 mm großen Blüten wachsen zumeist in Ähren zu 3–10, wobei die Blüten in unterschiedliche Richtungen schauen. Die 3 unteren der 6 Blütenblätter sind weiß und rot gestreift. In der Fruchtkapsel reifen geflügelte Samen.

- **Verbreitung:** Von Spanien und Nordwestafrika bis Griechenland.
- **Habitat:** Lichte Wälder, Gestrüpp, Grasfluren.
- **Verwandte Art:** *G. communis*, in derselben Gegend heimisch, ist höher und treibt bis zu 20 Blüten, häufig an verzweigten Stengeln.

Lebensform ausdauernd	Wuchshöhe 20–50 cm	Blütezeit April–Juni

Familie IRIDACEAE	Art *Gladiolus italicus*	Autor Miller

SAAT-SIEGWURZ

Diese kräftige Gladiole ist ein bemerkenswert attraktives „Unkraut“. Die längsten der 3–5 Blätter erreichen eine Länge von 65 cm und eine Breite von 16 mm. Wie bei *Gladiolus illyricus* (siehe oben) schauen die bis 50 mm langen Blüten gewöhnlich in unterschiedliche Richtungen. Die 3 untersten Blütenblätter zeigen einen dunkel umrandeten weißen Mittelstreifen. In der Kapsel reifen ungeflügelte Samen.

- **Verbreitung:** Gesamte Mittelmeerregion.
- **Habitat:** Kulturland, Olivenhaine, Gras- und Felsfluren.
- **Hinweis:** Viele mediterranen Siegwurz-Arten werden kultiviert. Die meisten unserer teils grellfarbigen Kulturformen stammen jedoch von südafrikanischen Species ab.

Lebensform ausdauernd	Wuchshöhe 50–100 cm	Blütezeit März–Juni

SÜSSGRÄSER

Familie GRAMINEAE	Art *Cynosurus echinatus*	Autor L.

STACHELIGES KAMMGRAS

Süßgräser – die weltweit wohl erfolgreichste Familie unter den Blütenpflanzen – haben in der Regel kleine, eher unscheinbare Blüten, die auf Windbestäubung ausgerichtet sind. Dieses Kammgras ist eine niedere, kahle, häufig büschelbildende Art mit rauhen, bis 10 mm breiten Blättern. Die eiförmigen Blütenköpfe sitzen immer über den Blättern und werden, Grannen nicht eingerechnet, bis 40 mm lang. Wie bei den meisten Gräsern ist die Frucht eine Karyopse oder ein Korn.

- **Verbreitung:** Gesamte Mittelmeerregion.
- **Habitat:** Fels- und Grasfluren, Felder, Wegränder; häufig in Gärten und Städten.

Lebensform einjährig	Wuchshöhe 20–60 cm	Blütezeit April–Juli

Familie GRAMINEAE	Art *Briza maxima*	Autor L.

GROSSES ZITTERGRAS

Die weitläufig an einen Fisch erinnernde, hangenden Blütenährchen machen dieses Gras leicht bestimmbar. Die aufrechte, schlanke Pflanze treibt schmale, kahle, bis 20 cm lange Blätter. Ihre Blütenstengel verzweigen sich im oberen Teil in etwa ein Dutzend Äste mit je einem flachen Ährchen. Bis 25 mm lang, haben diese spitze Enden und 3–10 Paar häutige, einander überlappende Schuppen. Die Frucht ist ein Korn mit einer gerundeten und einer flachen Seite.

- **Verbreitung:** Gesamte Mittelmeerregion.
- **Habitat:** Trockene Hügel, Garigue, Wegränder, Gärten.
- **Hinweis:** Die Ährchen zittern schon bei leisem Wind. Beliebt für Trockensträuße.
- **Verwandte Art:** *B. media* ist eine ähnliche, aber ausdauernde Pflanze.

Lebensform einjährig	Wuchshöhe 10–60 cm	Blütezeit April–Juni

Familie GRAMINEAE	Art *Elymus farctus*	Autor (Viv.) Runem. ex. Meld.

STRAND-QUECKE

Ein typisches Küstengras mit vielen verschiedenen Unterarten. Die häufigste mediterrane Form treibt aus einem kriechenden Rhizom starre, aufrechte Stengel mit graugrünen, etwa 5 mm breiten, meist stark eingerollten Blättern. Ihre Blütenstengel tragen eine 10–35 cm lange Ähre, die aus Ährchen mit je ca. 10 Blüten besteht. Die Ährchen sind in 2 gegen- und wechselständigen Reihen angeordnet und weisen vom Stengel weg.

- **Verbreitung:** Gesamte Mittelmeerregion.
- **Habitat:** Sandstrände, Dünen.
- **Hinweis:** Die Subspecies *Elymus rechingeri*, die nur an Felsküsten im ägäischen Raum gedeiht, hat kein kriechendes Rhizom.

Lebensform ausdauernd	Wuchshöhe 50–80 cm	Blütezeit Juni–Aug.

Familie GRAMINEAE	Art *Aegilops neglecta*	Autor Reg. ex Bertol.

AEGILOPS NEGLECTA

Dieser niedere, büschelbildende Walsch (Gattung *Aegilops*) ist an seinen kleinen Blütenköpfen mit den mit zunehmender Reife nach außen gestellten Grannen zu erkennen. Er treibt feinbehaarte Blätter mit etwa 5 mm breiten Spreiten, deren lange Blattscheiden die am Grund verzweigten Stengel umgeben. Die bis 30 mm langen Blütenköpfe bestehen aus 2–3 faßförmigen Ährchen mit nochmals so langen Grannen.

- **Verbreitung:** Gesamte Mittelmeerregion.
- **Habitat:** Wegränder, trockene Wiesen, Olivenhaine.
- **Hinweis:** Diese Grasart ist nahe mit dem Weizen verwandt. Die im Balkan heimische *A. speltoides* gilt als eine Stammpflanze des bei uns am meisten angebauten Getreides.

Lebensform einjährig	Wuchshöhe 10–40 cm	Blütezeit April–Juli

Familie GRAMINEAE	Art *Avena sterilis*	Autor L.

AVENA STERILIS

Die Stengel dieses hohen Hafers verzweigen sich am Grund und tragen flache, bis 60 cm lange und 12 mm breite Blätter mit rauher Oberfläche. Seine Blüten entfalten sich in einem 20–40 cm langen, äußerst lockeren Blütenstand. Jeder Blütenkopf wird bis 40 mm lang und enthält 3–4 fruchtbare Blüten und 2 auffällige gekniete Grannen. Der reife Fruchtstand löst sich leicht und bleibt gerne an der Kleidung von Spaziergängern hängen.

- **Verbreitung:** Gesamte Mittelmeerregion.
- **Habitat:** Trockene Felder, Ödland, Wegränder.
- **Hinweis:** Häufig als Unkraut auf Kulturland zu finden.

Lebensform einjährig	Wuchshöhe 50–150 cm	Blütezeit April–Aug.

Familie GRAMINEAE	Art *Lagurus ovatus*	Autor L.

SAMMETGRAS/HASENSCHWÄNZCHEN

Die weichhaarigen Blütenköpfe des Hasenschwanzchens saumen im Sommer viele Strande. Das kleine, aber attraktive Gras treibt ein Stengelbüschel mit weichen, bis 10 mm breiten Blättern. Seine eiförmigen Blütenstände werden 20 mm lang und bestehen aus dichten, einblütigen Ährchen mit seidigen Grannen, die die Blüten mit einem samtigen „Pelz" umgeben. Nur die obersten Ährchen produzieren Samen.

- **Verbreitung:** Gesamte Mittelmeerregion.
- **Habitat:** Trockene, sandige Standorte, gewöhnlich in Küstennähe; häufig als Ziergras kultiviert.
- **Hinweis:** Diese Süßgrasart wird gerne für Trockensträuße verwendet.

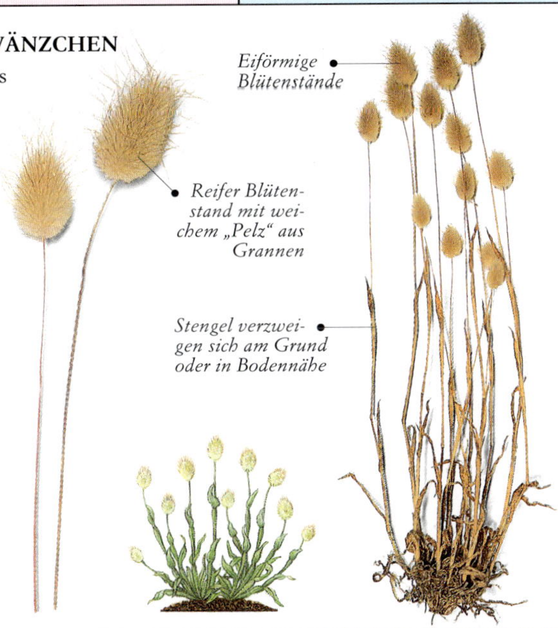

Lebensform einjährig	Wuchshöhe 10–50 cm	Blütezeit April–Juni

Familie GRAMINEAE	Art *Ammophila arenaria*	Autor (L.) Link

STRANDHAFER

Strandhafer ist die vorherrschende Dünenpflanze des Mittelmeerraums. Seine kriechenden Rhizome und langen Wurzeln dienen der Befestigung der Dünen. Das aufrechte Gras treibt kahle Stengel und schmale, spitz zulaufende, bis 50 cm lange Blätter, die dicht nach oben eingerollt sind, was den Wasserverlust niedrig hält. Die zylindrischen Blütenköpfe werden bis 20 cm lang und bestehen aus dichten, bis 14 mm langen einblütigen Ährchen.

- **Verbreitung:** Gesamte Mittelmeerregion; auch an nordeuropäischen Küsten, bis hinauf nach Norwegen.
- **Habitat:** Sanddünen.
- **Hinweis:** Strandhafer folgt gewöhnlich auf die Strand-Quecke (siehe S. 284).

Lebensform ausdauernd	Wuchshöhe 60–120 cm	Blütezeit Juni–Juli

Familie GRAMINEAE	Art *Stipa pennata*	Autor L.

FEDERGRAS

Das Federgras erkennt man an seinen feinen Grannen, die bis 30 cm lang werden können. Als ausdauernde Pflanze hat es starre Stengel und sehr schmale eingerollte, meist nicht einmal 2 mm breite Blätter. Die Blütenstände, bis 10 cm lang, enthalten relativ wenig Blüten. Ihre auffälligen Grannen sind am Grund spiralförmig verdreht und tragen fedrige Haare.

- **Verbreitung:** Gesamte Mittelmeerregion; vorwiegend jedoch am Festland.
- **Habitat:** Steinige Standorte, trockenes Weideland.
- **Verwandte Art:** *Stipa tenacissima* ist eine wesentlich kräftigere, bis 150 cm hohe Pflanze mit kürzeren Grannen. Sie bedeckt weite Gebiete in Südspanien und Nordwestafrika.

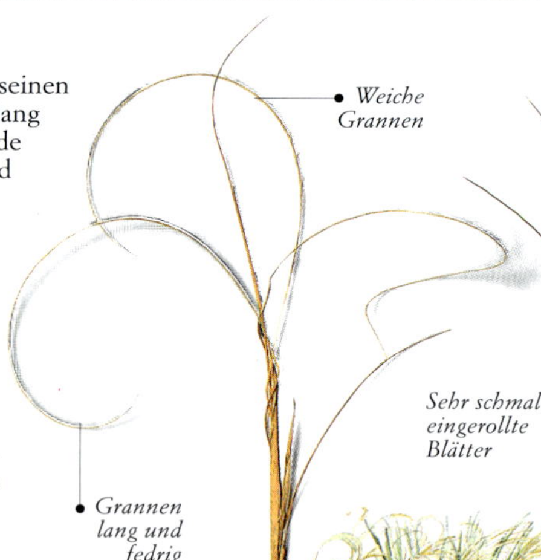

Lebensform ausdauernd	Wuchshöhe 25–40 cm	Blütezeit Mai–Juli

Familie GRAMINEAE	Art *Arundo donax*	Autor L.

SPANISCHES ROHR

Auch Riesenschilf genannt, ist diese, oft für Bambus gehaltene Pflanze das größte Gras der Region. Aus kriechenden Rhizomen wachsen dichte Büschel unverzweigter Halme, die bis zu 6 m hoch werden und wechselständige, flache, bis 60 cm lange, am Grund bis 50 mm breite Blätter tragen. In ihrem zweiten Jahr, hart und holzig geworden, blühen die Stengel: Die Rispen werden bis 60 cm lang und treiben seidige Grannen, die dem Blütenstand ein silbriges Aussehen verleihen. Erst grünlich-purpurn, wird der Blütenstand mit der Fruchtreife gelb.

- **Verbreitung:** Aus Zentralasien stammend, heute im gesamten Mittelmeerraum eingebürgert.
- **Habitat:** Feuchte Standorte, Feldränder.
- **Hinweis:** Dieses Gras wird oft als Windbrecher gepflanzt und zu Körben und Matten geflochten.

Lebensform ausdauernd	Wuchshöhe bis 6 m	Blütezeit Aug.–Dez.

Familie GRAMINEAE	Art *Cynodon dactylon*	Autor (L.) Pers.

FINGER-HUNDSZAHN/BERMUDA-GRAS

Die am Grund verzweigten Stengel dieses im Mittelmeerraum heimischen, heute aber weltweit verbreiteten Grases bilden oberirdische Ausläufer, die an den Knoten wurzeln und neue Pflanzen entstehen lassen. Seine Blätter haben lange Scheiden und flache, bis 10 cm lange Spreiten. Der Blütenstand ist in 3–7 fingerartig abstehende Äste von bis zu 50 mm Länge geteilt. Jeder trägt 2 Reihen winzige purpurn überlaufene Ährchen, die das gezähnte Aussehen bedingen.

- **Verbreitung:** Gesamte Mittelmeerregion.
- **Habitat:** Wegränder, aber auch auf Kultur- und Brachland zu finden.

Lebensform ausdauernd	Wuchshöhe 10–40 cm	Blütezeit Febr.–Nov.

ARONSTABGEWÄCHSE

Familie ARACEAE	Art *Arum italicum*	Autor Miller

ITALIENISCHER ARONSTAB

Aronstabgewächse sind fleischige und kahle, ausdauernde Pflanzen, die aus unterirdischen Knollen wachsen. Diese formenreiche Art treibt im Herbst pfeilförmige, bis 35 cm lange, oberseits glänzende und oft weiß gesprenkelte Blätter. Die kleinen Blüten entspringen am Grund eines Blütenkolbens (Spadix), der teilweise von einem kronblattartigen Hochblatt (Spatha) umgeben ist. Bei dieser Art ist die Spatha bis 40 cm lang, die keulenförmige Verlängerung des Spadix gelb und manchmal purpurfarben überlaufen. Die Frucht ist eine Beere.

- **Verbreitung:** Gesamte Region.
- **Habitat:** Wälder, Hekken, schattige Standorte, Gärten.
- **Verwandte Art:** *A. dioscoridis*, heimisch im Osten, hat einen purpurnen Spadix und eine innen purpurn gefleckte Spatha.

Lebensform ausdauernd	Wuchshöhe 25–50 cm	Blütezeit April–Mai

Familie ARACEAE	Art *Arisarum vulgare*	Autor Targ.–Tozz.

KRUMMSTAB

Diese aronstabartige Pflanze treibt ovale oder spießförmige, bis 12 cm lange Blätter und einzelne Blütenköpfe, deren Stengel meist ebenso lang ist wie die Blattstiele. Die Spatha (zur Röhre verwachsenes Hochblatt) ist grünlich-purpurn gestreift. Bei der am weitesten verbreiteten Form ist die Spatha nach vorn gekrümmt, und der bräunliche Blütenkolben ragt wie eine Zunge daraus hervor. Die Frucht ist eine grünliche Beere.

- **Verbreitung:** Gesamte Region.
- **Habitat:** Gras- und Felsfluren, Garigue, Feldränder.
- **Verwandte Art:** *A. proboscideum* (Südspanien, Süditalien) hat an ihrer Spatha eine lange Spitze, die an einen Mausschwanz erinnert.

Lebensform ausdauernd	Wuchshöhe 20–40 cm	Blütezeit Okt.–Mai

Familie ARACEAE	Art *Dracunculus vulgaris*	Autor Schott

GEWÖHNLICHE SCHLANGENWURZ

Diese auffällige Pflanze verbreitet während der Blüte den Geruch nach verwesendem Fleisch. Dieser Aasgeruch und die Aasfarbe locken Fliegen an, die ihre Blüten bestäuben. Die aufrechten Stengel sind von braun-weiß gesprenkelten Blattbasen umschlossen, die bis 35 cm langen Blattspreiten in 9–15 gewelltrandige Lappen geteilt. Auch die Spatha ist am Rand gewellt und außen grün, innen dagegen blutrot gefärbt. Am Grund des Blütenkolbens sitzen viele kleine Blüten; sein spitzer, leicht abgeflachter oberer Teil überragt oft die Spatha. Die Frucht ist eine orangerote Beere.

- **Verbreitung:** Zentraler und östlicher Mittelmeerraum, von Korsika und Sardinien ostwärts.
- **Habitat:** Buschwerk, Felsfluren; zum Schutz vor Schafen und Ziegen häufig an Felsen und Mauern gedrängt.
- **Hinweis:** Wie bei anderen Aronstabgewächsen auch produziert der Spadix mittels chemischer Reaktionen Wärme, die gleichfalls Fliegen anlockt. Der Kessel, in den die Insekten eindringen, ist mit einem Ring feiner abwärts gerichteter Härchen versehen, der sie gefangenhält, bis die Blüten verwelkt sind. Dann vertrocknen auch diese Haare, und die pollenbeladenen Fliegen entkommen – um die weiblichen Blüten in der nächsten Falle zu bestäuben.

Lebensform ausdauernd	Wuchshöhe bis 100 cm	Blütezeit April–Juni

Orchideen

Familie ORCHIDACEAE	Art *Epipactis helleborine*	Autor (L.) Crantz

Breitblättrige Sumpfwurz

Mit weltweit mehr als 18 000 Arten bilden Orchideen die zweitgrößte Familie von Blütenpflanzen. Viele tropische Orchideen sind Epiphyten (Baumbewohner), die des Mittelmeerraumes gedeihen jedoch alle am Boden. Die Breitblättrige Sumpfwurz wächst in Waldgebieten und treibt aus einem gedrungenen Rhizom. Der kurze Stengel wird von spiralig angeordneten, bis zu 10 cm breiten und 15 cm langen ovalen Blättern umgeben. Die 15–50 Blüten (einseitige Trauben) variieren farblich zwischen grün und tiefrot, haben lange Kron- und Kelchblätter und eine becherförmige Lippe. Wie bei anderen Orchideen besteht die Frucht aus einer Kapsel mit vielen staubartigen Samen, die vom Wind verteilt werden.

- **Verbreitung:** Mittelmeerraum bis Skandinavien.
- **Habitat:** Lichte Laub- oder Nadelwälder, Gebüsche und Dünen.
- **Hinweis:** Bestäubung durch Wespen, die vom zarten Duft der Blüten angelockt werden. Die Blüten produzieren keinen Nektar, nur ein geschmeidiges, nektarartiges Wachs.

Lebensform ausdauernd	Wuchshöhe 35– 100 cm	Blütezeit Juni–Aug.

Familie ORCHIDACEAE	Art *Cephalanthera rubra*	Autor (L.) L. C. M. Richard

ROTES WALDVÖGELEIN

Diese schlanke Orchidee wächst aus einem Wurzelstock (Rhizom). Der leicht behaarte Stengel trägt auf die gesamte Länge verteilt 5 bis 8 wechselständige, lanzettliche, gefurchte Blätter, die in der Stengelmitte eine Länge von 12 cm erreichen. Die rund 20 mm großen Blüten sind ausgesprochen attraktiv, mit auffälligen, spitz zulaufenden Kelchblättern und einer weißen Lippe.

- **Verbreitung:** Gesamte Mittelmeerregion.
- **Habitat:** Lichte Wälder, Wegränder; kalkhaltige Böden.
- **Verwandte Art:** *Cephalanthera longifolia*, ebenfalls weit verbreitet, hat weiße Blüten und wesentlich schmälere Blätter. Beide Arten findet man bis hinauf nach Skandinavien.

Lebensform ausdauernd	Wuchshöhe 20–60 cm	Blütezeit ganzjährig

Familie ORCHIDACEAE	Art *Limodorum abortivum*	Autor (L.) Swartz

VIOLETTER DINGEL

Diese auffällige Orchidee hat keine grünen Blätter. Aus einem kurzen Rhizom mit verdickten Wurzeln treiben kräftige, aufrechte Stengel mit zahlreichen dunkelvioletten Schuppenblättern. Die Stengel stehen entweder einzeln oder in Gruppen von bis zu 4. Jeder trägt 5 bis 25 Blüten, die bis zu 45 mm groß werden. Sie haben breite Kelchblätter, schmälere Kronblätter und einen leicht gekrümmten Sporn in der Länge des Fruchtknotens. Vier Blütenblätter öffnen sich seitwärts, ein weiteres bildet einen Helm, ein anderes formt die nach oben gebogene, gelb gemusterte Lippe.

- **Verbreitung:** Gesamte Mittelmeerregion.
- **Habitat:** Gebüsche und Rasen auf kalkhaltigen Böden; immer in der Nähe von Kiefern.
- **Hinweis:** Diese Orchidee gilt allgemein als Saprophyt – eine Pflanze, die von totem organischem Substrat lebt. Sie könnte aber auch ein Parasit sein und von lebenden Wirtspflanzen schmarotzen.
- **Verwandte Art:** *Neottia nidus-avis* ist ein weiterer Saprophyt dieser Region. Ihre Blüten sind kürzer und bräunlich-gelb.

DETAIL

Lebensform ausdauernd	Wuchshöhe 40–80 cm	Blütezeit April– Juli

Familie ORCHIDACEAE	Art *Platanthera chlorantha*	Autor (Custer) Reichenb.

BERGWALDHYAZINTHE

Die Blüten dieser von Motten bestäubten Orchidee haben extrem lange, gebogene Sporne. Sie wächst aus einer doppelten Knolle und treibt zwei große, ovale oder elliptische, bis zu 15 cm lange Grundblätter sowie kleinere Stengelblätter. Jede Blüte besteht aus zwei Kronblättern, die einen Helm formen, und einem Kelchblatt. Der Sporn steht gewöhnlich waagrecht und hat ein verdicktes Ende.

• **Verbreitung:** Mittelmeerregion bis auf einige Inseln.

• **Habitat:** Lichte Wälder, Gebüsche, Wiesen.

DETAIL

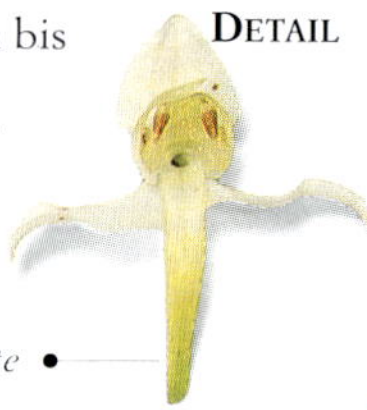

Lebensform ausdauernd	Wuchshöhe 25–50 cm	Blütezeit Mai–Juli

Familie ORCHIDACEAE	Art *Orchis papilionacea*	Autor L.

SCHMETTERLINGS-KNABENKRAUT

Im Mittelmeerraum findet man über 20 Arten der Gattung *Orchis* (Knabenkraut). Obwohl diese Art relativ wenig Blüten treibt, zählt sie doch zu den auffälligsten. Wie alle Knabenkraut-Arten wächst sie aus hodenähnlichen Wurzelknollen, aus denen sie während der Sommermonate Nahrung zieht. Die bis zu bleistiftdicken Stengel sind oft blattreich, die Blätter selbst lanzettlich, ungefleckt und bis zu 10 cm lang. 3 bis 8 Blüten bilden einen lockeren Blütenstand, jede Blüte wird von einem rötlichen Tragblatt umgeben, das länger als der stielförmige Fruchtknoten ist. Die Kelchblätter formen einen dunklen, offenen Helm; die breite, gerundete, meist blaßrosa Lippe wird 16 mm lang.

• **Verbreitung:** Gesamte Mittelmeerregion.

• **Habitat:** Lichte Wälder, Maquis, Felder, Wegränder.

• **Hinweis:** Eine der formenreichsten Orchideen der Region. Bei einigen ist die Lippe dunkel und sichtbar gestreift, bei anderen blaß und einfarbig.

Lebensform ausdauernd	Wuchshöhe 20–40 cm	Blütezeit Feb.–Mai

Familie ORCHIDACEAE	Art *Orchis morio*	Autor L.

SALEP-KNABENKRAUT

Diese Orchidee, deren seitliche Kelchblätter meist auffällige grüne Streifung zeigen, wächst aus einer Grundrosette lanzettlicher oder ovaler Blätter. Die Stengelblätter sind kleiner. Die Blüten tragen einen ausgeprägten Helm, eine bis zu 10 mm lange, dreilappige Lippe und einen geraden oder gebogenen Sporn. Bei der Unterart *picta* ist die Lippe gepunktet und der Sporn ebenso lang wie der Fruchtknoten; die Unterart *champagneuxii* hat eine einfarbige Lippe und einen keulenförmigen Sporn.

- **Verbreitung:** Der Subsp. *picta*: gesamte Mittelmeerregion; Subsp. *champagneuxii:* NW-Afrika bis Südfrankreich. Kommt auch in Nordeuropa vor.
- **Habitat:** Wälder, Maquis, Weideland, Straßenränder und Dünen.

Lebensform ausdauernd	Wuchshöhe 5–50 cm	Blütezeit Feb.–Mai

Familie ORCHIDACEAE	Art *Orchis coriophora*	Autor L.

WANZEN-KNABENKRAUT

Die Blätter dieser kompakt wirkenden Orchidee sind spitz zulaufend linear-lanzettlich, ungefleckt und bis 10 cm lang. Die meisten bilden eine Grundrosette, kleinere umkleiden den Stengel bis zum dichten, zylinderförmigen Blütenstand hinauf, dessen etwa 8 mm große Blüten spitze Helme und dreilappige Lippen aufweisen. Bei der Unterart *fragrans* – der im Mittelmeerraum gängigsten – duften die Blüten, sind bräunlich oder grünlich mit roten Flecken, und der Mittellappen der Lippe ist deutlich länger als die Seitenlappen.

- **Verbreitung:** Subsp. *fragrans:* Gesamter Mittelmeerraum außer Teilen im Osten.
- **Habitat:** Grasfluren, Sand, Wegränder.

Lebensform ausdauernd	Wuchshöhe 15–40 cm	Blütezeit März–Mai

Familie ORCHIDACEAE	Art *Orchis lactea*	Autor Poiret

MILCHWEISSES KNABENKRAUT

Ihren Namen verdankt diese Orchidee der hellen Farbe ihrer Blüten, die eine dichte, gedrungene Ähre bilden, gedrehte, stielartige Fruchtknoten aufweisen und von kurzen Tragblättern umgeben sind. Sie haben kurze, nach abwärts gerichtete Sporne und grünliche Helme mit spitz zusammenlaufenden Kelchblättern. Die milchweiße, purpurrot gefleckte Lippe ist dreilappig und rund 10 mm lang. 3 bis 4 Grundblätter bilden eine Art Rosette, während die oberen Blätter dicht am kräftigen Stengel anliegen.

- **Verbreitung:** Gesamte Mittelmeerregion.
- **Habitat:** Garigue, Grasfluren, Wegränder.
- **Verwandte Art:** Manchmal wird das Milchweiße Knabenkraut als Unterart der *Orchis tridentata* angesehen, die ähnlich, aber meist größer ist und einen ausgeprägten dreieckigen Lappen zeigt.

DETAIL

Lebensform ausdauernd	Wuchshöhe 10–20 cm	Blütezeit Feb.–April

Familie ORCHIDACEAE	Art *Orchis italica*	Autor Poiret

ITALIENISCHES KNABENKRAUT

Diese weit verbreitete Pflanze fällt durch ihren dichten ovalen Blütenstand auf. Die länglichen, in der Regel purpur gefleckten Blätter sind am Rand meist gewellt. 5 bis 8 der Grundblätter, die über 12 cm lang werden können, bilden eine Rosette, kleinere Blätter umkleiden den Stengel. Die Blüten sind normalerweise hellrosa mit spitzem, offenen Helm, auffälliger Lippe und kurzem Sporn.

- **Verbreitung:** Gesamte Mittelmeerregion bis auf Frankreich und einige Inseln.
- **Habitat:** Kiefernwälder, Gebüsche, Grasfluren, Feldränder.
- **Verwandte Art:** *Orchis simia* ist sehr ähnlich, hat aber aufgerollte Lappen und keine gewellte Blätter. Mit Ausnahme der Inseln im Westen kommt sie im gesamten Mittelmeergebiet vor.

DETAIL

Lebensform ausdauernd	Wuchshöhe 20–40 cm	Blütezeit März– Mai

Familie ORCHIDACEAE	Art *Orchis purpurea*	Autor Hudson

PURPUR-KNABENKRAUT

Bei günstigen Bedingungen wächst diese Orchidee zu einer imposanten Pflanze mit glänzenden Blättern und dichtem Blütenstand heran. Ihre Blätter, die mehr als 20 cm lang werden, sind elliptisch und fühlen sich etwas fleischig an. Aufgrund der vielen dunklen Helme der gedrängt sitzenden Blüten zeigt der junge Blütenstand ein faszinierendes Purpurrot. Je weiter sich die Blüten öffnen, desto mehr treten die helleren, dreilappigen Lippen in Erscheinung. Sie sind sehr breit, bis zu 15 mm lang, tragen purpurfarbene Flecken auf blaßrosa Grund und sind auch häufig purpurn gesäumt.

- **Verbreitung:** Nordwestliche und zentrale Mittelmeerregion, im Osten bis zur Türkei.
- **Habitat:** Wälder, besonders Kiefernwälder, Gebüsche, Grasfluren, häufig in Gruppen.

Blüten mit breiter Lippe und kurzem Sporn

DETAIL

Tragblätter kürzer als die stielartigen Fruchtknoten

Kräftiger Stengel

Glänzende, ungefleckte Blätter

Lebensform ausdauernd	Wuchshöhe 30–80 cm	Blütezeit April–Juni

Familie ORCHIDACEAE	Art *Orchis saccata*	Autor Ten.

ORCHIS SACCATA

Die Stengel dieser früh blühenden Orchidee sind kurz, aber kräftig und häufig etwas bräunlich-purpurn angehaucht. 2 bis 4 der ovalen oder länglichen, bis 10 cm lang werdenden Blätter bilden eine Grundrosette, die übrigen umfassen den Stengel bis hinauf zum Blütenstand. Jede der 2 bis 15 Blüten hat ein dunkles Tragblatt, das länger sein kann als der stielartige Fruchtknoten. Die seitlichen, grün oder purpurn gefärbten Kelchblätter stehen aufrecht. Die bis zu 12 mm große Lippe ist weiß mit Rosa oder Purpurrot.

- **Verbreitung:** Gesamte Mittelmeerregion.
- **Habitat:** Trockene, felsige Böden, Gebüsche, Garigue.

Blüten sitzen weit auseinander

DETAIL

Ungelappte Lippe und dicker, sackartiger Sporn

Blätter oft gefleckt

Lebensform ausdauernd	Wuchshöhe 12–35 cm	Blütezeit Feb.–März

Familie ORCHIDACEAE	Art *Orchis mascula*	Autor L.

STATTLICHES KNABENKRAUT

Diese Orchideenart zählt zu den verbreitetsten in Europa und tritt in verschiedenen regionalen Formen auf. Die im Mittelmeerraum häufigste ist die Subsp. *olbiensis*, eine schlanke Pflanze mit lanzettlichen glänzenden Blättern, die meist keine Flecken aufweisen. Zu 3 bis 5 grundständig angeordnet, werden diese bis zu 15 cm lang. Die purpur- oder rosaroten Blüten bilden lange Ähren und haben breite Sporne, die länger als die Fruchtknoten sind. Die seitlichen Kelchblätter sind flügelartig ausgebreitet, die Lippe ist dreilappig, wobei die zurückgefalteten Seitenlappen die Lippe von vorn sehr schmal wirken lassen.
• **Verbreitung** der Subsp. *olbiensis:* Westliche Mittelmeerregion, von Nordafrika bis Italien.
• **Habitat:** Wälder, Gebüsche, Wegränder, bevorzugt in Höhenlagen.

Lebensform ausdauernd	Wuchshöhe 20–60 cm	Blütezeit April–Mai

Familie ORCHIDACEAE	Art *Orchis provincialis*	Autor Balbis

FRANZÖSISCHES KNABENKRAUT

Diese Orchidee ist eine der wenigen gelb blühenden ihrer Gattung. Die lanzettlichen, gefleckten Blätter sind bis zu 15 cm lang. Es gibt 3–20 Blüten, deren Tragblätter ebenso lang sind wie die Fruchtknoten. Jede Blüte hat einen langen, aufwärts gebogenen Sporn, ausgebreitete obere Kelchblätter und eine bis zu 12 mm lange, dunklere, dreilappige Lippe.
• **Verbreitung:** Westliche Mittelmeerregion, von Nordwestafrika bis Griechenland; nicht auf den Balearen.
• **Habitat:** Grasfluren, Gebüsche, lichte Wälder, Maquis.

Lebensform ausdauernd	Wuchshöhe 15–35 cm	Blütezeit April–Juni

Familie	Art	Autor
Orchidaceae	*Orchis anatolica*	Boiss.

Anatolisches Knabenkraut

Diese Orchidee mit lockerem Blütenstand findet man vor allem im östlichen Mittelmeerraum. Der Stengel trägt 2 bis 5 gefleckte, lanzettliche Grundblätter, die bis zu 80 mm Länge erreichen. Schmälere Blätter umkleiden die Pflanze, deren bis zu 12 Blüten eine lockere Ähre bilden. Sie sind weiß bis tiefrot, haben eine gefleckte Lippe und einen spitz zulaufenden, bis zu 12 mm langen, zurückgebogenen Sporn.

• **Verbreitung:** Östliche Mittelmeerregion.

• **Habitat:** Felsige, grasbedeckte Hänge, Gebüsche, Garigue.

Lebensform	Wuchshöhe	Blütezeit
ausdauernd	15–40 cm	März–Mai

Familie	Art	Autor
Orchidaceae	*Orchis laxiflora*	Lam.

Lockerblütiges Knabenkraut

Keine Orchidee tritt in so dichten Kolonien auf wie diese hohe Art mit ihren dunklen Stengelspitzen und den weit auseinanderstehenden Blüten. Ganze Felder scheinen oft in Purpurrot getaucht. Die lanzettlichen ungefleckten Blätter können über 15 cm lang werden. Die 6 bis 20 Blüten der lockeren Ähren haben abgespreizte Kelchblätter und offene Helme. Die dreilappige Lippe erreicht eine Länge von 9 mm, wobei die Seitenlappen breiter sind als der mittlere.

• **Verbreitung:** Gesamte Mittelmeerregion.

• **Habitat:** Feuchtwiesen, Sumpfland, Flußufer.

• **Hinweis:** Diese Art trifft man sogar weit im Nordwesten bis hinauf zu den Kanalinseln an.

Lebensform	Wuchshöhe	Blütezeit
ausdauernd	30–120 cm	April–Juni

Familie ORCHIDACEAE	Art *Aceras anthropophorum*	Autor (L.) Aiton fil.

PUPPENORCHIS/OHNSPORN

Aufgrund ihrer dezenten Färbung wird diese schlanke Orchidee im hohen Gras leicht übersehen. Ihr Stengel trägt bis zu 12 cm lange, lanzettliche, gerillte ungefleckte Blätter, die anfangs am Stengel anliegen, später aber abstehen. Der Blütenstand setzt sich aus vielen gedrängt stehenden Blüten zusammen, die jeweils einen kleinen rotgrünen Helm haben. Die verlängerte Lippe besteht aus 2 schmalen Seitenlappen, den „Armen“ und einem Mittellappen, der sich in zwei „Beine“ teilt – daher der Eindruck einer hängenden „Puppe“. Die Lippe wird bis zu 15 mm lang und ist zunächst rötlich, später dann senffarben. Es gibt keinen Sporn.

- **Verbreitung:** Gesamte Mittelmeerregion. Im Norden bis hinauf nach Südengland.
- **Habitat:** Grasfluren, steiniger Grund, Wald- und Straßenränder, meist auf kalkhaltigen Böden.

Lebensform ausdauernd	Wuchshöhe 10–40 cm	Blütezeit März–Mai

Familie ORCHIDACEAE	Art *Himantoglossum hircinum*	Autor (L.) Sprengel

BOCKS-RIEMENZUNGE

Diese Orchidee hat lange, riemenförmige, übelriechende Blüten. Hoch und kräftig, hat sie elliptische, bis ca. 15 cm lange Grundblätter, die oft verwelkt sind, wenn die Blüten erscheinen, und kleinere, den Stengel umfassende Blätter. Jede Blüte hat einen kurzen Sporn und eine lange, schraubig gedrehte Lippe.

- **Verbreitung:** Westliche und zentrale Mittelmeerregion, im Osten bis Nordgriechenland und Türkei, auf Inseln selten.
- **Habitat:** Grasfluren, Gebüsche, Dünen.
- **Verwandte Art:** Subsp. *calcaratum* hat längere Seitenarme und einen längeren Sporn.

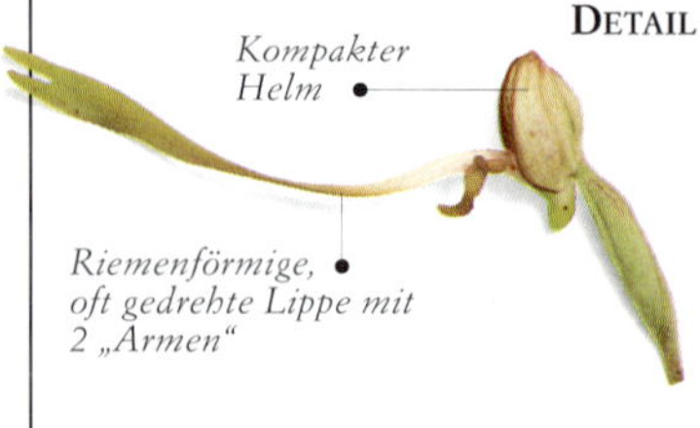

Lebensform ausdauernd	Wuchshöhe 20–90 cm	Blütezeit April–Juni

Familie ORCHIDACEAE	Art *Barlia robertiana*	Autor (Loisel.) W. Greuter

Riesenknabenkraut

Hier handelt es sich zwar nicht wirklich um die größte Orchidee dieser Region, sicher aber die imposanteste. Ihr kräftiger Stengel, der aus einer doppelten Knolle treibt, ist oft purpurn angehaucht. Die glänzenden, ungefleckten Blätter sind oval/elliptisch; Grundblätter werden bis zu 25 cm lang und 10 cm breit. Aus den stark duftenden Blüten entsteht ein mächtiger Blütenstand, der den Stengel an Länge übertreffen kann. Jede Blüte hat ein Tragblatt, das viel länger als der Fruchtknoten ist, 2 schalenförmige seitliche Kelchblätter, einen kleinen Helm und eine breite, dreilappige Lippe. Grünlich oder rötlich-braun, wird diese bis zu 20 mm lang, zeigt Streifen oder Flecken und einen gewellten Rand. Die Seitenlappen ähneln Armen, der Mittellappen teilt sich zu Beinen.

- **Verbreitung:** Mittelmeerregion bis auf den äußersten Osten.
- **Habitat:** Grasfluren, lichte Wälder, Gebüsche, Straßenränder.

Lebensform ausdauernd	Wuchshöhe 30–80 cm	Blütezeit Dez.–März

Familie ORCHIDACEAE	Art *Anacamptis pyramidalis*	Autor (L.) L. C. M. Richard

PYRAMIDEN-HUNDSWURZ

Diese auch Pyramiden- oder Spitzorchis genannte Art tritt europaweit auf, oft in Teilen des Mittelmeerraums. Aus einer Doppelknolle treibt ein schlanker, bis zum Blütenstand beblätterter Stengel. Die unteren, bis zu 25 cm langen Blätter sind linearlanzettlich und gefurcht, während die oberen zu kleinen Schuppenblättern reduziert sind. Der Blütenstand ist zuerst pyramidenförmig. Jede der meist rosanen, bis zu 10 mm großen Blüten hat ein schmales Tragblatt in der Länge des Fruchtknotens, zwei abstehende Kelchblätter, einen kleinen Helm und eine Lippe mit 3 Lappen. Der lange, dünne Sporn zeigt rückwärts abwärts.

• **Verbreitung:** Mittelmeerregion.
• **Habitat:** Grasfluren, Gebüsche, Maquis, Wegränder, meist auf kalkhaltigen Böden.
• **Hinweis:** Diese Art wird von Tag- und Nachtfaltern bestäubt, die mit ihren langen Saugrüsseln das Ende des Sporns erreichen.

DETAIL

Lebensform ausdauernd	Wuchshöhe 20–60 cm	Blütezeit März–Mai

Familie ORCHIDACEAE	Art *Serapias cordigera*	Autor L.

HERZFÖRMIGER ZUNGENSTENDEL

Diese Art ist die größte der Zungenstendel (*Serapias*), einer kleinen, charakteristischen mediterranen Pflanzengattung. Sie wächst aus knolligen Wurzeln und hat schmale, gefurchte, oft 13 cm lange Blätter, die den Stengel bis oben umfassen. Der dichte Blütenstand besteht aus 4 bis 10 Blüten mit fast zylindrischer Öffnung und einem dunklen Tragblatt, das wesentlich länger ist als der Fruchtknoten. Die Seitenlappen der Lippe sind aufgerichtet, während der Mittellappen eine rund 25 mm lange, herzförmige „Zunge" bildet. Diese ist bräunlich oder blutrot und bis zur Mitte dicht behaart.

• **Verbreitung:** Westliche und zentrale Mittelmeerregion, im Osten bis zur Türkei.
• **Habitat:** Feuchtwiesen, Heideland, Gebüsche, sandige Standorte.

DETAIL

Lebensform ausdauernd	Wuchshöhe 15–45 cm	Blütezeit März–Mai

Familie ORCHIDACEAE	Art *Serapias lingua*	Autor L.

ECHTER ZUNGENSTENDEL

Wie seine Verwandten wächst auch dieser Zungenstendel in lockeren Kolonien. An dem schlanken Stengel sitzen 4 bis 5 schmale, lanzettliche, im oberen Teil stengelumfassende Blätter. Der Blütenstand besteht aus 2 bis 8 Blüten, die, anders als beim Herzförmigen Zungenstendel (links), weit auseinander liegen. Ein bootsförmiges Tragblatt und Kelchblätter derselben roten Färbung und Zeichnung formen den meist waagrechten Helm. Die gekrümmte Lippe kann gelb, rosa oder rot sein, wobei die Seitenlappen immer intensiver gefärbt sind als die vorstehende „Zunge". Typisch für diese Art ist eine Schwiele am Grund der Lippe.

- **Verbreitung:** Westliche und zentrale Mittelmeerregion von Nordwestafrika bis Griechenland.
- **Habitat:** Grasfluren, Marschland, feuchte Sandböden in Küstennähe.

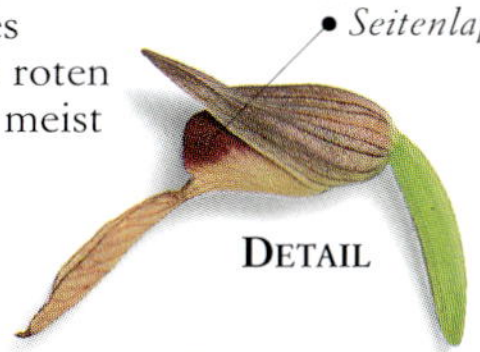

DETAIL

Lebensform ausdauernd	Wuchshöhe 10–30 cm	Blütezeit März–Mai

Familie ORCHIDACEAE	Art *Serapias parviflora*	Autor Parl.

KLEINBLÜTIGER ZUNGENSTENDEL

Diese Orchidee mit ihren lanzettlichen, gebogenen Blättern sticht kaum ins Auge. Der Blütenstand wird höchstens 20 mm lang und trägt 3 bis 10 rötlich-grüne Blüten mit rötlicher Lippe. Die dunkleren Seitenlappen bleiben meist in der zylindrischen Öffnung verborgen. Charakteristisch für diese Art ist die schmale, zurückgefaltete „Zunge", die neben dem stielförmigen Fruchtknoten der Pflanze liegt.

- **Verbreitung:** Westliche und zentrale Mittelmeerregion, von Nordwestafrika bis zur Türkei.
- **Habitat:** Grasfluren, Olivenhaine, Dünensenken, Straßenränder.
- **Hinweis:** Die Lippe weist am Grund zwei dunkle Schwielen auf, was die Unterscheidung vom Echten Zungenstendel (oben) erleichtert, der nur eine hat.

DETAIL

Lebensform ausdauernd	Wuchshöhe 10–35 cm	Blütezeit März–Mai

Familie ORCHIDACEAE	Art *Ophrys speculum*	Autor Link

SPIEGEL-RAGWURZ

Mitglieder der Gattung *Ophrys* (Ragwurz) wachsen aus 2–3 elliptischen Knollen und tragen spornlose, prächtige Blüten, die Insekten ähneln. Wie viele ihrer Verwandten weist die Spiegel-Ragwurz breite, bis zu 80 mm lange elliptische Grundblätter und kleinere Stengelblätter auf. Die Blüten haben bräunlich-rote und grüne Kelchblätter, von denen eines einen Helm bildet. Die dreilappige, bis 15 mm lange Lippe zeigt einen glänzend blauen „Spiegel" (Speculum) und ist von einem dichten braunen Haarkranz umgeben. Wie bei allen Ragwurz-Arten ist die Frucht eine lange Kapsel mit winzigen Samen.

- **Verbreitung:** Mittelmeerregion, bis auf einige Inseln (z. B. Kreta und Zypern).
- **Habitat:** Grasfluren, Garigue, lichte Kiefernwälder.

DETAIL

Lebensform ausdauernd	Wuchshöhe 10–30 cm	Blütezeit März–Mai

Familie ORCHIDACEAE	Art *Ophrys lutea*	Autor (Gouan) Cav.

GELBE RAGWURZ

Diese Orchidee ist die einzige Ophrys-Art mit gelbbrauner Lippe. Sie hat 4–5 breite, elliptische Blätter, die zum Teil eine Grundrosette ausbilden. Ihr Stengel trägt 2–7, oft nach oben gerichtete Blüten. Jede Blüte besteht aus 3 grünen Kelchblättern, von denen eines einen Helm formt, und zwei kleinen, gelbgrünen Kronblättern. Die dreilappige Lippe wird bis 18 mm lang. Das „Gesicht" ist rötlich braun mit zweilappigem, glänzendem Mal. Die Ränder tragen meist ein gelbes Band.

- **Verbreitung:** Zentrale und östliche Mittelmeerregion, ostwärts von Frankreich.
- **Habitat:** Offene steinige Standorte und Grasfluren, Maquis, häufig am Straßenrand.

DETAIL

Lebensform ausdauernd	Wuchshöhe 10–30 cm	Blütezeit März–Mai

Familie ORCHIDACEAE	Art *Ophrys fusca*	Autor Link

BRAUNE RAGWURZ

Sie zählt zu den formenreichsten und häufigsten Orchideen der Region. Die robuste Pflanze hat 4 bis 6 Blätter, die z. T. eine Grundrosette bilden. Die Blüten haben breite, grünliche Kelchblätter und 2 fast gerade Kronblätter. Die dunkelbraune, dreilappige Lippe zeigt einen zweilappigen, meist bräunlich grauen, matten Spiegel.

- **Verbreitung:** Gesamte Mittelmeerregion.
- **Habitat:** Maquis, Garigue, Olivenhaine.
- **Hinweis:** Es existieren mindestens 4 Unterarten, die manchmal als eigene Arten bewertet werden. Der Spiegel der weitverbreiteten Subsp. *iricolor* zeigt einen bläulichen Schimmer.

DETAIL

Lebensform ausdauernd	Wuchshöhe 10–40 cm	Blütezeit Feb.–Mai

Familie ORCHIDACEAE	Art *Ophrys sphegodes*	Autor Miller

SPINNEN-RAGWURZ

Von dieser formenreichen Orchidee gibt mehr als ein Dutzend anerkannte Unterarten, die alle 5 bis 8 lanzettliche Blätter (einige bilden eine Rosette, andere umkleiden den Stengel) und 2–10 Blüten aufweisen. Bei manchen formt eines der grünen oder rötlich-grünen Kelchblätter einen Helm. Die Kronblätter sind schmal, gerade und ähnlich oder etwas intensiver gefärbt. Die ovale oder keilförmige Lippe zeigt häufig zwei behaarte Höcker, während die stahlblaue oder purpurne Zeichnung die Form eines langgestreckten H oder des griechischen Buchstabens π hat.

- **Verbreitung:** Gesamte Mittelmeerregion, nordwärts bis Südengland.
- **Habitat:** Grasfluren, Garigue, Maquis, lichte Wälder.

DETAIL

Lebensform ausdauernd	Wuchshöhe 10–45 cm	Blütezeit März–Mai

Familie	Art	Autor
ORCHIDACEAE	*Ophrys ferrum-equinum*	Desf.

HUFEISEN-RAGWURZ

Diese elegante Orchidee hat lanzettliche, oft über 12 cm lange Grund- und einige kleinere Stengelblätter. Normalerweise kleiner als 40 cm, erreichen Einzelexemplare der Hufeisen-Ragwurz in schattigen Wäldern bis zu 60 cm Höhe. Der Stengel trägt 2 bis 5 Blüten mit auffälligen purpurroten oder rosa Kelchblättern, deren oberstes sich über die Blüte wölbt. Die rotbraune, bis 12 mm lange samtige Lippe ist kaum oder gar nicht gelappt. Der Name rührt von dem hufeisenförmigen, blauvioletten Mal her.

- **Verbreitung:** Südgriechenland, Kreta, Ägäis, Türkei.
- **Habitat:** Grasfluren, steinige Böden sowie lichte Kiefernwälder.

DETAIL

Lebensform	Wuchshöhe	Blütezeit
ausdauernd	15–40 cm	März–Mai

Familie	Art	Autor
ORCHIDACEAE	*Ophrys argolica*	Fleischm.

ARGOLISCHE RAGWURZ

Diese formenreiche, niedrige Orchidee treibt 4–6 lanzettliche Blätter und einen Stengel mit 2–8 Blüten. Jede Blüte hat rosa, violette oder (selten) weiße schmale Kelchblätter, die bis 12 mm lang werden. Das oberste wölbt sich oft nach vorn. Die keilförmigen Kronblätter sind etwa halb so lang wie die Kelchblätter. Die dunkelbraune, bis 12 mm lange, samtige Lippe hat oft einen hellgelben Grund, die Zeichnung zeigt ein Hufeisen oder ein H, fällt aber abgesehen von zwei gelben „Augen" kaum auf.

- **Verbreitung:** Östliche Mittelmeerregion mit Südgriechenland, Kreta und der Türkei.
- **Habitat:** Gebüsche, grasbewachsene Hänge, Olivenhaine.
- **Hinweis:** Die Subsp. *elegans* hat eine dreilappige Lippe, die Subsp. *flavescens* weiße Kelchblätter und eine blasse Lippe.

Lebensform	Wuchshöhe	Blütezeit
ausdauernd	15–35 cm	März–April

Familie ORCHIDACEAE	Art *Ophrys cretica*	Autor (Vierh.) E. Nelson

KRETISCHE RAGWURZ

Nur auf Kreta und den umliegenden Inseln findet man diese frühblühende Orchidee, die 3–6 spitz zulaufende, breitelliptische Grund- und kleinere Stengelblätter treibt. Der Stengel trägt 3–8 Blüten mit grünen oder rötlich-grünen Kelchblättern, dunkleren, riemenförmigen Kronblättern und ovalen, bis 14 mm langen, rötlich-braunen dreilappigen Lippen. Deren Seitenlappen sind kürzer als der mittlere, der eine auffällige weiße oder weiß umrandete Zeichnung in Form eines H oder zweier paralleler Streifen zeigt.

- **Verbreitung:** Kreta und Nachbarinseln.
- **Habitat:** Gestrüppreiche Hänge.
- **Verwandte Art:** *Ophrys kotschyi* (nur auf Zypern) ist ähnlich, hat normalerweise aber einfarbig grüne Kelchblätter. Ihre bis 15 mm lange Lippe ist sehr dunkel mit weißgerandetem Mal.

DETAIL

Lebensform ausdauernd	Wuchshöhe 20–30 cm	Blütezeit März–April

Familie ORCHIDACEAE	Art *Ophrys scolopax*	Autor Cav.

SCHNEPFEN-RAGWURZ

Die Schnepfen-Ragwurz ist eine formenreiche Art mit verschiedenen Subspecies, die z. T. als eigene Arten bewertet werden. Ein typisches Exemplar trägt 5–6 lanzettliche Blätter und 3 –12, bis 12 mm große Blüten mit rosa oder violetten Kelchblättern und ähnlich gefärbten Kronblättern. Die purpurbraune, längliche oder ovale Lippe ist bis 12 mm lang und hat 3 Lappen, von denen 2 samtige Höcker formen. Auch der Mittellappen ist samtig bis auf das rötlich braune oder purpurne, hell umrandete Mal, das die Form eines einfachen H haben, aber auch wesentlich komplizierter ausfallen kann.

- **Verbreitung:** Gesamte Mittelmeerregion außer im Osten.
- **Habitat:** Wälder, gestrüppreiche oder grasbewachsene Hänge, Straßenränder.

SUBSP. HELDREICHII

SUBSP. APIFORMIS

Lebensform ausdauernd	Wuchshöhe 15–45 cm	Blütezeit März–Mai

Familie ORCHIDACEAE	Art *Ophrys fuciflora*	Autor (F. W. Schmidt) Moench

HUMMEL-RAGWURZ

Diese auch *Ophrys holosericea* genannte, formenreiche Art ist weitverbreitet. Allein im Mittelmeerraum kennt man 6 Unterarten. Die meisten Pflanzen tragen 4–7 breitlanzettliche Blätter, von denen einige den Stengel umfassen. Die Zahl der Blüten schwankt zwischen 2 und 14. Jede hat breite, rosa oder weißliche Kelchblätter, häufig mit einer grünen Mittellinie. Die etwa halb so langen Kronblätter sind ebenso gefärbt. Die Lippenform variiert, ist normalerweise aber breit und ungelappt, auch das Mal ist veränderlich, aber fast immer gelblich umrandet.

- **Verbreitung:** Gesamte Mittelmeerregion bis auf den Osten, im Norden bis nach Südengland.
- **Habitat:** Grasfluren, Gebüsche, Garigue.

Lebensform ausdauernd	Wuchshöhe 15–50 cm	Blütezeit April–Mai

Familie ORCHIDACEAE	Art *Ophrys tenthredinifera*	Autor Willd.

WESPEN-RAGWURZ

Diese attraktive, kräftige Orchidee findet man oft auf Grasfluren in Küstennähe. Sie hat bis zu 9 breitlanzettliche Blätter, die z. T. den Stengel umfassen, und trägt 3–8 Blüten in einer lockeren Ähre. Die meist runden Kelchblätter zeigen oft ein intensives Lila. Bei einigen Pflanzen (z. B. der hier abgebildeten) sind sie jedoch blaßgrün, bei wieder anderen weißlich. Die Kronblätter sind dreieckig, die Lippe normalerweise rechteckig und ungelappt. Sie hat eine gelbe, grüne oder hellbraune Randzone, wird bis 14 mm lang und trägt ein C- oder W-förmiges Mal.

- **Verbreitung:** Westliche und zentrale Mittelmeerregion, von Westafrika bis zur Türkei.
- **Habitat:** Gebüsche, grasige und steinige Böden, häufig in Küstennähe.

Lebensform ausdauernd	Wuchshöhe 10–45 cm	Blütezeit März–Mai

Familie ORCHIDACEAE	Art *Ophrys apifera*	Autor Hudson

BIENEN-RAGWURZ

Diese Orchidee, eine der am weitesten verbreiteten Arten der Gattung Ophrys, gedeiht bis hinauf nach England. Die formenreiche Pflanze treibt ovale oder lanzettliche Grund- und schmälere Stengelblätter. Es gibt 2–9 Blüten mit breiten, bis 15 mm langen rosa, zuweilen auch weißen Kelchblättern. Die rosanen Kronblätter sind wesentlich kürzer als die Kelchblätter. Die meist rötlich-braune Lippe erreicht 13 mm Länge, hat 2 behaarte Seitenlappen und ein in der Regel gelblich umrandetes Mal.

- **Verbreitung:** Gesamte Mittelmeerregion.
- **Habitat:** Wälder, Maquis, Gebüsch, Garigue, Dünensenken.
- **Hinweis:** Bekannte Varietäten sind *Ophrys apifera var. chlorantha* mit weißlichen Kelchblättern und grüner Lippe und *Ophrys apifera var. trollii* mit gelblicher, spitzer Lippe.

Lebensform ausdauernd	Wuchshöhe 15–50 cm	Blütezeit April–Mai

Familie ORCHIDACEAE	Art *Ophrys bombyliflora*	Autor Link

DROHNEN-RAGWURZ

Diese Orchidee ist eine der kleinsten und daher unauffälligsten der Region. Der beblätterte Stengel wächst aus einer Rosette breitlanzettlicher Grundblätter. Die Blüten sind oft kleiner als 20 mm, mit runden, grünen Kelchblättern und 2 kurzen, dreieckigen Kronblättern, die – bis auf den dunklen Grund – gleichfalls grün sind. Die dunkelbraune, bis 8 mm lange Lippe weist 3 Lappen auf: Während die beiden seitlichen behaart und gehöckert sind, trägt der Mittellappen ein rückwärts gerichtetes Anhängsel und X- oder H-förmige Zeichnung, die jedoch häufig kaum erkennbar ist.

- **Verbreitung:** Gesamte Mittelmeerregion.
- **Habitat:** Grasland, Olivenhaine.

Lebensform ausdauernd	Wuchshöhe 7–25 cm	Blütezeit März–Mai

GLOSSAR

Aus Platzgründen können hier nur wenige botanische Begriffe erläutert werden. Weitere Definitionen stehen auch auf den Seiten 12–19. Worterklärungen finden Sie in Nachschlagewerken wie dem Botanischen Wörterbuch von Schubert/Wagner.

• **Achäne:** Einsamige Nuß der meisten Korbblütler.
• **Achsel:** Ansatzwinkel eines Blattes an der Sproßachse.
• **Angiospermen:** Bedecktsamer; anders als bei den Gymnospermen, bei denen Samen frei auf Fruchtblättern liegen, bilden diese Pflanzen ihre Samen innerhalb eines *Fruchtknotens.*
• **Blattscheide:** Sproßachse röhrig umschließender Teil eines Blattes.
• **Blattspindel:** Stielartiger Teil eines *Fiederblattes.*
• **Blattspreite:** Flächiger, meist ebener Teil des Blattes.
• **Cyathium:** Blütenstand der Wolfsmilchgewächse.
• **Dolde:** Blütenstand mit verkürzter Hauptachse, an der die an einem Punkt angesetzten gestielten Einzelblüten stehen.
• **Doppelt gefiedert:** *Fiederblätter,* an deren *Blattspindel* unterteilte *Fiederblättchen* sitzen.
• **Ebenstrauß:** (= Doldenrispe) Schirmförmiger Blütenstand mit unterschiedlich lang gestielten Einzelblüten.
• **Epidermis:** Oberhaut.
• **Epikarp:** Äußere Fruchthaut.
• **Epiphyten:** Pflanzen, die auf anderen Pflanzen wachsen, sich im Gegensatz zu *Parasiten* aber selbständig ernähren.
• **Fahne:** Hinteres, größeres Kronblatt der Schmetterlingsblütler (Hülsenfrüchtler).
• **Fieder, Fiederblättchen:** Teil- oder Einzelblättchen eines gefiederten Blattes.
• **Fiederblatt:** Aus Blattsegmenten zusammengesetztes Blatt; am Blattstiel befinden sich beiderseitig *Fiedern* (erinnert im Aufbau an eine Feder).
• **Flügel:** Kleinere, seitliche Kronblätter der Schmetterlingsblütler (Hülsenfrüchtler).
• **Fruchtknoten:** Durch Fruchtblätter gebildeter Hohlraum mit den Samenanlagen.
• **Granne:** Steife Borste auf dem Rücken oder an der Spitze von Gräsern (*Blattspreite*).
• **Griffel:** Verbindungsglied zwischen *Fruchtknoten* und *Narbe.*
• **Gymnospermen:** siehe *Angiospermen.*
• **Hochblatt:** Zwischen Stengelblättern und Blüte stehende, meist umgewandelte Blätter.
• **Hüllblatt:** Den Blütenstand umhüllendes Deckblatt.
• **Hülse:** Aus nur einem Fruchtblatt bestehende typische Frucht der Hülsenfrüchtler.
• **Karyopse:** Sonderform der Nußfrucht, bei der die Fruchtwand mit der Samenschale verwachsen ist (bei Gramineae).
• **Karpell:** Fruchtblatt.
• **Kelch:** Äußerer Kreis einer doppelten Blütenhülle.
• **Knolle:** Verdicktes Speicherorgan von Reservestoffen bei ausdauernden Pflanzen.
• **Kronblatt:** Inneres Blütenblatt einer doppelten Blütenhülle.
• **Latex:** Milchsaft.
• **Nagel:** Stielartig verschmälerter Teil von Blütenkronblättern.
• **Narbe:** Oberstes Fruchtblattende der *Angiospermen* (zur Aufnahme von Pollenkörnern) .
• **Nebenblatt:** Seitliche Auswüchse des Blattgrundes an der Ansatzstelle des Blattstieles.
• **Nebenkrone:** Kronblattartiges Anhängsel auf der Innenseite von *Perigonblättern.*
• **Pappus:** Haar- oder borstenförmig ausgebildeter, an der Frucht erhalten bleibender *Kelch.*
• **Perigonblatt:** Blütenblatt einer Pflanze, bei der Kelch und Krone gleichgestaltet sind. Typisch für viele *Monokotyledonen.*
• **Phyllodien:** Zur Assimilation umgebildete Blattstiele.
• **Pionierpflanzen:** Pflanzen, die neue Lebensräume besiedeln.
• **Phyllokladien:** Blattartig verbreiterte Kurztriebe mit der Funktion von Blättern.
• **Quirl:** siehe *Wirtel.*
• **Rhizom:** Erdsproß. Unterirdischer, meist horizontal wachsender Speichersproß.
• **Rispe:** Mehrfach verzweigter traubiger Blütenstand.
• **Röhre:** Unterer, verwachsener Teil einer Blüte.
• **Röhrenblüten:** Röhrenförmige innere Blüten eines Blütenköpfchens; unterscheiden sich deutlich von den äußeren *Strahlblüten.*
• **Saprophyten:** Pflanzen, die im Gegensatz zu den *Parasiten* auf und von totem organischen Substrat leben.
• **Scheibenblüten:** siehe *Röhrenblüten.*
• **Schiffchen:** Kahnartiges, aus den vorderen Kronblättern der Schmetterlingsblütler bestehendes Gebilde; vgl. *Fahne.*
• **Schote:** Mehrsamige Frucht, aus zwei Fruchtblättern.
• **Spadix:** Zu einem Kolben verdickte Blütenachse.
• **Spatha:** Kronblattartiges, den Blütenstand umgebendes Hochblatt (typisch für Araceae).
• **Staminodium:** Steriles *Staubblatt* ohne Staubbeutel.
• **Staubblätter:** Pollen erzeugende Blattorgane, meist fadenförmig; bestehend aus Staubfaden und Staubbeutel.
• **Strahlblüten:** siehe *Zungenblüten.*
• **Sukkulenten:** Pflanzen mit besonderen Wassergeweben in Wurzeln, Blättern oder Sproß.
• **Tragblatt:** Blatt, in dessen *Achsel* ein Seitentrieb entsteht.
• **Unpaarig gefiedert:** *Fiederblatt* mit der gleichen Anzahl von Teilblättchen auf beiden Seiten und einem Teilblättchen in Verlängerung des Blattstiels.
• **Vorblatt:** Auf das *Tragblatt* folgendes Blatt oder Blätter.
• **Wirtel:** Quirlige Blattstellung mit 3 oder mehr Blättern pro Stengelknoten.
• **Zungenblüten:** Blüten mit verlängertem Saum auf einer Seite; vgl. *Strahlblüten.*
• **Zwiebel:** Meist unterirdischer verkürzter Sproß mit verdickten, schuppenförmigen Blättern.

Register

A

B

H

I

J

K

L

S

T

DANK UND BILDNACHWEIS

DANK
An dieser Stelle möchte der Autor seinen Dank all jenen aussprechen, die ihm bei der Arbeit an diesem Titel mit Rat und Tat zur Seite gestanden haben: Francis Rose für so manch hilfreichen Tip, Mary Briggs für ihre Hilfe bei der Pflanzenbestimmung und Christopher Grey-Wilson für die seine bei der Erstellung der Schlüssel. Nicht zuletzt geht mein Dank auch an die Belegschaften der University Botanic Garden, Cambridge, der Royal Botanic Gardens, Kew, sowie Susan und Graham Savage von La Bourlhade; Ehepaar Van der Elst von le Domaine d'Estarac, Mathilde Ducanarde sowie Linda Gamlin und Sheila Burnie.

BILDNACHWEIS

Fotos: Derek Hall mit Ausnahme der auf Seite 7 (Bodrum, Turkei) Robert Harding Picture Library; Seite 12 (Südfranzösische Strauchpappel) Dorling Kindersley/Dave King; Seite 24 (Kamera and Umschläge) Dorling Kindersley/Colin Keates, (Notizbuch) Dorling Kindersley/Matthew Ward.

Illustrationen: Adam Abel: 251u; 257o; 269o; 288o. Laura Andrew: 46; 219o; 219u. Marion Appleton: 167u. Evelyn Binns: 38o; 49u; 53u; 54u; 59o; 67u; 70o; 72o; 75m; 78u; 82o; 93u; 94o; 97o; 100u; 102u; 107u; 113o; 117o; 121o; 123o; 124o; 124u; 126; 127; 131o; 133u; 141o; 151o; 156u; 157u; 160u; 162; 165u; 166u; 171u; 181u; 188o; 190o; 193u; 197o; 200o; 201o; 204o; 209o; 211u; 220o; 233u; 234o; 235u; 240o; 244u; 248u; 298u; 260o; 262u; 266o; 270u; 271u; 272o; 273u; 277u; 282o; 286o; 293o; 299; 301o; 306u. Peter Bull: 112u; 129u; 138; 237u; 254m; 270o; 274o. Julia Christie: 300o. Julia Cobbold: 51u; 62; 87u; 159u; 197u. Joanne Cowne: 51o; 141u. Myra Giles: 89o; 307o; 307u. Ruth Hall: 39o; 90u; 92o; 105o; 118o; 125o; 154u; 158o; 163u; 186u; 203u; 214o; 227u; 294u; 305u. Angela Hargreaves: 35o; 35u; 54o; 77u; 78o; 100o; 106u; 109o; 110o; 132o; 146; 153o; 163o; 169o; 178u; 179u; 187o; 202u; 206; 213o; 222o; 226o; 230u; 238o; 242o; 245o; 248o; 249u; 278u; 284u. Tim Hayward: 234u; 136o; 174u. Julia Holland: 211o. Sarah Kensington: 41o; 49o; 50u; 64u; 73o; 79o; 93o; 96u; 99o; 101u; 102o; 108u; 117u; 122o; 149u; 164u; 168u; 177o; 177u; 190u; 203o; 207u; 209u; 222u; 224u; 225u; 241u; 242u; 268o; 276u; 283u; 286u; 288u; 304u. Gareth Llewellyn: 53o; 103u; 259o; 280u. Philippa Lumber: 43u; 57u; 66o; 236u. Stephen Mclean: 43o; 68u; 107o. David Moore: 133o; 156o; 160o; 167o; 173o; 198u. Tricia Newell: 75u; 137u. Sue Oldfield: 34o; 34u; 36o; 36u; 45o; 80u; 81u; 83o; 83u; 84o; 84u; 85o; 85u; 86o; 86u; 87o; 87u; 88o; 88u; 91; 92u; 111u; 114u; 129o; 132u; 134o; 135o; 136u; 139o; 143o; 143u; 144o; 144u; 148; 152o; 154o; 155u; 161o; 166o; 172u; 173u; 175o; 176u; 189o; 192u; 197m; 202o; 205u; 212u; 243o; 244o; 273o; 304o. Liz Pepperell: 45u; 70u; 77o; 97u; 104u; 111o; 114o; 119o; 119u; 120u; 140; 152u; 158u; 169u; 171o; 174o; 183o; 184o; 211u; 218o; 228o; 229u; 235o; 237o; 247o; 255; 263u; 279o; 279u; 280o; 257o; 290; 291o; 294o. Valerie Price: 37o; 40o; 44; 47o; 48o; 50o; 52u; 55u; 58o; 61o; 64o; 76o; 76u; 95o; 98o; 116o; 122u; 125u; 130u; 161u; 165o; 175u; 180m; 196o; 205o; 213u; 215u; 225o; 227o; 230o; 236o; 238u; 239o; 247u; 251o; 252u; 253u; 254o; 260u; 261o; 265u; 269u; 272u; 275o; 287u; 291u; 301u. Sallie Reason: 38u; 41u; 42u; 60; 63o; 63u; 65u; 73u; 74u; 94u; 104o; 120o; 128u; 143o; 145o; 151u; 153u; 159o; 170o; 170u; 178o; 183m; 184m; 185u; 188u; 194u; 200u; 207o; 216u; 229o; 234u; 246u; 257u; 283o; 292o; 295u; 302o. Elizabeth Rice: 61u; 237o; 285u; 296u. Michelle Ross: 48u; 55o; 56; 67o; 71o; 71u; 81o; 96o; 99u; 105u; 108o; 109u; 113u; 116u; 118u; 121u; 123u; 131u; 139u; 145u; 149o; 183u; 186o; 187u; 191o; 191u; 192o; 199o; 217o; 221o; 221u; 232o; 233o; 239u; 243u; 248m; 249o; 250; 264o; 268u; 271o; 275m; 278o; 281o; 282u; 285o; 296o; 297u; 298o; 303u. Helen Senior: 59u; 101o; 115; 128o; 130o; 210u; 216o; 223; 231o. Catherine Slade:155o; 199u. Erica Swinburne: 208u; 267u. Toni Symes: 90o; 306o. Rebekah Thorpe: 207o. Gill Tomblin: 52o; 57o; 58u; 68o; 82u; 103o; 106o; 110u; 112o; 135u; 137o; 142o; 168o; 172o; 180o; 182o; 182u; 184u; 190m; 193o; 198o; 204u; 210o; 214u; 254u; 259u; 261u; 263o; 266u; 292u; 303o. Jonathan Tyler:47u;75o; 212o; 220u; 245u; 295o. Barbara Walker:37u; 40u; 42o; 44o; 66u; 69; 72u; 74o; 76m; 79u; 80o; 89u; 95u; 147; 150; 157o; 176o; 179o; 180u; 181o; 185o; 189u; 195u; 196u; 218u; 224o; 241o; 246o; 252o; 256; 262o; 265o; 266m; 267o; 276o; 281u; 284o; 289; 293u; 300u; 302u. Wendy Webb: 65o; 274u. Imogene Wells: 195o; 228u. Anne Winterbottom: 298u. Debra Woodward: 39u; 98u; 164o; 194o; 232u; 240u; 253o; 297o; 305o.

Weitere künstlerische Bearbeitungen: Mark Bracey (Seite 6). Janos Marffy (Seiten 8, 10–11 mit Airbrush). Liz Pepperel und Sarah Kensington (Seiten 25–33). Vorsatzillustrationen: Caroline Church.